Ativismo Judicial

Ativismo Judicial
ANÁLISE COMPARATIVA DO DIREITO CONSTITUCIONAL
BRASILEIRO E NORTE-AMERICANO

2019

Julio Grostein

ATIVISMO JUDICIAL:
ANÁLISE COMPARATIVA DO DIREITO CONSTITUCIONAL
BRASILEIRO E NORTE-AMERICANO
© Almedina, 2019
AUTOR: Julio Grostein
DIAGRAMAÇÃO: Almedina
DESIGN DE CAPA: FBA
ISBN: 9788584935291

Dados Internacionais de Catalogação na Publicação (CIP)
(Câmara Brasileira do Livro, SP, Brasil)

Grostein, Julio
Ativismo judicial : análise comparativa do direito
constitucional brasileiro e norte-americano /
Julio Grostein. -- São Paulo : Almedina, 2019.

Bibliografia.
ISBN: 978-85-8493-529-1

1. Ativismo 2. Direito constitucional - Brasil
3. Direito constitucional - Estados Unidos 4. Poder
judiciário I. Título.

19-28896   CDD-342(81+73)

Índices para catálogo sistemático:

1. Ativismo judicial : Brasil e Estados Unidos: Direito constitucional 342(81+73)

Cibele Maria Dias - Bibliotecária - CRB-8/9427

Este livro segue as regras do novo Acordo Ortográfico da Língua Portuguesa (1990).

Todos os direitos reservados. Nenhuma parte deste livro, protegido por copyright, pode ser reproduzida, armazenada ou transmitida de alguma forma ou por algum meio, seja eletrônico ou mecânico, inclusive fotocópia, gravação ou qualquer sistema de armazenagem de informações, sem a permissão expressa e por escrito da editora.

Agosto, 2019

EDITORA: Almedina Brasil
Rua José Maria Lisboa, 860, Conj.131 e 132, Jardim Paulista | 01423-001 São Paulo | Brasil
editora@almedina.com.br
www.almedina.com.br

AGRADECIMENTOS

A atenção e o brilhantismo do Professor Roger Stiefelmann Leal na orientação durante o programa de pós-graduação da Faculdade de Direito da USP foram decisivos para este livro.

E, como professor, se tornou um grande paradigma. Conjugando as melhores qualidades de professor e de orientador, aprendi com ele que "não se trata de fazer ler, mas de fazer pensar".

À minha família, amigos e amigas que mais de perto acompanharam esta jornada.

Vocês dividiram comigo as suas histórias.

E me ajudaram a construir a minha.

E, assim, ajudaram a construir esta pesquisa.

Em diferentes momentos da caminhada que permeou este livro, cada um de vocês foi fundamental. Cada um à sua maneira, cada um com o seu propósito. Os seus livros, os seus discos, os filmes e os conselhos.

Este trabalho tem um pouco de cada um de vocês, tal qual tatuagem gravada sobre a pele. Parece mesmo que foi ensaiado.

Em vocês tive inspirações, apoio, estímulo, incentivo e entusiasmo.

Obrigado por tudo isso e por todo o resto.

"Não se deve nunca esgotar de tal modo um assunto, que não se deixe ao leitor nada a fazer. Não se trata de fazer ler, mas de fazer pensar."
(MONTESQUIEU, *Do Espírito das Leis*, Livro XI, Capítulo XX)

[Gladys Hampton:]
"By working within the *Plessy* decision and using 'separate but equal' we can win the cases."

[Thurgood Marshall:]
"Do you believe that there is such a thing as separate equality? (...) There are those who believe that if we don't challenge the legality of segregation head on, we will continue to get the same thing we have been getting all these years: separate, but never equal."

(Diálogo retirado do filme *Separate But Equal*. Direção e produção: George Stevens Jr. Intérpretes: Sidney Poitier, Burt Lancaster e outros, 1991).

APRESENTAÇÃO

1. O controle jurisdicional da constitucionalidade dos atos do Poder Público é tomado, em sua concepção clássica, como função estatal a ser desempenhada com prudência, moderação e deferência às opções democraticamente aprovadas pelas instâncias de poder compostas pelos representantes escolhidos pelo voto popular. Como regra geral, o direito que deve pautar a vida em sociedade é justamente aquele que conta com o apoio majoritário dos agentes políticos eleitos, legitimado mediante a observância de devido processo legislativo que assegure sua efetiva participação.

2. Por essa razão, a interferência de juízes e tribunais de modo a, em nome da Constituição, afastar a produção normativa elaborada por legisladores e governantes eleitos deve ser excepcional e comedida. Consoante já assinalava Alexander Hamilton, somente as leis que se encontrem em "evidente oposição"[1] ao "manifesto teor da Constituição"[2] cabem ser declaradas inconstitucionais e, portanto, consideradas inválidas pelo Poder Judiciário. Sua função, sobretudo nessa esfera, não envolveria "força nem vontade, mas meramente julgamento"[3].

3. A consolidação e o desenvolvimento da jurisdição constitucional, contudo, suscitou paulatina adoção de práticas, procedimentos, técnicas decisórias e esquemas interpretativos, que indiciam relevante descolamento do figurino de comedimento e moderação que a caracterizava. Número significativo de suas decisões passaram a ser percebidas, por analistas e doutrinadores, como provimentos de natureza política, que, extrapolando os limites da ordem constitucional, estariam a refletir a inclinação

---

[1] Cf. "The Federalist nº 81". *The Federalist: a commentary on the Constitution of United States*. New York, Random House, 1937, p. 524.
[2] Cf. "The Federalist nº 78", p. 505.
[3] Cf. "The Federalist nº 78", p. 504.

política de seus agentes e reformar o direito positivo vigente. Esse cenário serviu, ainda na metade do século XX, de base para o emprego, no âmbito do debate constitucional estadunidense, da expressão *ativismo judicial*. Seu propósito era justamente identificar e classificar julgados, fases e juízes da Suprema Corte dos Estados Unidos, que, divergindo do perfil típico da jurisdição constitucional, imprimissem, no seu exercício, mais força e vontade do que propriamente julgamento.

4. Mais recentemente, a mesma expressão – *ativismo judicial* – ganhou espaço em face da apreciação crítica constante de manifestações doutrinárias sobre a atuação do Judiciário brasileiro e, em particular, do Supremo Tribunal Federal. De um lado, a expressão tem sido adotada com evidente viés crítico, contemplando juízo de severa reprovação a determinados julgados e pronunciamentos em virtude de incorrerem em exercício indevido ou arbitrário da função jurisdicional. *Ativismo judicial* tem também servido, de outra parte, para descrever posicionamento heroico de juízes e tribunais, que, como último recurso, atendem relevantes anseios da sociedade em virtude de suposta resposta insatisfatória dos demais poderes políticos. Ou seja, seria a forma de fazer justiça, impondo parâmetros materiais de cunho ideológico sobre os princípios da separação dos poderes e da democracia.

5. Em face dessas observações e da relevância que o tema assumiu na atualidade, reputo imperioso destacar a importância e o valor da contribuição constante da presente obra, que ora tenho a honra de apresentar. Cuida-se de versão aperfeiçoada da dissertação defendida por Julio Grostein, com a qual obteve, com brilho e competência, o título de Mestre na Faculdade de Direito da Universidade de São Paulo. Esteve o autor sob minha orientação durante o curso de mestrado. Nessa condição, tive a oportunidade de perceber suas inúmeras qualidades pessoais e acadêmicas, patentes em diversas das atividades desenvolvidas no curso, como debates, seminários, aulas e monitorias. Muitas dessas virtudes, vale assinalar, são facilmente detectadas na leitura deste livro.

6. Seu trabalho examina em profundidade o *ativismo judicial* enquanto categoria doutrinária, concebida justamente para caracterizar determinados comportamentos e julgados levados a efeito pelos órgãos de jurisdição constitucional. Ao examinar o assunto, observou o autor criteriosas diretrizes metodológicas, resistindo ao impulso de apresentar sua própria compreensão sobre o fenômeno. Preferiu desenvolver interessante análise comparativa, cotejando as noções brasileira e norte-americana acerca do

tema. Moveu-lhe principalmente a inquietação acadêmica de saber se o que se tem chamado de *ativismo judicial* nos Estados Unidos guarda similitude com o uso que se faz dessa mesma categoria na doutrina brasileira.

7. Para isso, lançou-se o Autor em complexo trabalho de pesquisa, que lhe demandou a realização de paralelos e confrontações que escapam às típicas análises comparatistas realizadas no âmbito do direito. Em geral, os estudos de direito comparado voltam-se ao cotejo de regimes ou institutos jurídicos distintos, levando especialmente em consideração textos normativos e sua aplicação pelos tribunais. No caso da presente obra, todavia, o esforço de comparação situa-se predominantemente em âmbito doutrinário, visto que a análise está concentrada sobre específica categoria concebida e utilizada preponderantemente nesse domínio. Em função disso, promoveu o Autor exame minucioso e abrangente do que mais relevante se escreveu sobre *ativismo judicial* no Brasil e nos Estados Unidos, extraindo os principais elementos levados em conta pelas diversas contribuições doutrinárias sobre a matéria.

8. A comparação desenvolvida pelo Autor tem, ademais, o evidente mérito de enfrentar e oferecer respostas a relevantes questões acerca do tema. Nesse sentido, analisa com perspicácia e lucidez, entre outros aspectos, (a) a vinculação entre o *ativismo judicial* e distintas linhas ideológicas, (b) a coerência no uso dessa categoria doutrinária, (c) a vinculação do *ativismo judicial* a determinadas matérias ou questões específicas, bem como (d) a crise dos poderes políticos e sua passividade na efetivação dos direitos fundamentais como fatores determinantes do *ativismo judicial*. Da leitura de cada capítulo é possível constatar não apenas a seriedade acadêmica da pesquisa realizada mas também o aguçado senso crítico e o talento promissor que caracterizam o seu Autor.

9. Trata-se de preciosa contribuição a todos aqueles que se dedicam ao estudo do Direito Constitucional e, mais especificamente, dos elementos que informam o exercício da jurisdição constitucional. Sua consulta será – tenho certeza – de extremo proveito àqueles que, doravante, venham direcionar sua atenção e seu interesse sobre o fenômeno do *ativismo judicial*.

Cambridge-MA.

Roger Stiefelmann Leal
Professor Doutor de Direito Constitucional da Faculdade de Direito da Universidade de São Paulo

SUMÁRIO

Agradecimentos 5
Apresentação 9

Introdução 17
1. Justificativa 17
2. Delimitação do Objeto 20
3. Metodologia 22
4. Organização da Pesquisa 23

Capítulo I – Concepções de Ativismo Judicial 27
1. Ativismo e Fenômenos Afins 27
   1.1 Ativismo Judicial e Controle de Constitucionalidade 27
      1.1.1 Considerações Gerais 27
      1.1.2 Ativismo é Sinônimo de Controle de Constitucionalidade? 29
   1.2 Ativismo Judicial e Judicialização da Política 37
      1.2.1 A Judicialização da Política como Efeito do Ativismo Judicial ... 37
      1.2.2 A Judicialização da Política como Causa do Ativismo Judicial ... 45
2. Concepções de Ativismo Judicial 48
   2.1 Concepções Comuns de Ativismo no Brasil e nos Estados Unidos ... 57
      2.1.1 Julgamento Orientado pelo Resultado – *Result-Oriented Judging*
      (Politização da Justiça) 57
      2.1.2 Criação Judicial do Direito 63
   2.2 Concepções Particulares de ativismo judicial nos Estados Unidos ... 67
      2.2.1 Métodos Não Ortodoxos de Interpretação 67
      2.2.2 Indevida Superação de Precedentes 70

Capítulo II – O Ativismo Judicial nos Estados Unidos 77
1. Origens do *Judicial Activism* 77
2. Fases do Ativismo Norte-Americano 82

2.1 Introdução 82
2.2 A Era Tradicional 85
2.3 A Era de Transição 87
2.4 A Era Moderna 93
3. Análise dos Critérios Definidores do Ativismo Judicial Norte-Americano 98
   3.1 Métodos não Ortodoxos de Interpretação 98
      3.1.1 *Brown v. Board of Education* 98
      3.1.2 *Wards Cove Packing Co. v. Atonio* 104
   3.2 Julgamento Orientado pelo Resultado (*Result-Oriented Judging*) 107
      3.2.1 *Lochner v. New York* 107
      3.2.2 *Dred Scott v. Sandford* 110
      3.2.3 *Marbury v. Madison* 116
   3.3 O Problema da Indevida Superação dos precedentes: *Disregarding Precedent* 125
      3.3.1 A *Corte Warren e Brown v. Board of Education* 125
      3.3.2 *Seminole Tribe of Florida v. Florida* 133
   3.4 Criação Judicial do Direito 138
      3.4.1 *Miranda v. Arizona* 138
      3.4.2 *Gideon v. Wainwright* 141

Capítulo III – O Ativismo Judicial no Brasil 147

1. Origens e Fases do Ativismo Judicial 147
   1.1 Primeira Fase: a República Velha e a Doutrina Brasileira do *Habeas Corpus* 152
   1.2 Segunda Fase: a Redemocratização e a Atuação Judicial pós-1988 157
2. Análise dos Critérios Definidores do Ativismo Judicial Brasileiro 165
   2.1 Julgamento Orientado pelo Resultado (*Result-Oriented Judging*) 165
      2.1.1 Nepotismo – Súmula Vinculante n. 13 e Ação Declaratória de
Constitucionalidade n. 12 165
      2.1.2 Verticalização das Coligações – Consulta TSE n. 715 e Resolução
n. 20.993 do TSE 171
   2.2 Criação Judicial do Direito 179
      2.2.1 A Teoria da Transcendência dos Motivos Determinantes –
a Reclamação n. 4.335/AC 179
      2.2.2 Fidelidade Partidária – a Consulta TSE n. 1.398, os Mandados de
Segurança n. 26.602, 26.603 e 26.604 e a Resolução n. 26.610/2007 do TSE 189

Capítulo IV – Comparando os Ativismos 197

1. Perfil Doutrinário Atual sobre a Postura Ativista Americana e Brasileira:
Liberais e Conservadores 197
2. Divergências entre as Doutrinas Brasileira e Norte-Americana sobre Ativismo 203

2.1 A Longevidade do Debate 203
2.2 O Culto e a Crítica ao Ativismo Judicial 205
2.3 Seletividade Doutrinária na Escolha dos Precedentes Criticados 208
2.4 Preferência Temática nos Debates Propiciados pelo Ativismo 211
    2.4.1 Ativismo e *Judicial Review* nos Estados Unidos 211
    2.4.2 O Ativismo no Brasil está Ligado à Concretização de Direitos Sociais? 212
    2.4.3 O Ativismo no Brasil está Ligado às Omissões Inconstitucionais do Legislador? 214
2.5 As Causas do Ativismo 216
    2.5.1 Ativismo e Desprestígio dos Poderes Políticos 216
    2.5.2 A Inércia na Efetivação de Direitos é Causa do Ativismo? 218
2.6 Coerência Doutrinária e Concepções Veladas 220

Conclusão 225
Referências 231

Introdução

1. Justificativa

Brown v. Board of Education[1], uma das mais célebres decisões da Suprema Corte norte-americana, proferida em 1954, é costumeiramente rotulada como ativista pela doutrina norte-americana[2]. Neste caso, afirma-se que os julgadores se preocuparam em perquirir qual seria o desfecho justo a ser dado à luz da suposta vontade daqueles que subscreveram a Décima Quarta Emenda à Constituição, aprovada em 1866 pelo Congresso. A crítica acadêmica, como se percebe, reside no fato de se buscar a solução na intenção presumida do corpo político à época da aprovação do texto constitucional invocado para resolução do caso, imaginando-se qual seria a conclusão daqueles que aprovaram referida Emenda, quase cem anos antes do julgamento[3].

De outro lado, porém, *Lochner v. New York*[4], outro dos mais relevantes casos da história do mesmo tribunal, julgado em 1905, é tachado de ativista por motivo diametralmente oposto, qual seja, o fato de a decisão estar baseada na leitura atualizada da cláusula do devido processo legal,

---

[1] 347 U.S. 483 (1954).
[2] Confira-se, por exemplo: MALTZ, Earl M. Originalism and the Desegregation Decisions – A Response to Professor McConnell. *Constitutional Commentary*, vol. 13, p. 223-232, 1996; KLARMAN, Michael J. Response: Brown, Originalism, and Constitutional Theory: A Response to Professor McConnell. *Virginia Law Review*, vol. 81, n. 7, p. 1.881-1.936, out. 1995 e CANON, Bradley C. Defining the dimensions of judicial activism. *Judicature*, Volume 66, n. 6, p. 244, 1982-1983. Sem prejuízo, confiram-se as outras obras referenciadas no Capítulo II, item 3.1.1.
[3] Cf. MURPHY, Walter F. Originalism – The Deceptive Evil: Brown v. Board of Education. In: GEORGE, Robert P. (editor). *Great Cases in Constitutional Law*. New Jersey: Princeton University Press, 2000.
[4] 198 U.S. 45, 76 (1905).

instituída pela mesma Décima Quarta Emenda, em 1866[5]. O vício, aqui, recai sobre a circunstância de o Tribunal ter conferido uma interpretação evoluída a uma disposição constitucional antiga, cujo texto não alberga a vertente substantiva da cláusula do devido processo. Paradoxalmente, a acusação de ativismo está fundada, neste caso, no afastamento do significado e alcance originais do texto constitucional[6].

Sob o prisma do seu significado, a expressão "ativismo judicial" (*"judicial activism"*) representa, nos Estados Unidos, um dos mais patentes exemplos de termos pouco elucidativos que, todavia, contém muitos sentidos, dificultando aproximações ao seu conceito. Em realidade, à vista do caráter plurívoco deste substantivo (e do adjetivo dele derivado – "ativista"), a manutenção da sua própria utilidade é posta em xeque[7].

Tamanha é a profusão de significados atrelados, que, atualmente, no cenário estadunidense, não é possível mais dizer, com segurança, se ser ativista é um predicado bom ou mau[8].

Em linhas gerais, o "ativismo" é empregado como acusação retórica para se apontar uma opinião com a qual se discorda[9], o que certamente não contribui para a plena identificação do seu significado[10]. Ademais, quando o emissor não é explícito em atrelar a expressão "ativismo" a uma crítica,

---

[5] Além dos outros textos indicados no Capítulo II, item 3.2.1, confira-se, por exemplo: POSNER, Richard. A. The Meaning of Judicial Self-Restraint. *Indiana Law Journal*, vol. 59, n. 1, p. 1-24, 1983; BERNSTEIN, David E.; SOMIN, Ilya. The Mainstreaming of Libertarian Constitutionalism. *Law and Contemporary Problems*, vol. 77, n. 4, p. 43-70, 2014 e STONE, Geoffrey R. Citizens United and Conservative Judicial Activism. *University of Illinois Law Review*, vol. 2012, p. 485-500, 2012.

[6] Cf. CANON, Bradley C., op. cit. p. 244.

[7] Cf. YOUNG, Ernest A. Judicial Activism and Conservative Politics, *University of Colorado Law Review*, Volume 73, n. 4, p. 1.141, 2002.

[8] Cf. WOLFE, Christopher. *The Rise of Modern Judicial Review: from constitutional interpretation to judge-made law*. Revised edition. Lanham: Rowman & Littlefield Publishers, Inc, 1994, p. 10; MALTZ, Earl. Brown v. Board of Education and "Originalism". In: GEORGE, Robert P. (editor). *Great Cases in Constitutional Law*. New Jersey: Princeton University Press, 2000, p. 147 e ROGERS, James R.; VANBERG, George. Resurrecting Lochner: A Defense of Unprincipled Judicial Activism. *The Journal of Law, Economics, & Organization*, vol. 23, n. 2, p. 442-468, mai. 2007.

[9] Cf. GARNETT, Richard. Debate: Judicial Activism and its critics. *University of Pennsylvania Law Review*, Vol. 155, p. 117, 2006; LIPKIN, Robert Justin. We Are All Judicial Activists Now. *University of Cincinnati Law Review*, vol. 77, p. 182, 2008 e KATYAL, Neal K. Rethinking Legal Conservatism. *Harvard Journal of Law & Public Policy*, vol. 36, p. 952, 2013.

[10] Cf. GARNETT, Richard, op. cit., p. 116.

o termo é empregado de forma vazia, mascarando a posição particular de quem o enuncia[11].

Neste contexto, o ativismo acaba servindo muito mais como um *slogan*, como um mito[12] ou mesmo como um insulto[13]. Estas circunstâncias revelam que o seu uso passou a ser veiculado em discursos ideológicos, sendo que geralmente aqueles que o invocam não têm a preocupação de defini-lo previamente[14].

De outra parte, no que toca ao tratamento do ativismo judicial no Brasil, são raros os estudos que se propõem a discutir minimamente as inúmeras concepções que gravitam em torno desta expressão[15], a despeito do recente interesse da sociedade brasileira em geral acerca do ativismo judicial[16] e mesmo a despeito da histórica influência dos intitutos norte-americanos

---

[11] EASTERBROOK, Frank H. Do Liberals and Conservatives differ in Judicial Activism?. *Colorado Law Review*, n. 73, p. 1.401, 2002, p. 1.401.

[12] GARNETT, Richard, op. cit., p. 116.

[13] SUNSTEIN, Cass. *Radicals in robes: why extreme right-wing Courts are wrong for America*. New York: Basic Books, 2005, p. 42 e POSNER, Richard A. The Rise and Fall of Judicial Self-Restraint. *California Law Review*, vol. 100, n. 3, p. 533, jun. 2012.

[14] CANON, Bradley, op cit., p. 237.

[15] Como exemplo isolado de trabalho oriundo da doutrina brasileira que volta a sua atenção para o cotejo da multiplicidade de sentidos da expressão, confira-se: VIEIRA, José Ribas; CAMARGO, Margarida Maria Lacombe; SILVA, Alexandre Garrido da. O Supremo Tribunal Federal como arquiteto institucional: a judicialização da política e o ativismo judicial, *Revista de Ciências Sociais Aplicadas do CCJE*, v. 2, p. 74-85, 2009.

[16] O ativismo judicial vem sendo objeto de cada vez maior interesse pela sociedade brasileira como um todo. No meio jurídico-político em particular, esta percepção pode ser bem ilustrada pelo exame das sabatinas recentes a indicados ao posto de Ministro do Supremo Tribunal Federal. Confira-se, em especial a sabatina do Ministro Luís Roberto Barroso (Ata da 20ª Reunião Ordinária da Comissão de Constituição, Justiça e Cidadania, da 3ª Sessão Legislativa Ordinária, da 54ª Legislatura, realizada em 5 de junho de 2013. Disponível em: <http://legis.senado.leg.br/comissoes/reuniao?16&reuniao=1480&codcol=34>. Acesso em 25 jun. 2014) e a sabatina do Min. Teori Zavascki (Ata da 39ª Reunião Extraordinária da Comissão de Constituição, Justiça e Cidadania, da 2ª Sessão Legislativa Ordinária, da 54ª Legislatura, realizada em 25 de setembro de 2012. Disponível em: <http://legis.senado.leg.br/comissoes/reuniao?12&reuniao=699&codcol=34>. Acesso em 25 jun. 2014). Somadas estas duas sabatinas, a expressão "ativismo judicial" foi mencionada textualmente dez vezes, por ocasião das manifestações dos Senadores e, por consequência, nas respostas dadas pelos indicados ao posto no STF. Para exemplificar a repercussão midiática do ativismo em um contexto social mais geral, confira-se a seguinte reportagem: <http://noticias.uol.com.br/ultimas-noticias/bbc/2015/05/20/em-6-questoes-entenda-como-o-stf-virou-protagonista-no-brasil-na-ultima--decada.htm> Acesso em: 20 out. 2015. Sobre a influência do tema "ativismo judicial" em

no direito constitucional brasileiro, especialmente a partir Constituição republicana de 1891[17].

Vê-se, pois, que subsiste uma clamorosa diferença na intensidade com que as concepções de ativismo judicial são investigadas pela literatura especializada nos Estados Unidos da América e no Brasil, o que motiva a análise comparativa que norteia esta pesquisa. Almeja-se, de fato, desenvolver um estudo das origens, das fases e das concepções dos ativismos nacional e estrangeiro, tais quais tratadas pelas respectivas doutrinas. O exame da produção científica sobre o ativismo no Brasil e nos Estados Unidos almeja traçar o perfil de cada um deles e suas possíveis convergências e divergências.

Diante deste cenário, esta dissertação busca contribuir, em alguma medida, para tornar mais claros, densos e eficientes os eventuais pontos de contato e de distanciamento quando se fala de ativismo judicial na literatura especializada brasileira e na norte-americana[18].

Em suma, este é o pano de fundo que justifica a opção pelo tema de estudo.

2. Delimitação do Objeto

O objeto da pesquisa que se pretende levar a efeito é o estudo do ativismo judicial no Brasil e nos Estados Unidos, promovendo uma análise comparativa sobre esta categoria nos dois países.

---

sabatinas senatoriais dos *Justices* indicados à Corte Suprema dos EUA, veja-se: BLACKMAR, Charles B. Judicial Activism. *Saint Louis University Law Journal*, Vol. 42, p. 753-755, 1997-1998.

[17] Lêda Boechat Rodrigues, a propósito, recorda que "Por fôrça da adoção do regime federativo no Brasil, tornaram-se a Constituição, a jurisprudência e as autoridades constitucionais americanas, a partir da doutrinação de Rui Barbosa, fontes de interpretação entre nós. Nenhum debate constitucional importante, desde então e até hoje, nenhum constitucionalista ou publicista que se preze, nenhuma grande decisão do Supremo Tribunal Federal passou ou passa sem a citação de precedentes ou de constitucionalistas americanos." (*A Côrte Suprema e o Direito Constitucional Americano*. Rio de Janeiro: Revista Forense, 1958, p. 13).

[18] Não se pode olvidar, porém, que parte da doutrina americana critica o "isolacionismo" que permeia o estudo do direito constitucional naquele país, na medida em que seus estudiosos raramente se atentam para fenômenos e institutos constitucionais verificados em outros sistemas jurídicos. Confira-se, neste sentido, HIRSCHL, Ran. *Towards juristocracy: the origins and consequences of the new constitutionalism*. Cambridge: Harvard University Press, 2004, p. 4.

Importa observar que ativismo judicial é uma categoria doutrinária, isto é, uma expressão cunhada pela literatura especializada a partir do exame de precedentes judiciais. Não se trata, portanto, de expressão com cunho normativo. Em realidade, ativismo é produto da avaliação doutrinária sobre decisões judiciais, configurando um adjetivo que, a depender do significado adotado, confere certa característica ao objeto, que sempre será uma decisão judicial.

Portanto, a comparação que se pretende desenvolver buscará, em última análise, aferir perfis e eventuais semelhanças e divergências entre as concepções doutrinárias do ativismo, examinando, por consequência, as práticas ativistas no Brasil e nos Estados Unidos tais quais indicadas pela maioria dos analistas de cada um dos países.

O objeto da dissertação, em suma, é claramente definido: buscar-se-á comparar as doutrinas brasileira e norte-americana sobre o ativismo judicial, investigando as ponderações acadêmicas sobre as origens dos fenômenos em cada um dos países, bem como traçando as notas distintivas da produção científica sobre o ativismo no Brasil e nos Estados Unidos.

Para tanto, partindo do cenário de multiplicidade de sentidos para a expressão, pretende-se elencar as concepções doutrinárias brasileiras e americanas sobre o ativismo judicial, com o nítido propósito de pesquisar as semelhanças e diferenças entre as concepções do ativismo judicial nos dois sistemas jurídicos analisados.

E, assentadas estas premissas iniciais, será possível averiguar, com maior profundidade, a compreensão acadêmica dos ativismos – brasileiro e americano – por meio de um exame detido, desde as primeiras menções à expressão, as fases pelas quais se desenvolveu o ativismo em ambos os países, culminando – sobretudo – na avaliação da prática judicial brasileira e americana à luz dos critérios teóricos adotados, viabilizando a efetiva análise comparativa almejada.

Ressalve-se, contudo, que a presente pesquisa não pretende testar resultados socialmente bons ou justos do ativismo judicial, limitando-se a apreciá-lo sob o ponto de vista dogmático.

Sob este enfoque, portanto, devem ser abstraídas a justiça, as vantagens e os aprimoramentos eventualmente proporcionados por decisões judiciais ativistas, eis que analisadas as concepções doutrinárias mais frequentes acerca desta categoria. E, sob a perspectiva de uma investigação constitucional de cunho comparativo-dogmático, tem-se que o ativismo judicial é majoritariamente considerado, nas concepções mais usuais, como um adjetivo negativo, implicando, pois, em uma crítica dogmático-constitucional à decisão que assim for rotulada.

3. Metodologia

A pesquisa que se pretende desenvolver está assentada no método comparativo, eis que coteja a doutrina do Brasil e dos Estados Unidos acerca das concepções de ativismo judicial.

Para tanto, são consideradas as principais concepções doutrinárias de ativismo, ou seja, aquelas que contam com maior repercussão na literatura especializada pesquisada nesta dissertação.

Os critérios definidores do ativismo judicial são analisados em casos judiciais que melhor retratam cada uma das concepções teóricas vislumbradas pela doutrina brasileira e norte-americana.

Assim, os precedentes que compõem os Capítulos II e III foram selecionados em conformidade com a frequência com que são mencionados nos estudos doutrinários sobre ativismo judicial. Com efeito, sendo uma categoria doutrinária, o ativismo é o produto de uma avaliação sobre a práxis do Poder Judiciário, de modo que, a fim de manter coerência, optou-se por apreciar os casos mais usualmente reputados como ativistas pelos textos doutrinários brasileiros e norte-americanos que compõem a pesquisa da presente dissertação.

Desta maneira, evita-se aleatoriedade na escollha dos precedentes examinados, mantendo-se a coerência por selecionar os casos mais representativos das concepções doutrinárias do ativismo judicial, tanto no Brasil, quanto nos Estados Unidos.

Sem prejuízo, além da repetição e consistência das acusações de ativismo, foram selecionados apenas os casos concretos em que há uma análise doutrinária minudente sobre o ativismo, haurida de textos que se propõem a estudar a fundo tal categoria. Assim, não foram considerados os precedentes que, muito embora tenham sido apenas mencionados ou de alguma forma vinculados ao ativismo, não tenham sido objeto de efetivo exame voltado à sua caracterização como produto ativista.

Ademais, optou-se por abordar precedentes que tratem fundamentalmente de direito constitucional (seja brasileiro, seja norte-americano), excluindo-se casos que, embora rotulados como ativistas, envolvam outros ramos do direito.

Ainda no tocante aos precedentes judiciais colacionados, cumpre observar que se pretende examiná-los realizando-se o movimento inverso àquele costumeiramente observado nos estudos sobre ativismo judicial. Com efeito, os analistas, em geral, partem do exame de julgados para enquadrá-los nas variadas concepções de ativismo. No entanto, o presente trabalho expõe, em primeiro lugar, as concepções acadêmicas de ativismo para, depois, aferir os respectivos precedentes, analisando-os à luz dos critérios teóricos que definem cada concepção de ativismo judicial.

Um último aspecto metodológico deve ser destacado: a presente obra não versa sobre história do direito[19], mas sim sobre direito comparado[20], razão pela qual se dispensam incursões mais aprofundadas nos históricos constitucionais de cada um dos Estados analisados.

4. Organização da Pesquisa

A organização do trabalho e a consequente distribuição dos capítulos decorrerão do objeto precípuo da dissertação, qual seja, a promoção de uma análise comparativa entre os trabalhos acadêmicos brasileiros e norte-americanos sobre ativismo judicial.

Para tanto, optou-se pela seguinte divisão: ao primeiro capítulo ficarão reservadas as noções iniciais e introdutórias, destinadas ao delineamento preciso do que seria o ativismo judicial que se estudará adiante.

Assim, sob esse panorama, serão apartados do conceito de ativismo judicial fenômenos a ele relativamente próximos, mas que com ele não se confundem, isto é, a judicialização da política e o mero exercício da jurisdição constitucional.

---

[19] Na história do direito, "toma-se um sistema vigente em épocas anteriores, e a comparação se faz com a época atual, em que o interesse reside na evolução histórica de um mesmo organismo normativo, nas suas etapas estanques no tempo" (SOARES, Guido Fernando Silva. *Common Law*. 2ª. ed. São Paulo: RT, 2000, p. 19).

[20] No direito comparado, "tomam-se dois sistemas distintos, vigentes em países distintos, num mesmo momento histórico, e as comparações se efetuam, a partir de uma metodologia científica rigorosa, em que apareceriam os elementos comuns e os diferenciados." (ibidem, p. 19).

Em seguida, será apresentado um rol de concepções de ativismo judicial, colhidas da pesquisa bibliográfica realizada. Em realidade, antes de se promover a análise comparativa visada, é necessário identificar um *standard* mínimo de comparação, de modo que se tenha, tanto quanto possível, uma mesma ótica de análise.

Isso, contudo, se apresenta especialmente difícil dada a multiplicidade de concepções sobre ativismo judicial, na doutrina constitucional dos dois países.

Deste modo, no Capítulo I, pretende-se expor as concepções mais difundidas de ativismo, com vistas a aproximar aquelas que contêm alguma repercussão nos estudos doutrinários brasileiros e americanos. Assim, isoladas as concepções comuns, ter-se-á uma base mais segura para a comparação, norteando a pesquisa subsequente.

A medida se justifica para que a análise se mantenha aderente àqueles critérios comumente existentes nos dois países para a caracterização do ativismo.

No entanto, os elencos de concepções de ativismo colhidos, de um lado, da doutrina brasileira e, de outro, da doutrina americana, não são integralmente congruentes entre si, havendo algumas concepções comuns e outras específicas.

Os dois capítulos seguintes são dedicados ao exame individual e aprofundado do ativismo judicial tal qual surgido e desenvolvido nos dois ordenamentos comparados, à luz da doutrina majoritária brasileira e norte-americana.

Buscar-se-á estudar o ativismo judicial nos Estados Unidos e no Brasil, respectivamente, no Capítulo II e no Capítulo III, mantendo, tanto quanto possível a mesma ótica de análise, isto é, o estudo se desenvolverá sob critérios semelhantes, denotando bases mais ou menos simétricas em cada um destes capítulos.

O roteiro da análise apartada da realidade americana e brasileira envolverá o exame das origens do ativismo judicial, identificando as primeiras menções à expressão na doutrina de cada um dos países.

Em seguida, haverá a oportunidade de se examinar o desenvolvimento das fases pelas quais evoluiu o ativismo judicial, identificando características próprias eventualmente marcantes de cada período.

Após, proceder-se-á ao exame do ativismo judicial, no Brasil e nos Estados Unidos, à luz dos critérios definidores do fenômeno objeto da pesquisa.

A eleição dos critérios se pautou pelas concepções teóricas de ativismo judicial apresentadas no Capítulo I. De fato, trata-se de método que privilegia o exame das concepções doutrinárias verificáveis na literatura de ambos os países examinados.

Tendo por pano de fundo o recorte dado pelas concepções, esse será o momento para o cotejo dos precedentes judiciais mais costumeiramente rotulados de ativistas pelos estudiosos nacionais e estrangeiros. Nessa seara, pretende-se deslocar o foco da análise para a práxis do ativismo. Este será o momento propício para apreciar, nos precedentes a serem colacionados, quais os elementos intrínsecos que fazem com que uma determinada decisão tenha incidido em ativismo judicial. O método para tanto, como já ventilado, envolverá o cotejo de decisões judiciais tendo em vista a ligação destes precedentes com as concepções de ativismo judicial comuns na doutrina dos dois sistemas jurídicos objeto da análise.

Ressalva-se, no Capítulo 2, o estudo dos casos mais usualmente rotulados como ativistas nas concepções observadas somente na literatura especializada dos Estados Unidos, promovendo-se o exame dos elementos que denunciam o ativismo sob concepções que não se extraem da doutrina brasileira.

Assim, os Capítulos II e III destinam-se precipuamente a apresentar estudos de caso à luz das concepções de ativismo doutrinariamente mais consistentes, selecionados os casos concretos, como frisado, por serem aqueles rotineiramente considerados como ativistas e que, cumulativamente, são aprofundadamente examinados pela doutrina pesquisada.

Após, no Capítulo IV, a atenção se voltará às comparações que podem ser extraídas do cotejo das obras sobre ativismo que compõem o rol de trabalhos pesquisados nesta obra. Neste capítulo, pretende-se efetivar o estudo comparativo que abranja (i) o perfil doutrinário atual sobre a postura ativista americana e brasileira e (ii) as divergências que aparentemente exsurgem do cotejo dos estudos brasileiros e norte-americanos sobre o ativismo.

Com os subsídios da pesquisa desenvolvida, pretende-se identificar, ao final, semelhanças e divergências entre aquilo que se denomina ativismo judicial pela doutrina constitucional brasileira e americana. E, eventualmente, será possível vislumbrar a maior ou menor coerência nos discursos doutrinários sobre ativismo judicial nos dois países.

Capítulo I – Concepções de Ativismo Judicial

1. Ativismo e Fenômenos Afins

A expressão "ativismo judicial" ou a correlata, "ativismo judiciário", comporta inúmeros significados, de modo que este capítulo inicial destina-se à apresentação das concepções de ativismo judicial. A mesma pluralidade de significados acomete a expressão *"judicial activism"*, no âmbito da doutrina constitucional norte-americana.

Com efeito, a multiplicidade de conotações que podem ser conferidas à expressão – com grande variedade de tons ideológicos – é impeditiva de uma compreensão minimamente isenta e, por consequência, da análise comparativa que se pretende levar a efeito nesta pesquisa.

A fim de sanear a questão terminológica, é necessário, preliminarmente, apartar do ativismo fenômenos que com ele costumam ser academicamente tratados, mas que com ele não se confundem: controle de constitucionalidade e judicialização da política. Cuida-se de noções comumente associadas ao ativismo, sendo certo que a revisão da literatura permite traçar as linhas demarcatórias de cada uma destas expressões.

1.1 Ativismo Judicial e Controle de Constitucionalidade

1.1.1 Considerações Gerais

Uma primeira associação – que para alguns significa uma verdadeira identidade conceitual – é aquela realizada entre ativismo e controle de constitucionalidade.

Com efeito, em um Estado de Direito, é papel dos órgãos democraticamente compostos elaborar as normas que regularão a vida social[21].

O advento da jurisdição constitucional[22] – especialmente o de matriz americana, consolidada por Marshall[23] – iniciou o grande debate sobre o papel do Poder Judiciário, especialmente em relação aos seus limites na tarefa de declarar a nulidade das leis e atos normativos incompatíveis com a Constituição.

É evidente a importância desse mecanismo, pelo qual se reconhece aos juízes – seja de forma difusa, seja de forma concentrada – a possibilidade de declarar inconstitucionais atos normativos[24], o que, porém, não isenta o mecanismo de críticas.

Com efeito, desde a sua gênese, o controle de constitucionalidade, especialmente aquele realizado por órgãos judiciais, é objeto de questionamentos, mais ou menos intensos, dependendo do arcabouço jurídico-constitucional que o embasa[25].

---

[21] Cf. REALE, Miguel. *Teoria do Direito e do Estado*. 5ª ed. São Paulo: Saraiva, 2000; MIRANDA, Jorge. *Teoria do Estado e da Constituição*. Coimbra: Coimbra Editora, 2002, p. 314-322 e RANIERI, Nina. *Teoria do Estado: do Estado de Direito ao Estado Democrático de Direito*. Barueri: Manole, 2013, p. 206-230.

[22] Cf. LEAL, Roger Stiefelmann. *O Efeito Vinculante na Jurisdição Constitucional*. São Paulo: Saraiva, 2006, p. 13-32. Sobre a distinção entre "jurisdição ordinária" e a "jurisdição constitucional", vide COMELLA, Victor Ferreres. Las consecuencias de centralizar el control de constitucionalidad de la ley en un tribunal especial: algunas reflexiones acerca del activismo judicial. Yale Law School. *SELA (Seminario en Latinoamérica de Teoría Constitucional y Política) Papers*. Paper 40.

[23] Sobre o pioneirismo norte-americano em matéria de controle judicial de constitucionalidade, confira-se FERREIRA FILHO, Manoel Gonçalves. *Curso de Direito Constitucional*. 38ª. ed. São Paulo: Saraiva, 2012, p. 60.

[24] Cf. MENDES, Gilmar Ferreira. *Controle abstrato de constitucionalidade: ADI, ADC e ADO: comentários à Lei n. 9.868/99*. São Paulo: Saraiva, 2012, p. 21: "O controle judicial de constitucionalidade das leis tem se revelado uma das mais eminentes criações do direito constitucional e da ciência política do mundo moderno. A adoção de formas variadas nos diversos sistemas constitucionais mostra, por outro lado, a flexibilidade e a capacidade de adaptação desse instituto aos mais diversos sistemas políticos".

[25] Por exemplo, Manoel Gonçalves Ferreira Filho anota que, no caso *Marbury v. Madison*, o controle de constitucionalidade foi deduzido de uma Constituição que não o previa expressamente (*Curso... cit.*, p. 60.). Cf, ainda, WOLFE, Christopher. *The Rise of Modern Judicial Review: from constitutional interpretation to judge-made law*. Revised edition. Lanham: Rowman & Littlefield Publishers, Inc, 1994, p. 74: "A Constituição não dispõe explicitamente sobre o *judicial review* (o que, por si só, já é digno de nota). O grande debate está em saber se a Constituição dispõe sobre isso implicitamente e, em caso positivo, em qual forma." Tradução livre deste

Anote-se que o controle de constitucionalidade exercido pelos Tribunais Constitucionais não se enquadra propriamente na ideia de controle judicial, ante a autonomia orgânica de que desfrutam tais cortes no modelo europeu-continental[26]. Dentre as características comuns a todos os tribunais constitucionais, talvez o fato de constituir um poder autônomo seja o mais marcante[27].

De todo modo, considerando que a presente pesquisa trata unicamente da atividade judicial realizada no Brasil e nos Estados Unidos, não se mostra de maior relevância esmiuçar, de forma detida, o controle de constitucionalidade realizado pelos tribunais constitucionais de matriz europeia-continental[28].

1.1.2 Ativismo é Sinônimo de Controle de Constitucionalidade?

Feitas essas considerações, é certo que, de um lado, subsiste uma corrente que sustenta haver identidade conceitual entre ativismo judicial e controle de constitucionalidade.

---

autor. No original: *"The Constitution does not explicitly provide for judicial review. (That in itself is worthy of note.) The great debate is whether the Constitution provides for it implicitly, and if so, in what form."*. No Brasil, porém, o modelo judicial misto, além de ser há muito tempo consolidado, é expressamente previsto no texto constitucional brasileiro atual. Vide, a propósito, SLAIBI FILHO, Nagib. Breve histórico do controle de constitucionalidade. In: MOREIRA, Eduardo Ribeiro; PUGLIESI, Marcio. *20 anos da Constituição brasileira*. São Paulo: Saraiva, 2009, p. 292-323.

[26] FAVOREU, Louis. *As Cortes Constitucionais*. Tradução de Dunia Marinho Silva. Landy Editora, 2004, p. 32-34. Favoreu concebe as Cortes Constitucionais como uma "jurisdição fora do aparelho jurisdicional", ante a conjugação da independência orgânica com o poder de afirmar o direito com autoridade de coisa julgada e com efeitos *erga omnes*.

[27] Não se desconhece, porém, a existência de alguma controvérsia sobre a natureza jurídica dos Tribunais ou Cortes Constitucionais em países como Alemanha, Áustria, Itália, Espanha e Portugal, isto é, se pertenceriam ou não ao Poder Judiciário. J. J. Gomes Canotilho, a esse propósito, salienta, de um lado, a corrente que defende o "acento político" da jurisdição dos tribunais constitucionais, negando o caráter judicial das suas decisões; de outra parte, indica aqueles que defendem a natureza jurisdicional dos atos das cortes constitucionais, por terem fundamento e racionalidade determinados pelo direito – o direito constitucional (*Direito Constitucional e Teoria da Constituição*. 7ª. ed. Coimbra: Almedina, 2003, p. 678-680).

[28] Para uma interessante cogitação teórica acerca da adoção, nos EUA, do modelo europeu de tribunal constitucional, veja-se: KRAMER, Larry D. *The People Themselves: popular constitucionalism and judicial review*. Oxford. Oxford University Press, 2004, p. 249-251.

As teorias política e jurídica norte-americanas geralmente se detêm sobre o ativismo judicial exercido durante o *judicial review*, indicando que o grau de anulação de atos legitimamente aprovados por órgãos democráticos é a principal métrica do ativismo judicial na doutrina americana[29]. Frank B. Cross e Stefanie A. Lindquist reconhecem claramente que "o padrão mais comum para avaliar o ativismo judicial é a extensão na qual juízes invalidam atos legislativos"[30]. Cuida-se, com efeito, do critério mais convencional para se definir o ativismo judicial nos EUA[31].

Lino Graglia, de forma ainda mais enfática, aduz que a pura e simples anulação de decisões políticas tomadas pelas legislaturas ordinárias caracteriza o ativismo judicial:

> Por ativismo judicial eu me refiro, simples e especificamente, à prática judicial de desaprovar escolhas políticas de outros oficiais de governo ou instituições, sobre as quais não haja proibição expressa da Constituição. Nesta perspectiva, não há ativismo quando juízes deixam de desaprovar uma escolha política, mantendo os resultados do processo político, ainda que ele seja inconsistente com o constitucionalismo. Constitucionalismo, como eu geralmente tenho notado, levanta o problema da regulação dos vivos pelos mortos. Ativismo judicial suscita um problema bastante diferente, o problema da regulação por juízes não eleitos, vitalícios e que estão bem vivos.[32]

---

[29] Cf. SUNSTEIN, Cass. *Radicals in robes: why extreme right-wing Courts are wrong for America*. New York: Basic Books, 2005, p. 41-44 e SMITH, Stephen F. Taking Lessons from the Left?: Judicial Activism on the Right. *The Georgetown Journal of Law & Public Policy*, Volume 1 (inaugural), p. 80, 2002-2003.

[30] CROSS, Frank B.; LINDQUIST, Stefanie A. The Scientific Study of Judicial Activism. *Minnesota Law Review*, n. 91, 2006, p. 1.759. Tradução livre deste autor. No original: *"the most common standard for evaluating judicial activism is the extent to which judges invalidate legislative enactments"*. Confira-se, ainda, no mesmo sentido: GARNETT, Richard. Debate: Judicial Activism and its critics. *University of Pennsylvania Law Review*, vol. 155, p. 112, 2006.

[31] A esse propósito, Lawrence Baum afirma que "O ativismo da Corte neste sentido, frequentemente, é medido pelo uso que ela faz da revisão judicial, o poder de anular atos de outros elaboradores de políticas sob o fundamento de que eles violam a Constituição" (BAUM, Lawrence. *A Suprema Corte Americana. Uma análise da mais notória e respeitada instituição judiciária do mundo contemporâneo*. Tradução de Élcio Cerqueira. Rio de Janeiro: Forense Universitária, 1987, p. 260).

[32] GRAGLIA, Lino A. It's not constitutionalism, it's judicial activism. 19 *Harv. J. L. & Pub. Pol'y*, n. 293, p. 5, 1995-1996. Tradução livre deste autor. No original: *"By judicial activism I mean, quite simply and specifically, the practice by judges of disallowing policy choices by other governmental officials or institutions that the Constitution does not clearly prohibit. In this view, it is not activism for*

Sob essa ótica, o ativismo identificar-se-ia mesmo com a atuação judicial que se dirige a sentido oposto às deliberações políticas majoritárias[33]. Esse ponto de vista foi também sumarizado por Keenan D. Kmiec, salientando que acadêmicos muitas vezes descrevem o ativismo judicial como qualquer ocasião em que uma corte intervém e invalida atos legislativos[34].

Parte da doutrina brasileira, de outro vértice, parece também verificar alguma aproximação conceitual entre o controle de constitucionalidade exercido pelo Poder Judiciário brasileiro e a expressão ativismo judicial.

De fato, no Brasil, a mesma métrica é adotada algumas vezes, qual seja, a relação do ativismo judicial com o exercício da jurisdição constitucional.

Marcos Paulo Veríssimo salienta que o ativismo é medido pela taxa de procedência nas ações diretas de constitucionalidade[35]. Examinando o número de juízos de inconstitucionalidade emitidos pelo STF (incluindo a concessão de liminares), entre 1988 e 2008, o autor conclui haver uma disposição do Poder Judiciário brasileiro em "em exercer ativamente as competências de revisão que lhes foram atribuídas"[36].

No mesmo sentido, Dimitri Dimoulis e Soraya Gasparetto Lunardi[37] apresentam uma alternativa de definição de ativismo judicial sob a perspectiva quantitativa, relacionando o ativismo ao maior ou menor número de declarações de inconstitucionalidade pelos tribunais. Os autores, porém, discordam deste viés quantitativo de aferição, optando por uma análise de cunho qualitativo[38]. Do mesmo modo se posiciona Daniel Giotti de

---

judges to refuse to act by declining to disallow a policy choice and permitting the results of the political process to stand, even though it may be inconsistent with constitutionalism. Constitutionalism, as has often been noted, raises the problem of the rule of the living by the dead. Judicial activism raises the very different problem of rule by unelected, life-tenured judges who are very much alive.".

[33] Cf. KRAMER, Larry D., op. cit., p. 252-253.

[34] KMIEC, Keenan D. The Origin and Current Meanings of Judicial Activism. *California Law Review*, n. 92, p. 1.463, 2004.

[35] VERÍSSIMO, Marcos Paulo. A Constituição de 1988, vinte anos depois: Suprema Corte e ativismo judicial "à brasileira". *Revista Direito GV*, São Paulo, n. 8, p. 407-440, 2008.

[36] Ibidem, p. 413.

[37] DIMOULIS, Dimitri; LUNARDI, Soraya Gasparetto. Ativismo e autocontenção judicial no controle de constitucionalidade. In: FELLET, André Luiz Fernandes; DE PAULA, Daniel Giotti; NOVELINO, Marcelo (orgs.). *As Novas Faces do Ativismo Judicial*. Salvador: Editora Juspodivm, 2013, p. 462.

[38] Segundo a divisão adotada pelos autores, no ativismo judicial sob a ótica qualitativa não interessa a quantidade de vezes em que um órgão judicial intervém em outros Poderes, devendo preponderar na análise o *critério* para uma atuação ativista.

Paula, ao atrelar o ativismo à legitimidade do controle jurisdicional de constitucionalidade, ainda que sob um ponto de vista histórico[39].

De outro vértice, porém, há quem sustente ser o ativismo judicial e o controle de constitucionalidade noções ontologicamente distintas.

Com efeito, Keenan D. Kmiec defende que o ativismo judicial não pode ser encarado como sinônimo do mero exercício do *judicial review*[40]. Seu argumento está fundado em um exemplo bastante singelo: imagine-se que o Congresso americano aprove uma lei impondo uma religião oficial para o Estado. Se a Suprema Corte invalidasse tal estatuto – inequivocamente inconstitucional – ninguém poderia dizer que ali haveria ativismo judicial[41]. A mesma conclusão se aplica aos exemplos propostos por Craig Green:

> Até mesmo empiricistas sabem que nem toda invalidação legislativa é ativista. Ainda que não haja uma definição mais precisa, ninguém pode determinar se algumas, muitas ou a maioria das decisões judiciais anulando leis são realmente ativistas. Se o Congresso banisse a liberdade política ou se autorizasse punições baseadas na raça para cidadãos americanos, cortes não seriam 'ativistas' se anulassem tais estatutos[42].

---

[39] "Não há dúvidas de que a fonte remota do ativismo, traduzida em uma postura de atuação dos juízes da Suprema Corte americana, está na própria legitimidade que lhe foi outorgada para controlar a constitucionalidade de atos normativos." (DE PAULA, Daniel Giotti. Ainda existe separação de poderes? A invasão da política pelo direito no contexto do ativismo judicial e da judicialização da política. In: FELLET, André Luiz Fernandes; DE PAULA, Daniel Giotti; NOVELINO, Marcelo (orgs.). *As Novas Faces do Ativismo Judicial*. Salvador: Editora Juspodivm, 2013, p. 282-283). O autor, porém, reconhece o caráter simplista da pura e simples identidade entre ativismo judicial e controle de constitucionalidade.

[40] Op. cit., p. 1.464.

[41] Parece-nos mesmo que, à luz do texto constitucional americano, a adoção de uma religião oficial possa ser legitimamente derrubada por decisão judicial, corroborando o argumento de que o exercício legítimo do *judicial review* não se confunde com o *judicial activism*. No mesmo sentido: SHERRY, Suzanna. Why We Need More Judicial Activism. *Vanderbilt University Law School Public Law and Legal Theory*, Working Paper n. 13-3, p. 4, 2013.

[42] GREEN, Craig. An Intellectual History of Judicial Activism. *Emory Law Journal*, Atlanta, Vol. 58, No. 5, p. 1.219, 2009. Tradução livre deste autor. No original: *"Even empiricists know that not every statutory invalidation is activist. Yet without a more nuanced definition, no one can determine whether a few, many, or most judicial decisions striking down statutes are truly activist. An example will illustrate both points: If Congress banned political sedition, or authorized the race-based punishment of American citizens, courts would not be "activist" in annulling such statutes."* Cf., ainda, BICKEL, Alexander M. *The Least Dangerous Branch: the Supreme Court at the bar of politics*. New Haven:

Para esta segunda corrente, o controle judicial de constitucionalidade goza de uma naturalidade institucional, que não se observa no ativismo judicial, que, portanto, seria uma anomalia[43].

A naturalidade institucional de que se reveste a justiça constitucional pode ser exemplificada pela dramática mudança de opinião do *Chief Justice* da Suprema Corte da Pensilvânia, John Gibson.

Este juiz fez uma das exposições mais brilhantes já registradas em defesa da doutrina da supremacia do legislador no voto dissidente que proferiu em *Eakin v. Raub*[44]. No entanto, vinte anos depois deste voto minoritário, o próprio juiz Gibson, ao julgar o caso *Norris v. Clymer*[45], abandonou a sua postura anterior, aceitando o controle de constitucionalidade[46].

Do mesmo modo, sustenta-se, na doutrina brasileira, de forma predominante, o entendimento de que controle de constitucionalidade, por si só, não significa ativismo judicial[47].

Expostas as duas correntes, é lícito concluir que a confusão conceitual propagada pela primeira vertente é mais inteligível (mais racional) no âmbito da doutrina norte-americana.

Isto porque, nos Estados Unidos, é histórica a controvérsia sobre a revisão judicial de leis adotadas democraticamente, tratando-se de questão discutida desde a época dos Estados Confederados.

Ilustra a longevidade deste debate o clássico artigo federalista n. 78, que já expunha com clareza a tese favorável ao *judicial review* (à qual se filiavam

---

Yale University Press, 1986, ao sustentar que o Judiciário somente pode corrigir um erro muito evidente do Legislador.

[43] Cf. ROBERTS, Caprice L. In search of judicial activism: dangers in quantifying the qualitative. *Tennessee Law Review*, vol. 74 p. 577, 2006-2007.
[44] 12 Sergeant & Rawle (Pennsylvania Supreme Court) 330 (1825). Cf. WOLFE, Christopher, op. cit., p. 91.
[45] 2 Pa. 281.
[46] WOLFE, Christopher, op. cit., p. 93.
[47] Cf. BINENBOJM, Gustavo. *A Nova Jurisdição Constitucional brasileira: legitimidade democrática e instrumentos de realização*. Rio de Janeiro: Renovar, 2014; AGRA, Walber de Moura. *Curso de Direito Constitucional*. 8ª ed. Rio de Janeiro: Forense, 2014; MORAIS, Fausto Santos de; TRINDADE, André Karam. Ativismo judicial: as experiências norte-americana, alemã e brasileira. *Revista da Faculdade de Direito da UFPR*, Curitiba, n. 53, p. 57-84, 2011; SLAIBI FILHO, Nagib. *Breve histórico...* cit., p. 292-323 e MENDES, Gilmar Ferreira. *Controle abstrato de constitucionalidade: ADI, ADC e ADO: comentários à Lei n. 9.868/99*. São Paulo: Saraiva, 2012.

os seus autores), sobretudo diante da resistência a tal poder observada em alguns setores da sociedade naquele momento[48].

Deste modo, parece ser mesmo mais justificável (mais palatável), no âmbito da doutrina norte-americana, a corrente que aduz haver identidade entre *judicial review* e ativismo.

Por outro lado, à luz do ordenamento constitucional positivo-brasileiro, é muito menos significativa a relação doutrinária que se faz entre ativismo e jurisdição constitucional. Aliás, tendo por base o histórico do constitucionalismo pátrio, parece ser mais irracional sustentar-se a existência de sinonímia entre estes dois conceitos.

De fato, no direito brasileiro, a concessão ao Judiciário da prerrogativa de avaliar a compatibilidade das leis com a Constituição, ao contrário do histórico americano, decorreu de normas positivas constantes dos textos constitucionais que foram se sucedendo.

A Constituição imperial de 1824 não conferiu ao então chamado Poder Judicial (arts. 10 e 151) a possibilidade de aferir a legitimidade constitucional das leis, o que se justificava, em especial, pela previsão do Poder Moderador, "chave de toda a organização política" (art. 98)[49].

---

[48] Confira-se o seguinte trecho do *federalist paper* n. 78: "Relativamente à competência das cortes para declarar nulos determinados atos do Legislativo, porque contrários à Constituição, tem havido certa surpresa, partindo do falso pressuposto de que tal prática implica em uma superioridade do Judiciário sobre o Legislativo." (HAMILTON, Alexander; JAY, John; MADISON, James. *O Federalista*. Tradução de Ricardo Rodrigues Gama. 3ª ed. Campinas: Russell editores, 2010, p. 479). "Por mais paradoxal que possa parecer, não obstante os mais de dois séculos de plena vigência do controle de constitucionalidade em mãos do Poder Judiciário, além da ampla e efetiva influência que a teoria de (ou sedimentada por) John Marshall projetou por praticamente todas as democracias, há quem conteste, veementemente, nos Estados Unidos da América, a legitimidade de o Poder Judiciário, especialmente a Suprema Corte, em declarar a inconstitucionalidade de lei ou ato normativo. Em apertada síntese, a discordância com a prerrogativa bicentenária da Corte Suprema reside, segundo seus defensores, na inexistência de respaldo popular para implementar tão relevante atribuição." (SOUTO, João Carlos. *Suprema Corte dos Estados Unidos: principais decisões*. 2ª ed. São Paulo: Atlas, 2015, p. 6).

[49] Em minucioso estudo sobre o controle de constitucionalidade no Brasil Império, Elival da Silva Ramos lembra que "as condições que permitiram à Suprema Corte estadunidense fazer emergir o *judicial review* de um texto constitucional obscuro a esse respeito não estavam presentes no Brasil do Império, pelo que se teve de aguardar a proclamação da República para que a jurisdição constitucional, no seu aspecto nuclear, pudesse ser estabelecida entre nós" (*Controle de Constitucionalidade no Brasil: perspectivas de evolução*. São Paulo: Saraiva, 2010, p. 183). O autor ressalta, pois, que, "em relação ao controle de constitucionalidade dos atos

Foi a Constituição republicana de 1891 que autorizou, nos seus arts. 59, § 1º e 60, que o Poder Judiciário examinasse a validade constitucional de leis e atos normativos, sendo que tal poder foi regulamentado pela Lei n. 221, de 1894[50]. Posteriormente, a Emenda Constitucional n. 3, de 1926, aprimorando a redação do texto, ratificou esta prerrogativa. Como é cediço, tal competência foi outorgada de forma difusa aos membros do Poder Judiciário, sendo oportuno registrar a clara influência americana na adoção deste modelo de controle[51].

Com o advento da Emenda Constitucional n. 16/1965, foi instituída, no direito constitucional brasileiro, a representação de inconstitucionalidade, inaugurando a via do controle concentrado junto ao Supremo Tribunal Federal.

Percebe-se, pois, que, no cenário nacional, foi por meio do direito constitucional positivo que se concedeu ao Poder Judiciário a competência para anular leis por ele reputadas inconstitucionais.

Esta particularidade reforça a autonomia conceitual entre ativismo e declaração de inconstitucionalidade por juízes.

Entende-se, pois, que o mero exercício da jurisdição constitucional, por si só, não pode ser considerado como um critério sólido para a aferição do ativismo judicial, nem no Brasil, nem nos Estados Unidos, pela simples razão de que a revisão judicial pode efetivamente estar baseada em critérios legítimos.

Deste modo, a determinação do que é ou não é ativismo é contingente, variando conforme a visão que alguém pode ter sobre a Constituição como

---

legislativos, a primeira Constituição brasileira reflete a visão que então prevalecia na França sobre o tema, totalmente hostil a um controle jurisdicional de constitucionalidade das leis, fosse ele preventivo ou repressivo" (op. cit., p. 178).

[50] "O Direito Constitucional brasileiro adota, desde a promulgação da Carta de 1891, a técnica da aferição incidental da constitucionalidade das leis pelos órgãos do Poder Judiciário." (BINENBOJM, Gustavo, op. cit., p. 123).

[51] Cf. AGRA, Walber de Moura, op. cit., p. 670. A título de curioso registro acerca da influência americana na formação da República brasileira, vale mencionar o art. 386, do Decreto n. 848, de 11 de outubro de 1890, que organizava a Justiça Federal da época. Assim dispunha o texto legal: "Os estatutos dos povos cultos e especialmente os que regem as relações juridicas na Republica dos Estados Unidos da America do Norte, os casos de common law e equity, serão tambem subsidiarios da jurisprudencia e processo federal." Cf., ainda: RODRIGUES, Lêda Boechat. *A Côrte Suprema e o Direito Constitucional Americano*. Rio de Janeiro: Revista Forense, 1958, p. 11-14.

parâmetro do controle, especialmente em função da vagueza dos termos empregados pelo texto supremo americano[52].

Com efeito, se não há identidade entre ativismo e controle de constitucionalidade no próprio direito norte-americano, cuja Constituição não prevê expressamente o *judicial review*, resta ainda mais evidente essa distinção no constitucionalismo brasileiro, dado o histórico legislativo acima registrado.

Portanto, é justamente por haver divergências válidas sobre um julgamento que envolva a constitucionalidade das leis que não se pode tomar o puro e simples exercício da jurisdição constitucional como critério definitivo para se identificar o ativismo judicial. Afinal, "Não há nenhuma razão para privilegiar a conclusão de um analista sobre o que seria 'verdadeiramente constitucional' em detrimento da avaliação da Suprema Corte"[53].

Ademais, é possível relativizar o valor de uma abordagem meramente quantitativa na análise da suposta relação de causa-efeito entre o número de leis anuladas e o ativismo judicial. Craig Green aponta, a propósito, que "a definição de 'ativismo judicial' como qualquer declaração de inconstitucionalidade é popular entre os empiricistas quantitativos, sobretudo porque tal atividade é fácil de ser contabilizada"[54].

---

[52] Os reflexos da imprecisão do texto constitucional americano para a presente pesquisa será explorado com maior vagar no item 2.2.1 abaixo, a propósito das posturas originalista e evolutiva na interpretação constitucional norte-americana. Cabe ressaltar, porém, desde já, que, "Porque a Constituição contém princípios largos que devem ser aplicados a questões concretas, e porque sempre haverá casos difíceis, nos quais a aplicação não é clara, sujeitos racionais inevitavelmente diferirão sobre importantes questões interpretativas. (E, de fato, os casos mais claros serão menos controversos e atrairão menos atenção, de modo que as questões 'importantes' serão vitualmente definidas como mais controversas.)" (WOLFE, Christopher, op. cit., p. 38. Tradução livre deste autor. No original: *"Because a constitution contains broad principles that must be applied to concrete issues, and because there will always be difficult cases in which the application is not clear, reasonable people will inevitably differ on important questions of interpretation. (And, in fact, the clearer cases will be less controversial and attract less notice, so that the 'important' questions will be virtually defined as controversial ones.)"*).
[53] CROSS, Frank B.; LINDQUIST, Stefanie A., op. cit., p. 1.760. Tradução livre deste autor. No original: *"There is no reason to privilege an evaluator's conclusion about what is 'truly constitucional' over that of the Supreme Court"*.
[54] GREEN, Craig, op. cit., p. 1.218. Tradução livre deste autor. No original: *"the definition of 'judicial activism' as any decision invalidating a statute is popular among quantitative empiricists, largely because such activity is easy to count"*.

Em suma, o fenômeno da aferição judicial da constitucionalidade das leis nos Estados Unidos e no Brasil, tomada de forma isolada – ou seja, sem se perquirir os seus efeitos ou métodos, positivos ou negativos – não se assemelha à noção de ativismo judicial.

É certo, contudo, que, caso se possa vincular jurisdição constitucional a algum outro fator adicional, poderá ser possível, a partir daí, qualificar o exercício do controle de constitucionalidade como algo ativista.

Portanto, a possibilidade de se anular atos normativos por incompatibilidade com a Constituição não é, por si só, ativismo judicial, conclusão essa que se aplica a ambos os sistemas estudados.

1.2 Ativismo Judicial e Judicialização da Política

De outra parte, é necessário separar o ativismo da noção denominada *judicialização da política*, mostrando-se relevante estudar este último fenômeno, a fim de se identificar qual a relação que ele mantém com o ativismo judicial.

A pesquisa realizada permite identificar dois grandes blocos doutrinários a respeito da relação entre ativismo e judicialização da política. Um primeiro bloco visualiza a noção de judicialização da política como efeito do ativismo, enquanto, de outro lado, um segundo grupo vislumbra a judicialização como causa do ativismo.

Percebe-se, pois, uma dicotomia no trato doutrinário, apontando duas formas de apreciar a relação entre ativismo judicial e o conceito de judicialização da política.

1.2.1 A Judicialização da Política como Efeito do Ativismo Judicial

Não obstante ser possível identificar menções à judicialização da política em autores clássicos, como Carl Schmitt[55] e Karl Loewenstein[56], tal

---

[55] "SCHMITT, Carl. *La Defensa de la Constitución*. Tradução de Manuel Sánchez Sarto. Barcelona: Editorial Labor, 1931, p. 33: "O mais cômodo é conceber a resolução judicial de todas as questões políticas como o ideal dentro de um Estado de direito, olvidando-se que com a expansão da Justiça a uma matéria que por acaso não seja justiciável, somente prejuízos podem derivar-se para o poder judiciário. Como frequentemente tenho tido oportunidade de advertir tanto para o Direito constitucional quanto para o Direito das gentes, a consequência não seria uma judicialização da política, senão uma politização da justiça.". Tradução livre

expressão foi conceituada de forma sistematizada na obra coletiva *The Global Expansion of Judicial Power*, editada por C. Neal Tate e Torbjörn Vallinder[57], fixando conceitos reiteradamente reproduzidos na literatura que lhe sucedeu.

Este livro retrata o movimento de expansão dos aparelhos judiciários em vários países, porém, na sua primeira parte, há a conceituação da judicialização da política.

Neal Tate e Torbjörn Vallinder sugerem dois significados centrais para a judicialização da política, nestes termos:

> 1. o processo por meio do qual cortes e juízes passam a fazer políticas públicas, ou de forma crescente passam a dominar a produção de políticas públicas, que haviam sido previamente construídas por outros órgãos governamentais, especialmente legisladores e administradores (ou ao menos políticas que sejam presumidamente de responsabilidade de outros órgãos governamentais);
>
> 2. o processo por meio do qual fóruns não judiciais de negociação e de tomada de decisão passam a ser dominados por regras e procedimentos quase-judiciais (legais).[58]

---

deste autor. No original: *"Lo más cómodo es concebir la resolución judicial de todas las questiones politicas como el ideal dentro de un Estado de Derecho, olvidando que con la expansión de la Justicia a una materia que acaso no es ya justiciable sólo perjuicios pueden derivarse para el poder judicial. Como frecuentemente he tenido ocasión de advertir tanto para el Derecho constitucional como para el Derecho de gentes, la consecuencia no sería una judicialización de la Política, sino uma politiquización de la Justicia."*.

[56] LOEWENSTEIN, Karl. *Teoría de la Constitución*. 2ª ed. Tradução de Alfredo Gallego Anabitarte. Barcelona: Editorial Ariel, 1975, p. 325: "Instalar um tribunal como árbitro supremo do processo de poder – e este é o núcleo central da 'judicialização da política' – transformaria, em última análise, o sistema de governo em um domínio dos juízes ou em uma 'juristocracia'". Tradução livre deste autor. No original: *"Instalar un tribunal como árbitro supremo del proceso del poder – y éste es el núcleo de la 'judicialización de la política' – transformaría, en último término, el sistema gubernamental en un domínio de los jueces o en una 'judiocracia'."*.

[57] TATE, Chester Neal; VALLINDER, Torbjörn (editores). *The global expansion of judicial power*. New York: New York University Press, 1995.

[58] TATE, C. Neal. Why the Expansion of Judicial Power? In: TATE, Chester Neal; VALLINDER, Torbjörn (editores). *The global expansion of judicial power*. New York: New York University Press, 1995, p. 27. Tradução livre deste autor. No original: *"1. the process by which courts and judges come to make or increasingly to dominate the making of public policies that had previously been made (or, it is widely believed, ought to be made) by other governmental agencies, specially legislatures and executives, and 2. the process by which nonjudicial negotiating and decision-making forums come to be dominated by quasi-judicial (legalistic) rules and procedures"*. Os mesmos significados de

O primeiro significado descreve a atuação do Poder Judiciário na formulação de políticas públicas, em detrimento dos demais ramos do governo, aos quais incumbiria, primordialmente, a tomada de decisões políticas. Cuida-se de uma expansão das fronteiras da "província jurisdicional"[59], alcançando as raias de políticos ou administradores, mediante o redirecionamente do processo de tomada de decisões, antes a cargo dos legisladores ou governantes e agora mais em direção às cortes[60]. Essa forma de judicialização constitui o viés mais dramático da expansão global do Poder Judiciário que os autores descrevem[61].

Tal seria uma visão tradicional da judicialização, envolvendo, como visto, "juízes 'não políticos' no exercício de 'discricionariedade política'", que, na análise comparada realizada pelos autores da obra, se encontra em ascensão em todo o mundo[62].

Porém, há outra instância da expansão do Poder Judiciário – menos dramática – que é a dominação de arenas não judiciais de negociação ou de decisão por procedimentos do tipo jurídico-legais. Sob essa perspectiva, mais fraca, a judicialização significa a proliferação dos métodos jurisdicionais de decisão para além das bordas do próprio Poder Judiciário. De forma sintética, essa versão da judicialização implica a mudança de postura dos tomadores de decisão, migrando da forma discricionária (ou política) de atuar para um modo limitado por regras, à moda dos juízes – figuras naturalmente apolíticas[63].

Este seria o significado mais tardio do conceito de judicialização da política e, segundo apontam Chester Neal Tate e Torbjörn Vallinder, esta segunda forma se encontraria em declínio a teor do exame dos sistemas judiciais analisados.

De qualquer forma, a conceituação da judicialização da política, aliada ao cotejo das experiências de vários países, indica que tal judicialização

---

judicialização da política são adotados por Ran Hirschl (The new constitutionalism and the judicialization of pure politics worldwide. *Fordham Law Review*, Vol. 75, n. 2, p. 721-754, 2006).
[59] VALLINDER, Torbjörn. When the Courts Go Marching In: TATE, Chester Neal; VALLINDER, Torbjörn (editores). *The global expansion of judicial power*. New York: New York University Press, 1995, p. 13.
[60] Ibidem, p. 13.
[61] TATE, Chester Neal; VALLINDER, Torbjörn. The Global Expansion of Judicial Power. In: TATE, Chester Neal; VALLINDER, Torbjörn, op. cit., p. 05.
[62] Ibidem, p. 28. Tradução livre deste autor. No original: "'nonpolitical' judges in the exercise of 'political' discretion".
[63] Ibidem, p. 28.

parece ser uma das mais significativas tendências nos governos do final do século XX e começo do século XXI. Além disso, Chester Neal Tate observa que a expansão do Poder Judiciário obedece a certas condições verificadas em ambas as suas vertentes[64].

Porém, para compreender claramente a posição da judicialização da política em relação ao ativismo, sob esta perspectiva, é preciso ressaltar que, mesmo com o concurso de todas as condições que a propiciam, a judicialização somente ocorre se os juízes têm atitudes e preferências políticas ou valores, especialmente valores e preferências relacionadas às de outros tomadores de decisão[65].

Assim, Chester Neal Tate questiona quais seriam as atitudes ou valores essenciais para que membros do Judiciário desenvolvam alguma judicialização significativa da política. Ele sugere dois grupos de comportamentos

---

[64] O autor aponta as seguintes condições facilitadoras da judicialização da política (TATE, Chester Neal. *Why the Expansion of Judicial Power?*... cit., p. 28-32), assim sintetizadas em tradução livre:
1) Democracia: é uma condição necessária mas não suficiente. Não se pode sequer cogitar de judicialização em governos arbitrários.
2) Separação de poderes: do mesmo modo, um sistema "montesquiano" de separação de poderes é condição necessária, mas não suficiente.
3) Política de direitos (*"politics of rights"*): o *bill of rights* aumenta a relevância política dos juízes, cuja posição institucional facilita a adoção de decisões em favor de minorias (e não de maiorias). Os tribunais são *key players* em matéria de política de direitos.
4) *Interest group use of courts* (uso corporativo das cortes): grupos de interesse descobrem o potencial de se valer do Judiciário para atingir seus objetivos de defesa de direitos humanos, contrariamente aos processos majoritários.
5) Uso das cortes pelas oposições: os tribunais passam a ser encarados como uma terceira câmara legislativa, ainda que as cortes, em certos países, não tenham a ferramenta do controle abstrato de constitucionalidade. Confira-se, a propósito, WOLFE, Christopher, op. cit., p. 9-10.
6) A ineficiência das instituições majoritárias: a deficiência dos partidos políticos (e suas coalisões) em desenvolver políticas efetivas suscita as oposições a desafiar as decisões perante o Poder Judiciário.
7) Percepções das instituições políticas: a atitude pública massiva funciona tanto como consequência como quanto possível causa para a ineficiência das instituições majoritárias. Quando o público e líderes de grupos de interesse veem as instituições majoritárias imóveis, autocentradas ou mesmo corruptas, ocorre um movimento em direção às cortes para realizar *policy-making*, vez que juízes têm reputação de retidão e *expertise*.
8) Delegação voluntária por instituições majoritárias: muitas vezes a judicialização ocorre porque as instituições políticas majoritárias optam por absterem-se de decidir certas questões, a fim de evitar os ônus políticos das opiniões externadas.
[65] TATE, Chester Neal. *Why the Expansion of Judicial Power?*... cit., p. 33.

relacionados à judicialização, independentes entre si: (i) ativismo judicial/autocontenção e (ii) preferências políticas públicas do Judiciário, traduzidas nas dimensões "direita/esquerda"[66].

O argumento de Chester Neal Tate está fundado no fato de que, dadas (i) as condições iniciais para a judicialização, acima indicadas, (ii) as preferências políticas das cortes (direita/esquerda) e (iii) as orientações ativistas/autocomedidas, podem ocorrer variadas formas de interação dos magistrados com as orientações políticas das instituições majoritárias. E é justamente desta interação que, conforme o caso, se produz (ou não) a judicialização da política[67].

O autor traduz as possíveis interações de modo a evidenciar as ocorrências de judicialização que se podem esperar ante as combinações entre (i) as condições facilitadoras, (ii) a orientação política das instituições majoritárias e (iii) atitudes e valores judiciais. As interações que podem propiciar a judicialização da política são apresentadas nas tabelas abaixo reproduzidas[68] e redigidas em tradução livre deste autor:

Condições favoráveis à judicialização							
Orientações políticas das Instituições Majoritárias							
Esquerda				Direita			
Atitudes e Valores Judiciais				Atitudes e Valores Judiciais			
Esquerda		Direita		Esquerda		Direita	
Ativismo judicial		Ativismo judicial		Ativismo judicial		Ativismo judicial	
Ativismo	Autocontenção	Ativismo	Autocontenção	Ativismo	Autocontenção	Ativismo	Autocontenção
Não judicialização	Não judicialização	Judicialização	Não judicialização	Judicialização	Não judicialização	Não judicialização	Não judicialização

---

[66] Ibidem, p. 33-34: "Qualquer sistema judicial poderia, em tese, ser ocupado por esquerdistas-ativistas, esquerdistas-comedidos, direitistas-ativistas ou direitas-comedidos". Tradução livre deste autor. No original: *"Any judicial system could in principle be populated by leftist-activists, leftist-restraintists, rightist-activists and rightist-restraintists"*.
[67] Ibidem, p. 34.
[68] Ibidem, p. 35.

Condições desfavoráveis à judicialização							
Orientações políticas das Instituições Majoritárias							
Esquerda				Direita			
Atitudes e Valores Judiciais				Atitudes e Valores Judiciais			
Esquerda		Direita		Esquerda		Direita	
Ativismo judicial		Ativismo judicial		Ativismo judicial		Ativismo judicial	
Ativismo	Autocontenção	Ativismo	Autocontenção	Ativismo	Autocontenção	Ativismo	Autocontenção
Não judicialização	Não judicialização	Não judicialização	Não judicialização	Não judicialização	Não judicialização	Não judicialização	Não judicialização

Assim, por exemplo, havendo condições favoráveis à judicialização (primeiro quadro supra), caso o Congresso tenha uma orientação de esquerda, assim como o juiz em um caso concreto, o magistrado, sendo ativista ou comedido, nunca propiciará judicialização. De outra parte, caso o órgão majoritário possua um alinhamento político à esquerda e o juiz, à direita, só haverá judicialização caso o julgador seja ativista, pois, sendo comedido, este resultado (judicialização) não ocorrerá.

Imagine-se, porém, a hipótese inversa, também constante do primeiro quadro acima transcrito. Considerando a existência de condições favoráveis, no caso de o parlamento ostentar um perfil de direita, caso o órgão judicial compartilhe do mesmo ideário político, nunca haverá judicialização, independentemente do fato do julgador ser ativista ou autocomedido. Ao revés, havendo divergência de orientação política entre o órgão majoritário (direita) e o judicial (esquerda), só será possível verificar judicialização na hipótese de um juiz ativista, o que não ocorrerá se ele for autocomedido.

Percebe-se, pois, que *a judicialização da política, na forma proposta por C. Neal Tate, constitui efeito do ativismo judicial*. De fato, é o ativismo, enquanto atitude *prévia* dos juízes, que condiciona a ocorrência ou não da judicialização. Em outras palavras, *o ativismo é causa da judicialização*, desde que verificadas condições favoráveis.

O autor observa, ademais, que a judicialização, conforme se verifica das tabelas supra, é um fenômeno relativamente raro, vez que não ocorrerá em sistemas constitucionais inibidores das condições favoráveis, especialmente aqueles ordenamentos nos quais as instituições políticas majoritárias são efetivas e respeitadas[69].

Infere-se, de outro lado, o papel desempenhado por juízes adeptos do *self-restraint*: sobre eles há uma expectativa de não promover a judicialização, ainda quando as orientações políticas das instituições majoritárias sejam contrárias às suas convicções pessoais. De juízes ativistas, de outra parte, espera-se uma intervenção em qualquer oportunidade para expandir, em suas decisões, os valores que sustentam pessoalmente. Porém, quando os valores dos magistrados são coerentes com os valores dominantes na esfera política, haverá muito menor incentivo para que estes juízes ativistas promovam judicialização de uma questão que já vem produzindo resultados positivos junto às instituições majoritárias, mesmo quando haja condições favoráveis para a judicialização. A lógica plasmada nas tabelas propostas por C. Neal Tate, enfim,

> implica que somente se pode esperar a promoção vigorosa da judicialização da política no caso de juízes direitistas-ativistas em um ambiente dominado por instituições majoritárias de esquerda ou de juízes esquerdistas-ativistas em um ambiente dominado por instituições majoritárias de direita.[70]

As premissas e conclusões de Chester Neal Tate, acima expostas, são secundadas por parte da doutrina, que, em suma, consagra o entendimento de que a judicialização é efeito do ativismo.

Foi possível identificar que se aproximam a esta proposta doutrinária as contribuições de Ran Hirschl[71], Johan P. Olsen[72], Alec Stone Sweet[73] e James L. Gibson[74].

---

[69] Ibidem, p. 34.
[70] Ibidem, p. 34-35. Tradução livre deste autor. No original: "*implies that only rightist-activist judges in an environment dominated by leftist majoritarian institutions and leftist-activist judges in an environment dominated by rightist majoritarian institutions should be expected to promote the judicialization of politics vigorously.*".
[71] HIRSCHL, Ran. *Towards juristocracy...* cit.
[72] Maybe It Is Time to Rediscover Bureaucracy. *Journal of Public Administration Research and Theory*, n. 16, p. 14, mar. 2005.
[73] Judicialization and the construction of governance. *Comparative Political Studies*, vol. 32, n. 2, p. 163, Abr. 1999.
[74] Challenges to the Impartiality of State Supreme Courts: Legitimacy Theory and "New-Style" Judicial Campaigns. *American Political Science Review*, vol. 102, n. 1, p. 60, fev. 2008.

No Brasil, de outro lado, a chamada "judicialização da política" vem sendo objeto de inúmeros estudos, especialmente após o advento da Constituição de 1988. Muitos autores brasileiros mencionam as definições dadas por Neal Tate e Torbjörn Vallinder[75], ainda que apresentem outra forma de relação entre a judicialização e o ativismo ou ainda que alguns textos sejam inconclusivos a respeito desta interação. Ernani Rodrigues de Carvalho observa, a propósito, que, desde a sua introdução no Brasil, a obra *The Global Expansion*, acima referida, tem norteado o debate acadêmico na ciência política a respeito da judicialização no país.[76]

Ressalte-se, contudo, o pequeno rigor metodológico observado na maioria dos textos nacionais que tratam da judicialização da política, apresentando definições no mais das vezes superficiais e recorrentemente baseadas no conceito proposto na obra *The Global Expansion of Judicial*

---

[75] A título de exemplos de estudos nacionais que se debruçam sobre a expansão do Poder Judiciário conforme os critérios propostos por C. Neal Tate e Torbjörn Vallinder, confira-se: VIEIRA, Oscar Vilhena. Supremocracia. *Revista Direito GV*, São Paulo, n. 8, p. 441-463, 2008; ASENSI, Felipe Dutra. Algo está mudando no horizonte do Direito? Pós-positivismo e judicialização da política e das relações sociais. In: FELLET, André Luiz Fernandes; DE PAULA, Daniel Giotti; NOVELINO, Marcelo (orgs.). *As Novas Faces do Ativismo Judicial*. Salvador: Editora Juspodivm, 2013, p. 212; SAMPAIO JUNIOR, José Herval. Ativismo judicial: autoritarismo ou cumprimento dos deveres constitucionais? In: FELLET, André Luiz Fernandes; DE PAULA, Daniel Giotti; NOVELINO, Marcelo (orgs.). *As Novas Faces do Ativismo Judicial*. Salvador: Editora Juspodivm, 2013, p.424; VERONESE, Alexandre. A Judicialização da Política na América Latina: Panorama do Debate Teórico Contemporâneo. In: COUTINHO, Jacinto Nelson de Miranda; FRAGALE FILHO, Roberto; LOBÃO, Ronaldo (orgs.). *Constituição & Ativismo Judicial*. Rio de Janeiro: Lumen Juris, 2011, p. 379-406; OLIVEIRA, Vanessa Elias de. Judiciário e Privatizações no Brasil: Existe uma Judicialização da Política? *Revista de Ciências Sociais*, Rio de Janeiro, vol.48, n.3, p. 559-561, 2005; SANTOS, Tiago Neiva. Ativismo judicial: Uma visão democrática sobre o aspecto político da jurisdição constitucional. *Revista de Informação Legislativa*, Brasília a. 44 n. 173, p. 276-277, jan./mar. 2007; POGREBINSCHI, Thamy. Ativismo judicial e direito: considerações sobre o debate contemporâneo. *Direito, Estado e Sociedade*, Rio de Janeiro, n.17. p. 121-124, ago./dez. 2000; NUNES JUNIOR, Amandino Teixeira. Ativismo Judicial no Brasil: o caso da fidelidade partidária. Revista de Informação Legislativa, ano 51, n. 201, p. 112, jan./mar. 2014; CAMPOS, Carlos Alexandre de Azevedo. Moreira Alves v. Gilmar Mendes: e evolução das dimensões metodológica e processual do ativismo judicial do Supremo Tribunal Federal. In: FELLET, André Luiz Fernandes; DE PAULA, Daniel Giotti; NOVELINO, Marcelo (orgs.). *As Novas Faces do Ativismo Judicial*. Salvador: Editora Juspodivm, 2013, p. 543.

[76] CARVALHO, Ernani Rodrigues de. Em busca da judicialização da política no Brasil: apontamentos para uma nova abordagem. *Revista de Sociologia e Política*, Curitiba, n. 23, p. 16, nov. 2004.

Power. Assim, salvo algumas exceções – nas quais a relação entre ativismo e judicialização é claramente explorada[77] – verifica-se na doutrina nacional integrante desta primeira vertente apenas uma alusão sistemática, sem maiores aprofundamentos, à obra de Tate e Vallinder[78].

De todo modo, é possível destacar em meio à literatura pesquisada, nacional e estrangeira, um primeiro eixo de convergência segundo o qual a judicialização da política é efeito do ativismo judicial.

1.2.2 A Judicialização da Política como Causa do Ativismo Judicial

Há, no entanto, um cenário doutrinário reverso, isto é, que considera a judicialização da política como causa motora do ativismo.

Para Marcos Paulo Veríssimo a judicialização seria

> uma espécie de "fuga" cada vez mais acelerada dos temas políticos (de política pública, de ação governamental executiva, de política representativo-partidária) para dentro do mundo do direito e, deste, para dentro dos órgãos judiciários[79].

Os motivos dessa judicialização, para o autor, decorrem do próprio arranjo institucional promovido pelo constituinte de 1988, não havendo

---

[77] Merece destaque, neste sentido, o seguinte artigo: VIEIRA, José Ribas; CAMARGO, Margarida Maria Lacombe; SILVA, Alexandre Garrido da. O Supremo Tribunal Federal como arquiteto institucional: a judicialização da política e o ativismo judicial, *Revista de Ciências Sociais Aplicadas do CCJE*, v. 2, p. 74-85, 2009. Os autores filiam-se inteiramente a postura de Chester Neal Tate, asseverando que "é possível afirmar a precedência, no caso brasileiro, do ativismo judicial sobre o fenômeno de judicialização da política, na qualidade de condição subjetiva necessária para a intensificação e consolidação da judicialização da política.". O mesmo destaque pode ser dado à pesquisa de Débora Alves Maciel e Andrei Koerner, que registram: "o ativismo judicial é uma dimensão essencial da noção de judicialização da política formulado por Tate e Vallinder." (Sentidos da Judicialização da política: duas análises. *Lua Nova*, São Paulo, n. 57, p. 127, 2002).

[78] Sobre a insuficiência da doutrina brasileira acerca de uma conceituação propriamente nacional de judicialização da política, confira-se: VERONESE, Alexandre, op. cit., p. 379-406. O autor sustenta, ainda, que os conceitos fixados por Tate e Vallinder podem ser aplicados, em alguma medida, ao Brasil, por serem mais adequados do que as tentativas de conceituações diversas, formuladas pela doutrina nacional, tais como as noções de "juridicização" e "legalização" (ibidem, p. 390).

[79] VERÍSSIMO, Marcos Paulo. A Constituição de 1988, vinte anos depois: Suprema Corte e ativismo judicial "à brasileira". *Revista Direito GV*, São Paulo, n. 8, p. 408, 2008.

que se falar em uma judicialização fortuita. Ao contrário, Marcos Paulo Veríssimo sustenta que se trata de um resultado previsível – e talvez até mesmo desejado – em virtude da formação do texto constitucional brasileiro atual.

Um dos efeitos dessa judicialização, para Marcos Paulo Veríssimo, seria a atuação mais ativista do Poder Judiciário:

> um determinado aspecto dessas transformações parece poder ser indicado com razoável clareza, aspecto esse que, como demonstrarei adiante, se relaciona, diretamente, ao processo de judicialização supra-referido. Trata-se do surgimento, no País, de um judiciário "ativista", que não se constrange em exercer competências de revisão cada vez mais amplas, quer incidentes sobre a política parlamentar (via controle de constitucionalidade, sobretudo), quer incidentes sobre as políticas de ação social do governo (por intermédio das competências de controle da administração pública, controle esse interpretado de forma cada vez mais larga nos dias atuais)[80].

Portanto, cuida-se de posição que delineia *o ativismo como uma das consequências da judicialização* que se verificou após 1988[81].

Sob essa concepção, afasta-se qualquer sinonímia entre ativismo e judicialização, sem que isso exclua, porém, uma relação de causa e efeito entre as duas noções.

---

[80] Ibidem, p. 409.

[81] Aliás, para o Ministro Celso de Mello, o ativismo "decorria naturalmente da judicialização das relações políticas, conferindo aos juízes e tribunais a condição de árbitros dos conflitos existentes na arena política" (MORAIS, Fausto Santos de; TRINDADE, André Karam, op. cit., p. 79). Ademais: "Aponta-se, ainda que sucintamente, que o crescimento da invasão das funções legislativas e administrativas pelo Judiciário se dá sob o influxo de um movimento maior, que é o da judicialização da política." (DE PAULA Daniel Giotti. *Ainda existe separação de poderes?*... cit., p.294). Confira-se, ainda: VIEIRA, José Ribas. Verso e reverso: a judicialização da política e o ativismo judicial no Brasil. *Revista Estação Científica*, Juiz de Fora, Volume 1, n.04, p. 44-57, out./ nov. 2009. Anderson Vichinkeski Teixeira, por sua vez, sustenta que a judicialização da política constitui um dos pressupostos fenomenológicos do ativismo judicial (Ativismo judicial: nos limites entre racionalidade jurídica e decisão política. *Revista Direito GV*, São Paulo, n. 8(1), p. 42, jan-jun 2012). No mesmo sentido: SODRÉ, Habacuque Wellington. A politização do Poder Judiciário como fator de ativismo judicial: conceituação e casos. *Fórum Administrativo*, Belo Horizonte, ano 11, n. 128, p. 1-20, out. 2011 e BARBOSA, Daniella Dutra de Almeida; TEIXEIRA, João Paulo Allain. O Supremo Tribunal Federal e o novo desenho jurisdicional brasileiro. *Revista de Informação Legislativa*, Brasília, ano 47, n. 186, p. 129-139, abr./jun. 2010.

A mesma relação é identificada por Lenio Luis Streck e Jânia Maria Lopes Saldanha: "Embora visível a mixagem entre a judicialização da política e ativismo, cabe afirmar que a primeira impulsionou o desenvolvimento do segundo no Brasil"[82].

Por sua vez, Luís Roberto Barroso já mencionou a ocorrência de uma verdadeira "judicialização da vida"[83]. A abordagem feita por Barroso distingue judicialização de ativismo judicial, divergindo, porém, em alguma medida, do pensamento de Marcos Paulo Veríssimo.

Com efeito, Luís Roberto Barroso entende que "a judicialização e o ativismo judicial são primos. Vêm, portanto, da mesma família, frequentam os mesmos lugares, mas não têm as mesmas origens. Não são gerados, a rigor, pelas mesmas causas imediatas"[84].

Para ele, a judicialização, no contexto brasileiro, "é um fato, uma circunstância que decorre do modelo constitucional que se adotou, e não um exercício deliberado de vontade política"[85]. Há, na judicialização, uma conduta devida, legítima do Poder Judiciário, porque assim determinou a norma constitucional.

O ativismo judicial, por seu turno, seria a "participação mais ampla e intensa do Judiciário na concretização dos valores e fins constitucionais, com maior interferência no espaço de atuação dos outros dois Poderes"[86].

Vê-se nessa linha de pensamento que a judicialização é que impõe a postura ativista verificada atualmente no Poder Judiciário, sugerindo implicitamente a condição da primeira como causa da segunda.

---

[82] Ativismo e garantismo na Corte Interamericana de Direitos Humanos. In: DIDIER JR., Fredie; NALINI, José Renato; Ramos, Glauco Gumerato; Levy, Wilson (orgs.). *Ativismo Judicial e Garantismo Processual*. Salvador: Juspodivm, 2013, p. 407.

[83] BARROSO, Luís Roberto. Judicialização, Ativismo Judicial e Legitimidade Democrática. In: COUTINHO, Jacinto Nelson de Miranda; FRAGALE FILHO, Roberto; LOBÃO, Ronaldo (orgs.). *Constituição & Ativismo Judicial*. Rio de Janeiro: Lumen Juris, 2011, p. 276-279. Manoel Gonçalves Ferreira Filho também identifica, no texto de 1988, "a tendência a uma judicialização de todos os setores da vida humana" (FERREIRA FILHO, Manoel Gonçalves. O Poder Judiciário na Constituição de 1988 – Judicialização da política e politização da Justiça. Revista de Direito Administrativo, n. 198 (out.-dez. 1994). Rio de Janeiro: Renovar, p. 13).

[84] BARROSO, Luís Roberto. *Judicialização, Ativismo Judicial e Legitimidade Democrática...* cit., p. 279.

[85] Ibidem, p. 279.

[86] Ibidem, p. 279. A mesma posição é defendida por Daniel Giotti de Paula (op. cit., p. 277-278) e por Gisele Cittadino (Poder Judiciário, ativismo judiciário e democracia. *Revista Alceu* – v.5 – n.9 – p. 105 a 113 – jul./dez. 2004).

Percebe-se, pois, que Marcos Paulo Veríssimo e Luís Roberto Barroso divergem quanto à relação existente entre judicialização e ativismo judicial. Enquanto o primeiro vê uma relação de causa-efeito (judicialização – ativismo), o segundo aparta os fenômenos, ao menos quanto à gênese de cada um deles, não sendo desarrazoado, porém, inferir-se alguma relação de causa-efeito.

De qualquer forma, essas posições indicam que não há propriamente uma sinonímia entre os termos, isto é, ativismo judicial não significa judicialização da política.

Constata-se, em realidade, que este segundo bloco de estudos, caracterizado pelo fato de ser composto por autores brasileiros, dá menor atenção à distinção conceitual entre ativismo e judicialização, cogitando, porém, ser o ativismo uma consequência da judicialização[87].

Uma última observação se faz necessária. O fato de o ativismo ser encarado como efeito da judicialização de forma mais evidente na doutrina brasileira aparentemente decorre da Constituição de 1988 e dos seus reflexos na atuação judicial desde então. Em síntese, deflui-se desta segunda corrente que o arranjo institucional propiciado pela Constituição vigente – frequentemente indicada como favorável à judicialização da política – deu azo à criação do fenômeno do ativismo judicial, circunstância mais facilmente captada pela doutrina brasileira em comparação com os estudiosos norte-americanos.

2. Concepções de Ativismo Judicial

Esta seção se destina à apresentação das concepções[88] de ativismo extraídas da pesquisa acerca da produção doutrinária no Brasil e nos Estados Unidos.

---

[87] É elucidativo deste panorama doutrinário o seguinte trecho do artigo de Carlos Alexandre de Azevedo Campos, para quem "O ativismo judicial e a judicialização da política são coisas distintas, porém, intensa e circularmente conectadas. A judicialização da política ganha espaço e se desenvolve com o ativismo judicial, do qual se abastece e se renova.". Extrai-se do seu raciocínio, porém, que a judicialização vem antes (como causa) do ativismo (como consequência). (op. cit., p. 544). No mesmo sentido: MACHADO, Joana de Souza. *Ativismo judicial no Supremo Tribunal Federal*. Dissertação (mestrado) – Pontifícia Universidade Católica do Rio de Janeiro – PUC/RJ. Programa de Pós-Graduação em Teoria do Estado e Direito Constitucional, 2008.

[88] Recorre-se à expressão "concepções de ativismo judicial" porque, conforme se verificará nos itens abaixo, o termo ativismo judicial, por si só, contempla variadas concepções, muitas

Tendo em conta que o ativismo judicial é uma categoria doutrinária, são expostas as concepções que apresentam maior consistência acadêmica, isto é, aquelas que gozam de maior repercussão e popularidade entre os estudiosos que se propõem a pesquisar o(s) significado(s) de ativismo judicial.

Da pesquisa sobre os estudos norte-americanos, é possível elencar as seguintes concepções de ativismo judicial, que contam com maior incidência doutrinária:

a) ativismo como sinônimo de controle de constitucionalidade[89];
b) ativismo como indevida superação de precedentes[90];

---

delas próximas entre si, mas com algumas notas distintivas, conforme a posição adotada por quem formula a definição. Tem-se, em suma, um quadro em que há variados particularismos sobre o conceito de ativismo judicial, de modo que se revela útil atribuir a cada um deles a tipologia de "concepções", nos moldes propostos por Ronald Dworkin. De fato, Ronald Dworkin distingue conceitos de concepções. Conceitos seriam proposições mais abstratas, enquanto que concepções corresponderiam aos "refinamentos mais concretos ou as subinterpretações dessas proposições mais abstratas" (DWORKIN, Ronald. *O Império do Direito*. Tradução de Jeferson Luiz Camargo. São Paulo: Martins Fontes, 2014, p. 86).

[89] No item 1.1 acima se apontou a distinção conceitual entre ativismo e o mero exercício do *judicial review*, anotando-se a doutrina que encampa esta concepção de ativismo.

[90] Keenan D. Kmiec trata do tema do *overruling* vertical e horizontal (*"judicial activism as vertical and horizontal overruling"*), apontando esta definição de ativismo como sendo a falha de adesão ao precedente (*"failure to adhere to precedent"*) (op. cit., p. 1.466-1.469). Cass Sunstein também afirma que "Uma corte que rejeita seus próprios precedentes pode ser considerada ativista". Tradução livre deste autor. No original: *"A court that rejects its own precedents might be considered activist"* (*Radicals in robes...* cit. p. 42). No mesmo sentido: SMITH, Stephen F., op. cit., p. 79-80; ROBERTS, Caprice L., op. cit., p. 589; COX, Archibald. The role of the Supreme Court: Judicial Activism or Self-Restraint? *Maryland Law Review*, vol. 47, p. 1118-138, 1987-1988; RINGHAND, Lori A. Judicial Activsm: an empirical examination of voting behavior on the Rehnquist natural Court. *Constitutional Commentary*, vol 24, p. 43-102, 2007; ROOSEVELT III, Kermit. Debate: Judicial Activism and its critics. *University of Pennsylvania Law Review*, Vol. 155, p. 121, 2006; CANON, Bradley C. Defining the dimensions of judicial activism. *Judicature*, Volume 66, n. 6, p. 241, 1982-1983. WAYNE, William. The Two Faces of Judicial Activism. *The George Washington Law Review*, vol. 61, p. 2, 1993; MARSHALL, William P. Conservatives and the sevens sins of judicial activism. *University of Colorado Law Review*, vol. 73, p. 101-140, 2002; JÓSET, Jennelle London. May it please the Constitution: judicial activism and its effect on criminal procedure. *Marquette Law Review*, vol. 79, p. 1.021-1.040, 1996; REHNQUIST, James C. The power that shall be vested in a precedent: stare decisis, the Constitution and the Supreme Court. *Boston University Law Review*, vol. 66, p. 345-376, 1986; CONSOVOY, William S.The Rehnquist Court and the End of Constitutional Stare Decisis: Casey, Dickerson and the Consequences of Pragmatic Adjudication. *Utah Law Review*, p. 53-106, 2002; BONVENTRE,

c) o uso de métodos não ortodoxos de intepretação[91];
d) o julgamento com base nas posições políticas e axiológicas do juiz (*result-oriented judging*)[92];

Vincent Martin. Judicial activism, judge's speech, and merit selection: conventional wisdom and nonsense. *Albany Law Review*, vol. 68, p. 564, 2005.

[91] KMIEC, Keenan D., op. cit., p. 1.473-1.475. O autor menciona, neste particular, o ativismo como o "abandono da metodologia interpretativa aceita". Tradução livre deste autor. No original: "*departures from accepted interpretive methodology*" (ibidem, p. 1.473). Também sustentam que o uso de métodos heterodoxos de interpretação configura ativismo judicial: SCALIA, Antonin. *A matter of interpretation: federal courts and the law*. Princeton: Princeton University Press, 1997, p. 46; GREEN, Craig, op. cit., p. 1.218; WOLFE, Christopher, op. cit., p. 37-38; CANON, Bradley C., op. cit., p. 242-244; MURPHY, Walter F. Originalism – The Deceptive Evil: Brown v. Board of Education. In: GEORGE, Robert P. (editor). *Great Cases in Constitutional Law*. New Jersey: Princeton University Press, 2000, p. 154; WHITE, Edward. The anti-judge: William O. Douglas and the ambiguities of individuality. *Virginia Law Review*, n. 74, p. 18, 1988; MALTZ, Earl. Brown v. Board of Education and "Originalism". In: GEORGE, Robert P. (editor). *Great Cases in Constitutional Law*. New Jersey: Princeton University Press, 2000, p. 141; ROOSEVELT III, Kermit. Forget the fundamentals: fixing substantive due process. University of Pennsylvania Journal of Constitutional Law, vol. 8, p. 983, 2006; SHERRY, Suzanna. *Why We Need More Judicial Activism...* cit; POSNER, Richard A. The Rise and Fall of Judicial Self-Restraint. *California Law Review*, vol. 100, n. 3, p. 535, jun. 2012; ROBERTS, Caprice L., op. cit., p. 592; WOLFE, Christopher, op. cit., p. 14, 37, 38; ROTUNDA, Ronald D. Original Intent, the View of the Framers, and the Role of the Ratifiers. *Vanderbilt Law Review*, vol. 41, p. 514-515, 1988; SEGALL, Eric J. A century lost: the end of the originalism debate. *Constitutional Commentary*, vol. 15, p. 411-439, 1998; BERNSTEIN, David E.; SOMIN, Ilya. The Mainstreaming of Libertarian Constitutionalism. *Law and Contemporary Problems*, vol. 77, n. 4, p. 43-70, 2014; OAKES, James L. The Role of Courts in Government Today. *Akron Law Review*, vol. 14, p. 175-186, 1981; MARSHALL, William P. Progressive Constitutionalism, Originalism, and the Significance of Landmark Decisions in Evaluating Constitutional Theory. *Ohio State Law Journal*, vol. 72, p. 1.251-1.276, 2011; GINSBURG, Ruth Bader. Inviting judicial activism: "liberal" or "conservative" technique? *Georgia Law Review*, vol. 15, n. 3, p. 540, 1981; MARSHALL, William P. *Conservatives and the sevens sins of judicial activism...* cit.; BONVENTRE, Vincent Martin, op. cit., p. 564.

[92] KMIEC, Keenan D., op. cit., p. 1.475-1.476; REHNQUIST, William H. *The Supreme Court: revised and updated*. New York: Vintage Books, 2002, p. 278; WOLFE, Christopher, op. cit., p. 9; GREEN, Craig, op. cit., p. 1.210, 2009; CROSS, Frank B.; LINDQUIST, Stefanie A. op cit., p. 1.766; SUNSTEIN, Cass. R. Lochnering. *Texas Law Review*, Volume 82, p. 69, 2003-2004; SUNSTEIN, Cass R. Dred Scott v. Sandford and Its Legacy. In: GEORGE, Robert P. (editor). *Great Cases in Constitutional Law*. New Jersey: Princeton University Press, 2000; RINGHAND, Lori A., op. cit., p. 43; REYNOLDS, William Bradford. Symposium: Renewing the American Constitutional Heritage. *Harvard Journal of Law and Public Polic*, vol. 8, p. 233, 1985; NEUBORNE, Burt. The binding quality of Supreme Court precedent. *Tulane Law Review*, vol. 61, p. 998, 1987; POSNER, Richard. A. The Meaning of Judicial Self-Restraint. *Indiana Law*

e) a criação judicial do direito *(judicial legislation)*[93].

É preciso ressalvar que foi identificada uma concepção menos consistente, apontada de forma isolada: ativismo como um elogio ao juiz que salvaguarda direitos civis[94].

Journal, vol. 59, n. 1, p. 6-8, 1983 (apesar de conceber uma conceituação mais estreita (limitada) da expressão *"result-oriented judging"*, Posner, em linhas gerais, a aproxima do ativismo judicial); STONE, Geoffrey R. Citizens United and Conservative Judicial Activism. *University of Illinois Law Review*, vol 2012, p. 485-500, 2012; COX, Archibald. The role of the Supreme Court: Judicial Activism or Self-Restraint? *Maryland Law Review*, vol. 47, p. 1118-138, 1987-1988; SHERRY, Suzanna, op. cit., p. 1-20; CLAYTON, Cornell W. Review of Making Our Democracy Work: A Judge's View. *The Forum*, vol. 9, issue n. 1, p. 6, 2011; O'SCANNLAIN, Diarmuid F. Is a Written Constitution Necessary? *Pepperdine Law Review*, vol. 32, p. 799, 2005; BURTON, Steven J. The conflict between *stare decisis* and overruling in constitutional adjudication. *Cardozo Law Review*, vol. 35, p. 1.687-1.714, 2014; ROESCH, Benjamin J. Crowd Control: The Majoritarian Court and the Reflection of Public Opinion in Doctrine. *Suffolk University Law Review*, vol. XXXIX, p. 398, 2006; MARSHALL, William P. *Conservatives and the sevens sins of judicial activism...* cit; BONVENTRE, Vincent Martin, op. cit, p. 564.

[93] KMIEC, Keenan D., op. cit., p. 1.471-1.473. O autor fala em ativismo como *"judicial 'legislation'"* (ibidem, p. 1.471); KROTOSZYNSKI JR., Ronald J. A Rememberance of Things Past? Reflections on the Warren Court and the Struggle for Civil Rights. *Washington and Lee Law Review*, vol. 59, p. 1.055-1.074, 2002; WALPIN, Gerald. Take Obstructionism Out of the Judicial Nominations Confirmation Process. *Texas Review of Law & Politics*, vol. 8, p. 89-112, 2003; SCHWARTZ, Gary T. The Beginning and the Possible End of the Rise of Modern American Tort Law. *Georgia Law Review*, vol. 26, n. 3, p. 539-599, 1992; TABAK, Ronald. J.; LANE, J. Mark. Judicial activism and legislative "reform" of federal habeas corpus: a critical analysis of recent developments and current proposals. *Albany Law Review*, vol. 55, n. 1, p. 1-95, 1991; COX, Archibald.The independence of the judiciary: history and purposes. *University of Dayton Law Review*, vol. 21, p. 580, 1996; GREEN, Craig, op. cit.; KADISH, Sanford H. A Note on Judicial Activism. *Utah Law Review*, vol. 6, p. 467-471, 1959; YUNG, Corey Rayburn. Flexing Judicial Muscle: An Empirical Study of Judicial Activism in the Federal Courts, North Western University Law Review, vol. 105, p. 10, 2011; CANON, Bradley C., op. cit., p. 245; LITTLEFIELD, Neil O. Stare decisis, prospective overruling, and judicial legislation in the context of sovereign immunity. *Saint Louis University Law Journal*, vol. 9, p 71-72, 1965; NEUBORNE, Burt, op. cit., p. 988; PHILLIPS, Michael J.. *How Many Times...* cit p. 1.052; POUND, Roscoe. Common Law and Legislation. Harvard Law Review, vol. XXI, n. 6, p. 383-407, 1908; PATASHNIK, Eric M.; ZELIZER, Julian E. The Struggle to Remake Politics: Liberal Reform and the Limits of Policy Feedback in the Contemporary American State. American Political Science Association, vol. 11, n. 4 p. 1.083, dez. 2013; CHAYES, Abram. The role of the judge in public law litigation. Harvard Law Review, vol. 89, n. 7, p. 1.281-1.316, mai. 1976; MARSHALL, William P. *Conservatives and the sevens sins of judicial activism...* cit; BONVENTRE, Vincent Martin, op. cit., p. 564.

[94] Ibidem, p. 1.451. Keenan D. Kmiec aponta que "Nos seus primeiros dias, o termo 'ativismo judicial' tinha por vezes uma conotação positiva, referindo-se muito mais ao 'ativista

Esta concepção isolada pode ser enquadrada, sem maiores questionamentos, em qualquer uma das concepções consistentes arroladas acima, especialmente na concepção denominada julgamento orientado pelo resultado. Em realidade, cuida-se de uma determinada tendência ideológica dos juízes, que, na sua essência, se subsume à concepção mais geral do *result-oriented judging*. Desse modo, para além de pequena repercussão doutrinária, não se justifica uma categorização em separado de uma particular visão judicial (mais ligada à implementação de direitos civis), quando, a rigor, qualquer julgamento por opção política – independentemente do viés adotado – poderá ser tachado de ativismo judicial sob a concepção do julgamento orientado pelo resultado.

É possível, com essas considerações, identificar quatro concepções de ativismo nos Estados Unidos que contam com consistência doutrinária suficiente: *result-oriented judging*, uso de métodos não ortodoxos de interpretação, indevida superação de precedentes judiciais e criação judicial do direito. Cuida-se, com efeito, das concepções que apresentam incidência destacada na literatura pesquisada, podendo mesmo ser qualificadas como concepções amplamente populares na doutrina norte-americana.

Na literatura especializada brasileira analisada, de outra parte, são raros os estudos que tenham se proposto a examinar as concepções de ativismo judicial colhidas da teoria e prática do direito constitucional brasileiro[95]. E, mesmo quando discutidas as concepções de ativismo, este debate não ocorre com a mesma profundidade das obras norte-americanas sobre o tema. Ao contrário, o elenco de concepções – quando examinado pela doutrina nacional, ainda que raramente – é baseado nas inspirações norte-americanas.

---

de direitos civis' do que 'juiz abusando de sua autoridade'". Tradução deste autor. No original: *"In its early days, the term 'judicial activist' sometimes had a positive connotation, much more akin to 'civil rights activist' than 'judge misusing authority'"*. Também adere a esta concepção isolada: SCANLAN, Alfred L. The passing of justice Murphy – the conscience of a Court. *Notre Dame Lawyer*, vol. 25, p. 07-39, 1950.

[95] Da bibliografia pesquisada nesta dissertação, foi possível observar a intenção de classificar concepções de ativismo no Brasil em: VIEIRA, José Ribas; CAMARGO, Margarida Maria Lacombe; SILVA, Alexandre Garrido da. O Supremo Tribunal Federal como arquiteto institucional: a judicialização da política e o ativismo judicial, *Revista de Ciências Sociais Aplicadas do CCJE*, v. 2, p. 74-85, 2009 e Anderson Vichinkeski. Ativismo judicial: nos limites entre racionalidade jurídica e decisão política. *Revista Direito GV*, São Paulo, n. 8(1), p. 37-58, jan-jun 2012.

No entanto, o exame das principais produções nacionais sobre o tema permite identificar as seguintes concepções de ativismo:

a) o desbordamento dos limites impostos ao Judiciário pelo próprio ordenamento jurídico, sobretudo quando a função jurisdicional ultrapassa suas balizas para invadir a função legislativa[96];
b) julgamento com base em posições valorativas ou ideológicas do julgador[97] e

---

[96] RAMOS, Elival da Silva. *Ativismo Judicial: parâmetros dogmáticos*. São Paulo: Saraiva, 2010, p. 308. Paulo Gustavo Gonet Branco, citando a monografia de Elival da Silva Ramos, assevera que "Também entre nós, há uma compreensão de que ativismo judicial tem a ver com desenho de separação de poderes e com exercício de atribuições do Judiciário que parecem destoar de algum esquema de divisão de tarefas" (Em busca de um conceito fugidio – o ativismo judicial. In: FELLET, André Luiz Fernandes; DE PAULA, Daniel Giotti; NOVELINO, Marcelo (orgs.). *As Novas Faces do Ativismo Judicial*. Salvador: Editora Juspodivm, 2013, p. 393). A mesma conclusão de Elival da Silva Ramos é compartilhada por Dimitri Dimoulis e Soraya Gasparetto Lunardi: "Aquele que atua além dos limites constitucionalmente estabelecidos contraria a Constituição e abandona o papel de seu guardião. Em tais casos, quem se refere ao ativismo usa um eufemismo para a violação do direito." (op. cit. p. 462). Confira, ainda, LEAL, Saul Tourinho. *Ativismo ou Altivez? O outro lado do Supremo Tribunal Federal*. Brasília: Instituto Brasiliense de Direito Público, 2008; CONTINENTINO, Marcelo Casseb. Ativismo judicial: considerações críticas em torno do conceito no contexto brasileiro. *Interesse Público*, Belo Horizonte, ano 14, n. 72, p. 1, mar./abr. 2012; VIEIRA, José Ribas; CAMARGO, Margarida Maria Lacombe; SILVA, Alexandre Garrido da. *O Supremo Tribunal Federal como arquiteto institucional...* cit., p. 74-85; MORAIS, Fausto Santos de; TRINDADE, André Karam, op. cit., p. 59-60; NUNES JUNIOR, Amandino Teixeira, *Ativismo Judicial no Brasil...* cit. p. 111; VIEIRA, José Ribas. *Verso e reverso...* cit., p. 49 (que denomina esta concepção de "ativismo formal (ou jurisdicional)", caracterizada "pela resistência das cortes em aceitar os limites legalmente estabelecidos para sua atuação") e TEIXEIRA, Anderson Vichinkeski. Ativismo judicial: nos limites entre racionalidade jurídica e decisão política. *Revista Direito GV*, São Paulo, n. 8(1), p. 51, 2012 (que, na sistemática por ele adotada, subdivide esta concepção em duas, assim por ele denominadas: "atuação como legislador positivo" e "ofensa ao princípio da separação de poderes").

[97] Cf. GOMES, Gustavo Gonçalves. Juiz ativista x juiz ativo: uma diferenciação necessária no âmbito do processo constitucional moderno. In: DIDIER JR., Fredie; NALINI, José Renato; RAMOS, Glauco Gumerato; LEVY, Wilson (orgs.). *Ativismo Judicial e Garantismo Processual*. Salvador: Juspodivm, 2013, p. 297-298; NOBRE JUNIOR, Edilson Pereira. Ativismo judicial: Possibilidade e limites. *Revista Trimestral de Direito Público*. Belo Horizonte, ano 2011, n. 55, p. 10, jul./set. 2011; SODRÉ, Habacuque Wellington, op. cit., p. 05-06; REVERBEL, Carlos Eduardo Dieder. Ativismo judicial e Estado de Direito. *Revista Eletrônica do Curso de Direito da Universidade Federal de Santa Maria*, Santa Maria, v. 9, n. 2, p. 9, 2014; HERANI, Renato Gugliano. O poder judicial de constitucionalidade – Entre o ativismo e a contenção.

c) ativismo como criação judicial do direito[98].

Revista Brasileira de Estudos Constitucionais, Belo Horizonte, ano 7, n. 27, p. 631-648, set./dez. 2013; KOERNER, Andrei. Ativismo Judicial? Jurisprudência constitucional e política no STF pós-88. *Novos Estudos*, n. 96, p. 72, 2013; MORAES, Alexandre de. As súmulas vinculantes no Brasil e a necessidade de limites ao ativismo judicial. *Revista da Faculdade de Direito da Universidade de São Paulo*, vol. 106/107, p. 267 – 285, jan./dez. 2011/2012; SILVA, Diogo Bacha e. Os contornos do ativismo judicial no Brasil: O fetiche do Judiciário brasileiro pelo controle dos demais poderes. *Revista de Informação Legislativa*, ano 50, n, 199, p. 163-178, jul./set. 2013; POGREBINSCHI, Thamy, op. cit., p. 126-127; CARVALHO, Maria Carolina. Constitucionalização do direito, judicialização e ativismo judicial. *Revista da Procuradoria Geral do Estado de São Paulo*. São Paulo. n. 76. p. 192, jul./dez. 2012; CARDOSO, Oscar Valente. Ativismo judicial: conceitos e preconceitos. *Revista Dialética de Direito Processual*. São Paulo, n. 129. p. 81, dez. 2013; RECK, Janriê Rodrigues; VICENTE, Jacson Bacin. Ativismo judicial: uma forma de controle social? *Revista Brasileira de Direito – IMED*, vol. 8, n. 1, p. 125-140, jan./jun. 2012; NUNES, Luiz Roberto. Ativismo judicial. *Revista do Tribunal Regional do Trabalho da 15ª Região*, n. 38, p. 57-74, 2011; BARROSO, Luís Roberto. Constituição, democracia e supremacia judicial: direito e política no Brasil contemporâneo. *Revista da Faculdade de Direito – UERJ*, v. 2, n. 21, p. 1-50, jan./jun. 2012; ABBOUD, Georges; LUNELLI, Guilherme. Ativismo judicial e instrumentalidade do processo: diálogos entre discricionariedade e democracia. *Revista de Processo*. São Paulo. v. 40, n. 242, p. 19-45, abr. 2015. MACHADO, Joana de Souza. *Ativismo judicial no Supremo Tribunal Federal*. Dissertação (mestrado) – Pontifíca Universidade Católica do Rio de Janeiro – PUC/RJ. Programa de Pós-Graduação em Teoria do Estado e Direito Constitucional, 2008; Lenio Streck e Jânia Maria Saldanha Lopes Saldanha anotam que o ativismo produzido no Brasil ostenta "um perfil decisório autoritário porque, usualmente, discricionário, na medida em que fruto da convicção pessoal de que julga ao ignorar que o sentido não está à disposição do intérprete" (op. cit., p. 405). José Ribas Vieira, por sua vez, identifica dois "tipos-ideiais" de ativismo que podem traduzir a concepção em tela: "ativismo remediador" ("marcado pelo uso do poder judicial para impor atuações positivas dos outros poderes governamentais ou controlá-las como etapa de um corretivo judicialmente imposto") e "ativismo partisan" ("o qual consiste no uso do poder judicial para atingir objetivos específicos de um determinado partido ou segmento social") (*Verso e reverso...* cit., p. 50, out./nov. 2009). Anderson Vichinkeski Teixeira sufraga esta concepção, denominando-a, porém, de "julgamentos predeterminados a fins específicos" ou de "decisões judiciais viciadas por decisionismo político" (op. cit., p. 47 e 51).

[98] Cf. MORAIS, Fausto Santos de; TRINDADE, André Karam, op. cit., p. 77, 2011; NEVES, Edson Alvisi. Jurisdição Ativa no Estado Democrático. In: COUTINHO, Jacinto Nelson de Miranda; FRAGALE FILHO, Roberto; LOBÃO, Ronaldo (orgs.). *Constituição & Ativismo Judicial*. Rio de Janeiro: Lumen Juris, 2011, p. 72; FELLET, André Luiz Fernandes; DE PAULA, Daniel Giotti; NOVELINO, Marcelo (orgs.). *As Novas Faces do Ativismo Judicial*. Salvador: Editora Juspodivm, 2013; TEIXEIRA, Anderson Vichinkeski, op. cit., p. 47; CITTADINO, Gisele, op. cit., p. 105-113; NOBRE JUNIOR, Edilson Pereira, op. cit. p. 8; KOERNER, Andrei, op. cit., p. 72; BAIO, Lucas Seixas. Ativismo e legitimidade: província democrática para a criação judicial do direito. *RIDB*, Ano 1, n. 10, p. 5.883-5.884, 2012. POGREBINSCHI, Thamy, op. cit., p. 126-127; CARVALHO, Maria Carolina, op. cit. p. 192; CARDOSO, Oscar Valente,

O conceito formulado por Elival da Silva Ramos – amplamente repercutido na doutrina nacional – configura, segundo os critérios extraídos desta pesquisa, uma noção *inicial* do ativismo judicial no Brasil. Cuida-se, com efeito, do *ponto de partida*, uma definição geral do que seria, na doutrina nacional, uma postura ativista. No mais das vezes, esta concepção de ativismo está vinculada à atuação do Judiciário em políticas públicas, especialmente na efetivação de direitos fundamentais (com destaque para os direitos sociais), independentemente do caráter elogioso ou pejorativo desta atuação[99].

Todavia, a precisão do conceito talhado induz um desdobramento, de modo a identificar as vias pelas quais juízes se desviam de suas balizas.

E, sob essa perspectiva, tem-se que o Poder Judiciário brasileiro extrapola seus limites constitucionais – incidindo, pois, em ativismo – quando opera (i) com base das posições ideológicas de seus membros ou (ii) quando alcança as raias do legislativo, mediante a criação judicial do direito, isto é, as outras concepções colhidas da literatura especializada pátria configuram *subdivisões da noção inicial* apresentada por Elival da Silva Ramos.

Como se pode perceber, a tese de Elival da Silva Ramos encerra a *plataforma* sobre a qual se erigem as concepções de ativismo no Brasil, de modo que as concepções de ativismo tratadas pela doutrina nacional consistem em *desdobramentos* do conceito enunciado pelo autor em "Ativismo Judicial: parâmetros dogmáticos"[100].

---

p. 81; RECK, Janriê Rodrigues; VICENTE, Jacson Bacin, op. cit., p. 125-140; MARTINS, Ives Gandra da Silva. O ativismo judicial e a ordem constitucional. *Revista Brasileira de Direito Constitucional – RBDC*, n. 18, p. 23-38, jul./dez. 2011; NUNES, Luiz Roberto, op. cit., p. 57-74; NUNES JUNIOR, Amandino Teixeira. *Ativismo Judicial no Brasil...* cit.; CAMPOS, Carlos Alexandre de Azevedo, op. cit., p. 572; VOJVODIC, Adriana de Moraes. *Precedentes e argumentação no Supremo Tribunal Federal: entre a vinculação ao passado e a sinalização para o futuro.* Tese (doutorado) – Universidade de São Paulo – USP. Programa de Pós-Graduação, 2012. José Ribas Vieira fala em "ativismo material (ou criativo)" para designar aquela concepção "resultante da criação de novos direitos e teorias na doutrina constitucional" (VIEIRA, José Ribas. *Verso e reverso...* cit., p. 49).

[99] NOBRE JUNIOR, Edilson Pereira, op. cit., p. 8; KOERNER, Andrei, op. cit.; BAIO, Lucas Seixas, op. cit., p. 5.883-5.884; POGREBINSCHI, Thamy, op. cit. p. 126-127; CARVALHO, Maria Carolina, op. cit., p. 192; CARDOSO, Oscar Valente, op. cit., p. 81.

[100] RAMOS, Elival da Silva. *Ativismo Judicial: parâmetros dogmáticos*. São Paulo: Saraiva, 2010, p. 308.

De outro lado, todavia, é possível identificar uma concepção minoritária, isto é, que conta com pequena acolhida nas obras nacionais, qual seja, o ativismo como o uso de métodos não ortodoxos de interpretação[101].

Esta dissertação, assim, está assentada na seguinte constatação inicial: existem concepções comuns à doutrina brasileira e à norte-americana e, ainda, concepções que encontram respaldo apenas na produção acadêmica estadunidense.

Portanto, a proposta comparativa almejada é melhor alcançada pelo estudo das concepções mais frequentes de ativismo judicial, extraídas da produção doutrinária brasileira e norte-americana:

a) ativismo como *result-oriented judging* (julgamento com base nas convicções ideológicas do julgador);
b) ativismo como o uso de métodos não ortodoxos de interpretação;
c) ativismo como criação judicial do direito e
d) ativismo como a indevida superação dos precedentes.

A distribuição das concepções de ativismo conforme os estudos brasileiros e americanos pode ser representada pela tabela abaixo:

	Julgamento orientado pelo resultado	Uso de métodos não ortodoxos de interpretação	Criação judicial do direito	Indevida superação de precedentes
Brasil	X		X	
Estados Unidos	X	X	X	X

A explicitação dos critérios definidores de cada concepção, em cada um dos sistemas jurídicos analisados será realizada nos Capítulos II e III.

Portanto, é objeto central desta pesquisa agrupar, tanto quanto possível, concepções comuns, apartando-as daquelas apontadas unicamente pela literatura norte-americana.

---

[101] VIEIRA, José Ribas. *Verso e reverso...* cit, p. 49; MORAIS, Fausto Santos de; TRINDADE, André Karam, op. cit., p. 77-78; TEIXEIRA, Anderson Vichinkeski, op. cit., p. 51; HERANI, Renato Gugliano, op. cit., p. 631-648; CARDOSO, Oscar Valente, op. cit., p. 81; NUNES, Luiz Roberto, op. cit. (o autor sustenta que a aplicação de novos métodos de interpretação constitucional – interpretação tópico-problemática; interpretação hermenêutico-concretizadora e interpretação baseada no critério normativo-constitucional – caracteriza a prática de ativismo judicial).

Importa, no entanto, por ora, apresentar, em linhas gerais, a definição das concepções destacadas para os fins desta dissertação.

2.1 Concepções Comuns de Ativismo no Brasil e nos Estados Unidos

2.1.1 Julgamento Orientado pelo Resultado – *Result-Oriented Judging* (Politização da Justiça)

Sob a denominação de julgamento orientado pelo resultado (*result-oriented judging*) descreve-se, nesta pesquisa, talvez a concepção mais propalada e combatida do ativismo judicial.

Cuida-se do ativismo decorrente de um verdadeiro *desvirtuamento da função de julgar*, isto é, a decisão judicial proferida com base nas convicções políticas, valorativas ou ideológicas do julgador.

Em realidade, ainda que haja inúmeras concepções particulares de ativismo judicial, o envolvimento político-ideológico do juiz parece constituir a essência mais ou menos comum de todas elas. De fato, independentemente da concepção a que se refere, ao se falar em "juiz ativista" fala-se, em geral, de um juiz que desempenha a judicatura de forma não totalmente isenta, pautada por valores particulares que, de alguma forma, são introduzidos na decisão judicial. Parece mesmo que, à luz dos textos examinados, o *result-oriented judging* configura a concepção mais *natural* do ativismo judicial.

Como apontado acima, esta específica concepção é fartamente indicada na doutrina, tanto estadunidense, quanto brasileira, não havendo maiores questionamentos sobre a sua caracterização como sendo algo ativista.

Esta concepção é registrada pelos autores relacionados no item 2 acima, que apontam haver ativismo quando o juiz se vale de motivos próprios, pré-determinados, para decidir um caso.

Frank B. Cross e Stefanie A. Cross e Lindquist, neste sentido, concebem, como premissa básica, que o ativismo judicial é algo que ocorre quando os juízes decidem (sobretudo em matéria constitucional) com base em posições ideológicas particulares[102]. A observação dos articulistas a respeito

---

[102] "Juízes falham ao agir dentro de seu papel pertinente quando eles se engajam no *result--oriented judging*, quando suas decisões são guiadas por suas preferências ideológicas relativas

é enfática: "tal julgamento ideológico tem sido chamado de 'a essência do ativismo judicial'"[103].

Vale ressaltar que nos Estados Unidos é farta a pesquisa sobre o *result-oriented judging*, em especial sob a ótica do modelo atitudinal de decisão (*atitudinal model of judicial decision making*)[104], tema que foge do escopo desta dissertação.

Fato é que a doutrina americana, de modo bastante consistente, reconhece haver ativismo no julgamento orientado pelo resultado, como anotado no item 2 supra[105].

O cenário brasileiro é semelhante. Há, com efeito, uma firme compreensão de que é ativista a decisão judicial que decorra das posições valorativas ou ideológicas do julgador[106]. Também entre nós vincula-se a noção de ativismo à introdução de elementos político-ideológicos do julgador em suas decisões[107], até porque aqui também imperam os deve-

---

aos resultados de casos relevantes". (CROSS, Frank B.; LINDQUIST, Stefanie A. op cit., p. 1.766. Tradução livre deste autor. No original: *"Judges fail to act within their proper role when they engage in 'result-oriented judging', whereby their decisions are driven by their ideological preferences concerning substantive case outcomes"*).

[103] Ibidem, p. 1.766. Tradução livre deste autor. No original: *"such ideological judging has been called 'the essence of judicial activism'"*.

[104] Ibidem, p. 1.766.

[105] Em realidade, a vinculação política de juízes e tribunais é uma preocupação social desde a época dos Estados Confederados. O Federalista n. 81, a propósito, expõe o perigo de as cortes darem às leis, por meio da interpretação constitucional, a forma e o significado que melhor entenderem. Talvez seja esta a razão para Hamilton ter tachado o Poder Judiciário de "o poder menos perigoso" (*"the least dangerous branch"*): justamente para mitigar os danos que poderiam advir da politização dos tribunais. (HAMILTON, Alexander; JAY, John; MADISON, James. *O Federalista*. Tradução de Ricardo Rodrigues Gama. 3ª ed. Campinas: Russell editores, 2010, p. 495).

[106] Conforme item 2 supra e, especialmente, o alerta de Luís Roberto Barroso: "para que seja legítima, a atuação judicial não pode expressar um ato de vontade própria do órgão julgador, precisando sempre reconduzir-se a uma prévia deliberação majoritária, seja do constituinte, seja do legislador." (Da falta de efetividade à judicialização excessiva: direito à saúde, fornecimento gratuito de medicamentos e parâmetros para a atuação judicial. In: MOREIRA, Eduardo Ribeiro; PUGLIESI, Marcio. *20 Anos da Constituição brasileira*. São Paulo: Saraiva, 2009, p. 171).

[107] Sobre a consequência da proliferação de princípios e conceitos indeterminados na legislação, Roger Stiefelmann Leal assevera que "juízes interpretam os conceitos indeterminados explicitados através de princípios e diretrizes gerais do modo que mais lhes agradam politicamente, ou, ao menos, se vêem tentados a tanto." (A Judicialização da Política. *Cadernos de Direito Constitucional e Ciência Política*, São Paulo, ano 7, n. 29, p. 235, out./dez. 1999).

res de imparcialidade do julgador e de julgamento objetivo, fundado no ordenamento jurídico[108].

Assim, é correto dizer que o dever de imparcialidade imposto aos membros do Poder Judiciário implica em que qualquer desvirtuamento do dever de julgar conforme o direito significará algo que pode ser tachado de ativista, sob a concepção denominada *result-oriented judging*.

De outro lado, cumpre registrar que esta concepção de ativismo, consistente no julgamento orientado pelo resultado, significa, em última análise, politização da justiça.

Na doutrina brasileira, a expressão politização da justiça ganhou destaque a partir de artigo pioneiro de Manoel Gonçalves Ferreira Filho, intitulado "O Poder Judiciário da Constituição de 1988: judicialização da política e politização da justiça"[109], publicado em 1994.

Partindo da exposição da formulação clássica da separação de poderes no país, Manoel Gonçalves Ferreira Filho enuncia uma série de institutos que foram sendo consagrados a partir do texto constitucionais de 1934, inclusive, que resultaram em uma mudança do papel do Poder Judiciário, relativizando a forma anterior de divisão de funções.

O autor sustenta, ainda, que, por ocasião da constituinte de 1987-1988, ocorreu uma surpreendente, profunda e inesperada transformação do Judiciário[110], acentuando o seu papel político.

---

[108] Nelson Nery Júnior e Georges Abboud registram que "Ativismo é toda decisão judicial que se fundamenta em convicções pessoais, senso de justiça do intérprete em detrimento da legalidade vigente, legalidade aqui entendida como legitimidade do sistema jurídico e não como mero positivismo estrito ou subsunção do fato ao texto normativo." (Ativismo judicial como conceito natimorto para consolidação do Estado Democrático de Direito: as razões pelas quais a justiça não pode ser medida pela vontade de alguém. In: DIDIER JR., Fredie; NALINI, José Renato; RAMOS, Glauco Gumerato; LEVY, Wilson (orgs.). *Ativismo Judicial e Garantismo Processual*. Salvador: Juspodivm, 2013, p. 528). Ilustra a hipótese o quanto decidido no Agravo Regimental no Agravo de Instrumento n. 375.011-0/RS, no qual a Ministra relatora, Ellen Gracie, "dispensou o preenchimento do requisito do prequestionamento de um recurso extraordinário, sob o fundamento de dar efetividade a posicionamento do STF sobre questão constitucional. No voto, o recurso extraordinário foi equiparado a remédio de controle abstrato de constitucionalidade; assim, dispensou-se o prequestionamento para assegurar posicionamento do STF sobre a matéria." (ibidem, p. 532).
[109] O Poder Judiciário na Constituição de 1988 – Judicialização da política e politização da Justiça. *Revista de Direito Administrativo*, n. 198 (out.-dez. 1994). Rio de Janeiro: Renovar, p. 1-17.
[110] Ibidem, p. 8.

Isto porque a Constituição de 1988 dotou o Judiciário de novos mecanismos que conferiram aos juízes uma margem de discricionariedade que antes não existia[111]. Esta nova distribuição de forças entre os Poderes, que veio se alterando desde a chamada "doutrina clássica" e que se moldou definitivamente com a Constituição atual, propiciou a *justicialização da política*, na terminologia de Manoel Gonçalves Ferreira Filho[112].

Porém, para além deste diagnóstico, Manoel Gonçalves Ferreira Filho indica *um específico efeito* da judicialização, qual seja, *a politização da justiça*.

A politização da justiça é, pois, sob essa ótica, *uma consequência da judicialização* favorecida pela Carta de 1988[113]. Consiste ela no controle exercido pelo Judiciário sobre o campo político, assemelhando-se a uma verdadeira faculdade de impedir no processo legislativo (de que tratava Montesquieu[114]). Trata-se de prerrogativa com clara natureza política, "que cobre todo o campo do político, desde o processo eleitoral em que se selecionam os representantes do povo – os governantes – até o exercício do Poder que se expressa tanto nas leis como nos atos de administração"[115].

O aspecto visível da politização da justiça, adverte Manoel Gonçalves Ferreira Filho,

> está no fato de que, hoje, há magistrados que notoriamente guiam seus votos pela 'opinião pública', o que realmente significa dizer pelos meios de comunicação de massa. Estes 'profetizam' os votos dos membros de uma Corte – o Supremo Tribunal Federal, por exemplo – analisando posições jurídicas como se fossem opções ideológicas ou partidárias.[116]

---

[111] Ibidem, p. 12.

[112] Há, pois, uma clara identidade com o conceito de *judicialization of politics* de que trataram Chester Neal Tate e Torbjörn Vallinder, conforme se verificou no item 1.2.1 deste Capítulo.

[113] A mesma relação é identificada por Roger Stiefelmann Leal, para quem a politização da justiça decorre da judicialização da política (*A Judicialização da Política...* cit., p. 234). Ademais, "O conceito de politização do judiciário pode ser indicado como derivado do debate sobre judicialização da política" (VERONESE, Alexandre, op. cit., p. 386). Cf, ainda, SANTOS, Boaventura de Sousa. *Para uma revolução democrática da justiça*. 2ª ed. São Paulo: Cortez Editora, 2008.

[114] *Do Espírito das Leis*. Livro XI, Capítulo VI. Tradução Gabriela de Andrada Dias Barbosa. Vol. 1. Rio de Janeiro: Nova Fronteira, 2012.

[115] FERREIRA FILHO, Manoel Gonçalves. *O Poder Judiciário na Constituição de 1988...* cit., p. 15.

[116] Ibidem, p. 16. Esta sujeição de juízes à opinião pública e a outros tipos de pressão social se aproxima da ideia de populismo judicial (cf. TAVARES, André Ramos. *Paradigmas do Judicialismo Constitucional*. São Paulo: Saraiva, 2012, p. 22-23).

No mesmo sentido, Roger Stiefelmann Leal aponta que a politização da justiça acarreta o uso das sentenças judiciais como mero disfarce dos juízos políticos a que magistrados são levados a proferir, em substituição aos detentores do poder[117].

Portanto, a politização da justiça é consequência negativa da judicialização da política, identificando-se plenamente à noção de julgamento orientado pelo resultado.

Nesse sentido, somente em relação à presente concepção de ativismo (*result-oriented judging*) é que se pode associar o conceito de politização da justiça. Existe, destarte, uma identidade fraca (parcial) entre as concepções de ativismo judicial e politização da justiça. Isto porque, a teor do escopo deste Capítulo, apenas uma das concepções do ativismo se manifesta por meio do julgamento baseado em motivos próprios, pré-determinados do juiz[118], havendo, pois, outras concepções que não guardam sinonímia com a politização da justiça.

Não há, em suma, uma identidade total, integral (forte) entre ativismo e politização da justiça, eis que este último fenômeno se assemelha apenas a uma das *possíveis* concepções de ativismo judicial, qual seja, a do julgamento com base nas convicções pessoais do julgador.

No cenário americano, de outro lado, há um farto debate doutrinário sobre a politização da justiça, verificando-se a mesma identidade conceitual entre politização e *result-oriented judging*. O Capítulo III, em realidade, apresenta precedentes nos quais se pode verificar o *result-oriented judging*, observando-se, por ora, que o pano de fundo comum a todos os casos analisados é justamente a politização do Judiciário.

Por fim, cabe registrar que a ideia do julgamento assentado na moral do juiz é amplamente debatida em um particular aspecto da função

---

[117] LEAL, Roger Stiefelmann. *A Judicialização da Política...* cit., p. 234. Em sentido semelhante: CARVALHO, Maria Carolina, op. cit., p. 188 e RECK, Janriê Rodrigues; VICENTE, Jacson Bacin, op. cit. p. 125-140.

[118] Interessante notar que Luís Roberto Barroso, em passagem de seu artigo já mencionado (*Judicialização, Ativismo Judicial e Legitimidade Democrática...* cit., p. 279), salienta que o ativismo judicial configuraria o exercício deliberado de vontade política. Ao que tudo indica, esta afirmação se mostra congruente com a noção de politização da justiça, formulada por Manoel Gonçalves Ferreira Filho. Apesar do texto de Barroso não ser inequívoco e sistemático a respeito, parece convergir com Manoel Gonçalves Ferreira Filho, posto que ambos colocam o ativismo em um seio comum, identificado, segundo a terminologia adotada nesta pesquisa, no chamado *result-oriented judging*.

jurisdicional, constituindo, talvez, a discussão que apresente o maior grau de controvérsia: o exercício da jurisdição constitucional fundada na moral ou nas crenças políticas do magistrado.

A seção 1.1 deste Capítulo trouxe um delineamento inicial sobre o tema, afastando a identidade entre ativismo e o mero (puro e simples) exercício da jurisdição constitucional. Contudo, o rótulo "ativista" tem particular relevância quando atribuído a decisões que reconhecem a inconstitucionalidade de leis e atos normativos com base em elementos político-pessoais do julgador[119].

O ponto central desse debate é a vontade do juiz. O poder de anular leis incompatíveis com a Constituição está pautado na interpretação e não na vontade do juiz, segundo o ideário constitucional corrente. E é justamente o uso deste poder fundado na vontade que implicaria um vício na atuação do juiz, um vício de ativismo judicial[120]. E, segundo registrado no item 2 deste Capítulo, o controle de constitucionalidade baseado na moral do juiz – brasileiro ou norte-americano – pode mesmo ser caracterizado como *result-oriented judging*.

Os Capítulos II e III apresentarão precedentes judiciais reveladores da ocorrência do *result-oriented judging*, merecendo destaque o fato de todos eles tratarem do exercício da jurisdição constitucional.

Portanto, apesar da especial atenção dedicada às posturas ideológicas quando do exercício da jurisdição constitucional, é certo que qualquer decisão fundada nas convicções pessoais do juiz – ainda que não envolva a apreciação da constitucionalidade de atos normativos – será ativista segundo a presente concepção (*result-oriented judging*).

---

[119] Cf. ELY, John Hart. *Democracia e Desconfiança: uma teoria do controle judicial de constitucionalidade*. Tradução de Juliana Lemos. São Paulo: Martins Fontes, 2010, p. 57-64.

[120] Dworkin, despreza um ativismo fundado em um completo pragmatismo, que ignore a história da promulgação da Constituição americana, os precedentes da Suprema Corte e as tradições da cultura política americana. "O ativista ignoraria tudo isso para impor a outros poderes do Estado seu próprio ponto de vista sobre o que a justiça exige. O direito como integridade condena o ativismo e qualquer prática de jurisdição constitucional que lhe esteja próxima. Insiste em que os juízes apliquem a Constituição por meio da interpretação, e não por *fiat*, querendo com isso dizer que suas decisões devem ajustar-se à prática constitucional, e não ignorá-la." (DWORKIN, Ronald. *O Império do Direito*. São Paulo: Martins Fontes: 2014, p. 452.

2.1.2 Criação Judicial do Direito

No direito brasileiro – herdeiro da matriz continental europeia – a jurisprudência não ostenta função criadora do ordenamento jurídico, não detendo, em realidade, o poder de introduzir regras jurídicas novas.

Tradicionalmente, a jurisprudência não detém papel criador, apesar da sua posição como fonte do direito nos sistemas da família romano-germânica[121]. Com efeito, em um sistema de direito legislado, compete ao Poder Legislativo criar as balizas dentre as quais podem atuar juízes e tribunais[122].

Elucida a hipótese o art. 4º, da Lei de Introdução às Normas do Direito Brasileiro (Decreto-Lei n. 4.657/1942), ao prescrever que "Quando a lei for omissa, o juiz decidirá o caso de acordo com a analogia, os costumes e os princípios gerais de direito".

Não obstante, a função criadora da jurisprudência vem sendo gradativamente acentuada no Brasil[123], motivo pelo qual se faz necessário esmiuçar o significado da expressão "criação judicial do direito", ao menos para o exame do ativismo judicial brasileiro.

Afirme-se, de início, que a conceituação na doutrina brasileira não apresenta racionalidade, havendo, no mais das vezes, puras e simples opções de critérios livremente selecionados pelos variados autores.

Ilustra o cenário pouco seguro o artigo de Inocêncio Mártires Coelho intitulado "Ativismo Judicial ou Criação Judicial do Direito?"[124], na medida em que o autor ora aponta a sinonímia entre ativismo e criação judicial do

---

[121] Segundo a clássica lição de Miguel Reale, "Numa compreensão concreta da experiência jurídica, como é a da teoria tridimensional do Direito, não tem sentido continuar a apresentar a Jurisprudência ou o costume como *fontes acessórias ou secundárias*." (*Lições Preliminares de Direito*. 27ª ed. São Paulo: Saraiva, 2002).

[122] DAVID, René, *Os Grandes Sistemas do Direito Contemporâneo*. Tradução de Hermínio A. Carvalho. São Paulo: Martins Fontes, 2014, p. 150-151.

[123] Cf. VERÍSSIMO, Marcos Paulo, op. cit., e FERREIRA FILHO, Manoel Gonçalves. *O Poder Judiciário na Constituição de 1988...* cit.

[124] COELHO, Inocêncio Mártires. Ativismo Judicial ou Criação Judicial do Direito? In: FELLET, André Luiz Fernandes; DE PAULA, Daniel Giotti; NOVELINO, Marcelo (orgs.). *As Novas Faces do Ativismo Judicial*. Salvador: Editora Juspodivm, 2013, p. 475-198.

direito[125], ora aponta a distinção conceitual entre os termos[126]. Seja como for, o ilustre autor se mostra partidário da legitimidade da criação judicial do direito no Brasil[127].

Igual contradição pode ser encontrada na doutrina de Paulo Gustavo Gonet Branco, ao asseverar, positivamente, a propósito do poder do STF de editar súmulas vinculantes, que "não se há de ter como ativista o desempenho da função quase-normativa que é ínsita ao exercício dessa competência"[128]; e, após, vincular, de forma crítica, a expressão "ativismo judicial" à criação judicial do Direito[129].

Tais passagens demonstram a profusão de visões sobre a criação judicial do direito no Brasil. De toda sorte, os estudos arrolados no item 2 supra, de alguma forma atrelam a criação judicial do direito, no Brasil, a toda e qualquer decisão, emanada do Judiciário pátrio, que efetivamente dispõe sobre o caso concreto, porém inovando na ordem jurídica, fora das balizas impostas pelo próprio constituinte ou pelo legislador (como, e.g., é o caso no art. art. 4º, da Lei de Introdução às Normas do Direito Brasileiro)[130].

---

[125] "A essa luz, portanto, o *ativismo judicial*, pelo menos na forma e com os argumentos emocionais que usualmente se utilizam para combatê-lo, não passa de uma expressão nova com a qual se pretende rebatizar, acriticamente, a velha criação judicial do direito. Nada mais do que isso." (Ibidem, p. 498).

[126] "Diversamente do ativismo judicial, que desrespeitaria esses limites, a *criação judicial do Direito* seria o *exercício regular* do poder-dever, que incumbe aos juízes, de transformar o direito legislado em direito interpretado/aplicado, caminhando do geral e abstrato da lei ao singular e concreto da prestação jurisdicional, a fim de realizar a justiça em sentido material, que outra coisa não é senão *dar a cada um o que é seu*, tratando igualmente os iguais e desigualmente os desiguais, na medida da sua desigualdade." (Ibidem, p. 482).

[127] "É assim que se 'comportam' lei e função judicial na criação do direito, porque não é somente a lei, mas também a função judicial, que, juntas, proporcionam ao povo o seu direito" (Ibidem, p. 490).

[128] BRANCO, Paulo Gustavo Gonet, op. cit., p. 387-401.

[129] "Quando atua dentro das fronteiras dessa margem de discricionariedade interpretativa não se abre ao julgador, por força da separação de poderes e das exigências da democracia representativa num Estado Democrático de Direito, desmerecer as opções feitas pelos poderes políticos representativos. Se o faz, a decisão pode ser materialmente comportável na Constituição, mas se desmerecerá por invadir espaço próprio de outros poderes. Tem-se, dessa forma, um marco menos impreciso de classificação de decisões como indevidamente 'ativistas'" (Ibidem, p. 401).

[130] Cumpre ressalvar que o controle de constitucionalidade não foge das balizas da Constituição, sendo, portanto, legítimo conforme descrito no item 1.1 deste Capítulo.

Assim, como se poderá observar no Capítulo III, item 2.2, há hoje na doutrina brasileira uma específica concepção de decisão ativista calcada na função criativa indevidamente exercida por juízes e tribunais.

Nos Estados Unidos, de outro lado, a criação judicial do direito (*judicial legislation*) também configura uma concepção de ativismo judicial, segundo os textos arrolados no item 2 acima.

O direito norte-americano, por ser oriundo da família da *common law*, assimila mais facilmente a função criadora da jurisprudência[131]. Entretanto, a relevância e participação do direito emanado dos precedentes vêm diminuindo, ao passo em que o direito contido em atos legais (*statutory law*) vem assumindo maior importância, sobretudo nos ramos do direito público[132].

Com efeito, o tamanho e a importância do direito legislado (*statutory law*) no direito estadunidense vêm crescendo e, por via reflexa, reduzindo a quantidade e relevância de normas jurídicas decorrentes unicamente da *common law*. Aliás, o propósito desta maior atividade legislativa-congressual é, em grande medida, alterar o direito anterior fixado em precedentes judiciais[133].

Antonin Scalia acentua, com razão, que, atualmente, juízes não são mais agentes do rei, porque não há mais reis, com isso querendo dizer que a função criadora dos juízes, tal qual originada na Inglaterra, não se mostra mais compatível com a democracia. Ademais, aponta ele que os Estados Unidos incorporaram o princípio da separação de poderes na sua Constituição Federal, o que mitiga o papel criador do juiz, dada a incompatibilidade da *common law*, tal qual aplicada no direito inglês medieval, com a separação de poderes.

Em realidade, atualmente "é menos importante para um juiz ser especialista em precedentes da *common law*, e mais importante para ele ser

---

[131] Manoel Gonçalves Ferreira Filho adverte que "Nos países de *Common Law*, se ensina e aceita, mansa e pacificamente, a criação do direito pelo juiz, falando-se claramente em *judge made law*. Nos países de direito escrito, entretanto, essa criação é negada, já que o juiz está jungido a aplicar a lei que e feita pelo Parlamento. Todavia, por meio da interpretação, se constroem não raro os juízes regras novas, embora oficialmente consideradas implicitamente na lei. Aceita-se então que a jurisprudência é fonte material do direito, ainda que se rejeite ser ela fonte formal dele." (*Do Processo Legislativo*. 7ª ed. São Paulo: Saraiva, 2012, p. 211).
[132] Cf. POUND, Roscoe, op. cit. e PATASHNIK, Eric M.; ZELIZER, Julian E, op. cit., p. 1.083.
[133] REHNQUIST, William H. Dedicatory Address: Act Well Your Part: Therein All Honor Lies. *Pepperdine Law Review*, vol. 7, p. 234, 1980.

capaz de interpretar uma lei aprovada por uma legislatura estadual ou pelo Congresso."[134].

Ademais, a atividade criadora da jurisprudência é tradicionalmente verificada nos ramos do direito privado, nos quais a ausência de lei é suprida pelos precedentes, formando o corpo do direito jurisprudencial. No direito público, o instrumento de inovação por excelência é a lei (*statute*)[135]. Em suma, segundo Antonin Scalia, "nós vivemos em uma era da legislação, e maioria do direito novo é o direito legislado"[136].

Vale ressaltar que a doutrina acima referenciada (item 2) considera haver ativismo sob a concepção da criação judicial do direito nas hipóteses em que o Poder Judiciário promove a chamada "criação positiva da política"[137]. Trata-se de expressão que denomina as decisões caracterizadas por "declarar ou desenvolver novas políticas, muitas vezes detalhadas, ou que especificam comportamentos particulares que agências governamentais devem seguir para garantir uma prévia política já existente"[138].

Por tais motivos, a doutrina norte-americana majoritária considera a criação do direito por magistrados uma concepção de ativismo judicial.

Assim, ao menos neste ponto, aproximam-se os dois ordenamentos estudados, na medida em que a *common law*, tal qual se desenvolveu nos Estados Unidos, não deu poderes normativos absolutos a juízes e tribunais, especialmente no direito público.

É neste contexto de indevida invasão do Poder Judiciário na seara legislativa que se atribui à criação judicial do direito o rótulo de ativista também pelos analistas norte-americanos.

---

[134] Ibidem, p. 234. Tradução livre deste autor. No original: "*It became less important for a judge to have mastered common law case precedents, and more important for him to be able to interpret a statute passed by a state legislature or by Congress.*".

[135] Antonin Scalia anota que, hoje em dia, apenas os velhos campos do direito privado (contratos, responsabilidade civil, propriedade, direito comercial e de família) permanecem firmemente regulados pela *common law* dos estados-membros. (op. cit., p. 12). Cf, ainda: CHAYES, Abram, op. cit.

[136] SCALIA, Antonin, op. cit., p. 12.

[137] CANON, Bradley, op. cit., p. 245.

[138] Ibidem, p. 245. Tradução livre deste autor. No original: "*declare or develop new policy, sometimes with attention to detail, or that specify particular behavior government agencies need to follow in pursuit of an existing policy.*".

2.2 Concepções Particulares de ativismo judicial nos Estados Unidos

2.2.1 Métodos Não Ortodoxos de Interpretação

A doutrina norte-americana majoritária considera que o abandono dos métodos ortodoxos de interpretação constitui ativismo judicial, como verificado no item 2 acima. Craig Green, em particular, assevera que "Seja o que significar o 'ativismo judicial', ele está ligado à prática de julgar, o termo pode não estar atrelado somente a resultados, mas também a métodos judiciais apropriados"[139].

O exame dos textos norte-americanos, porém, permite identificar que o tratamento do ativismo sob esta concepção reside, primordialmente, no embate entre originalistas e não originalistas[140].

O originalismo, como método interpretativo válido, deve considerar, em primeiro lugar, que toda a ciência constitucional (independentemente do país, mas com especial destaque para os EUA) é profundamente influenciada pela intertextualidade, característica do texto constitucional segundo a qual nele são plasmadas ideias, concepções, valores, teorias (sociais, econômicas, políticas) produzidas ao longo da história e avaliadas por certa comunidade ao formular sua Constituição[141].

---

[139] GREEN, Craig, op. cit. p. 1.218. Tradução livre do autor. No original: *"Whatever else 'judicial activism' means, it is tied to the practice of judging; thus, the term must be tied not just to results, but also to appropriate judicial methods"*.

[140] Cf. BERNSTEIN, David E.; SOMIN, Ilya, op. cit. p. 43-70; OAKES, James L., op. cit., p. 175-186; SHERRY, Suzanna, op. cit. p. 9; POSNER, Richard A. *The Rise and Fall of Judicial Self-Restraint...* cit p. 537; ROBERTS, Caprice L., op. cit. p. 592-593; HAWLEY, Joshua D, op. cit.; ROTUNDA, Ronald D., op. cit. p. 507-516; MARSHALL, William P., *Progressive Constitutionalism, Originalism, and the Significance of Landmark Decisions in Evaluating Constitutional Theory...* cit.

[141] "O direito constitucional é um *intertexto aberto*. Deve muito a experiências constitucionais, nacionais e estrangeiras; no seu 'espírito' transporta ideias de filósofos, pensadores e políticos; os seus 'mitos' pressupõem as profundidades dos arquétipos enraizados dos povos; a sua 'gravitação' é, agora, não um singular movimento de rotação em torno de si mesmo, mas sim um gesto de translação perante outras galáxias do saber humano. No entanto, o direito constitucional não se dissolve na 'história', na 'comparatística', nos 'arquétipos'; é um direito vigente e vivo e como tal deve ser ensinado." (CANOTILHO, J. J. Gomes. Direito Constitucional e Teoria da Constituição. 7ª ed. Coimbra: Almedina, 2009, p. 19). A intertextualidade das Constituições também é destacada por Maria Garcia: "Assim é, com efeito: o Direito

Assim, o ativismo encarado sob essa perspectiva (uso de métodos heterodoxos de interpretação) é costumeiramente avaliado pelo viés desta questão tipicamente norte-americana: a fidelidade do intérprete à literalidade da Constituição americana e às intenções daqueles que aprovaram o texto original e as emendas posteriores – os *framers* (*interpretative fidelity*). E talvez aqui a concepção em foco mostre a sua principal relevância.

A necessidade (ou não) de fidelidade interpretativa é, com efeito, problema central na hermenêutica constitucional norte-americana, dada a longevidade da Constituição e o seu perfil nitidamente sintético, a exigir, para alguns, uma atividade interpretativa atualizadora[142].

Assim, de um lado, a possibilidade de atualização (por vezes denominada de interpretação evolutiva[143] ou dinâmica[144]) constitui uma corrente importante da interpretação constitucional estadunidense. O intérprete ou julgador se veem a examinar um texto antigo, cujos redatores (os *framers*) sequer poderiam imaginar as mudanças, desafios e influências pelas quais passaria a sociedade que foi inicialmente regida por aquelas disposições constitucionais[145].

Sandalow Terrance, para defender o papel evolutivo do intérprete, lembra o longo tempo decorrido desde a adoção da Constituição[146], que gera uma imensa descontinuidade de conceitos, em virtude do desenvolvimento

---

Constitucional, amplamente aceito como ramo do Direito Público que estuda a Constituição, apresenta tal característica de trazer para si e, por vezes, constitucionalizar termos, conceitos, instituições, ramos científicos, ideias e filosofias – além das suas áreas conexas da Ciência Política e Filosofia Política." (O Direito Constitucional Norte-Americano: uma concepção circular do direito constitucional e o juspositivismo contemporâneo. In: GARCIA, Maria e AMORIM, José Roberto Neves (coords.). *Estudos de Direito Constitucional Comparado*. Rio de Janeiro: Elsevier, 2007, p. 27). Confira-se, ainda: AMAR, Akhil Reed. Intratextualism. *Harvard Law Review*, n. 112, p. 747-827, 1998-1999.

[142] Cf. SEGALL, Eric J. *A century lost...* cit. p. 411-439.

[143] Cf. SANDALOW, Terrance. Constitutional Interpretation. *Michigan Law Review*, n. 79, p. 1.033-1.072, 1981.

[144] WACHTLER, Sol. Dred Scott: A Nightmare for the Originalists. *Touro Law Review*, vol. 22, p. 576, 2007.

[145] "A afirmação de que as específicas intenções dos *framers* estabeleceram o siginificado principal, inviolável pelas gerações subsequentes, é, em qualquer evento, de validade duvidosa." (TERRANCE, Sandalow, op. cit., 1.062. Tradução livre deste autor. No original: "*The proposition that the framers' specific intentions establish a core of meaning that is inviolable by subsequent generations is, in any event, of doubtful validity.*").

[146] Ibidem, p. 1.070.

do direito, da política, das instituições governamentais e da sociedade como um todo[147].

Assim, a corrente que sustenta o evolucionismo interpretativo conclui pela relativa utilidade de se voltar a atenção aos significados originais que assumiram palavras e expressões empregadas pelos *framers*, sustentando a validade da leitura contemporânea e atualizada da Constituição. Do mesmo modo, esta postura evolucionista entende desnecessário considerar-se a intenção original dos redatores da Constituição[148].

Segundo esta vertente, em suma, é ativista a decisão que busca a solução do caso concreto na intenção presumida daqueles que editaram as normas constitucionais e no significado original dos termos da Constituição.

Este posicionamento, porém, é controvertido.

Com efeito, há quem aponte justamente o contrário, ou seja, que ativista será a decisão que não se atenta à fidelidade interpretativa (*interpretative fidelity*)[149], ou seja, aquela decisão que se afasta da vontade presumida dos *framers* e dos significados originais do texto.

Ao contrário da primeira corrente, os originalistas concebem limites mais estreitos para o intérprete, exigindo-lhe maior proximidade com os significados originais vislumbrados pelos editores do texto supremo[150]. Atuando fora destes limites mais estreitos, o julgador incidiria em ativismo judicial.[151] "Se a Suprema Corte tem a responsabilidade primária por inter-

---

[147] Ibidem, p. 1.071.
[148] "Ainda, apesar do entendimento sobre o passado poder ser elucidativo nas escolhas, ele não pode determinar a nossa responsabilidade sobre elas. Esta prerrogativa – e fardo – pertencem ao presente." (ibidem, 1.072. Tradução livre deste autor. No original: *"Yet, however useful an understanding of the past may be in clarifying those choices, it cannot determine our response to them. That prerogative – and burden – belongs to the present."*). No mesmo sentido: SHERRY, Suzanna, op. cit. p. 10-11.
[149] CANON, Bradley C., op. cit., p. 242-244; WHITE, Edward. *The anti-judge...* cit, p. 18 .
[150] "Ativismo ocorre quando uma interpretação não está de acordo com o significado ordinário da disposição e/ou com as intenções, conhecidas ou consensuais, ou os objetivos de seus redatores. (...) Palavras e frases, afinal, possuem algum significado, e redatores das provisões constitucionais tinham intenções e objetivos" (CANON, Bradley, op. cit., p. 242. *"Activism occurs when an interpretation does not accord with the ordinary meaning of wording of the provision and/ or with the known, consensual intentions or goals of its drafters. (...) Words and phrases, after all, do have some meaning, and drafters of constitutional provisions did have intentions and goals."*).
[151] MURPHY, Walter F. op. cit., p. 154. Eric Segall afirma que "um originalista verdadeiro acredita que o recurso ao significado original é a única ferramenta interpretativa legítima para que juízes exerçam o controle de constitucionalidade" (op. cit., p. 434).

pretar as disposições constitucionais, como, então, imagine-se, poderia a Corte desconstruir este documento?"[152]. Um originalista, em síntese, "presume que a Corte deve exercer a autocontenção judicial, a não ser que o 'significado original' do texto imponha uma abordagem ativista"[153].

Antonin Scalia aduz que a eventual dificuldade de se encontrar o significado original do texto para aplicá-lo a situações contemporâneas é um problema secundário, quando comparado às "dificuldades e incertezas da filosofia que diz que a Constituição *muda*; que o exato ato que antes era proibido é agora permitido, e o que antes era permitido, agora é proibido; e que a chave para esta mudança é desconhecida e impossível de ser conhecida"[154].

Assim, em que pese o estudo aprofundado do originalismo na interpretação norte-americana escapar do escopo desta pesquisa, é certo que originalistas e não originalistas acusam-se mutuamente de ativistas, conforme o intérprete, respectivamente, promova uma leitura atualizada da Constituição ou se mantenha adstrito às intenções do constituinte originário ou das Emendas.

2.2.2 Indevida Superação de Precedentes

Os sistemas de *common law* conferem papel mais ampliado à função jurisdicional, em comparação com os sistemas oriundos da família romano-germânica. Nos Estados Unidos, à exceção do Estado da Louisiana, todo o direito americano filia-se à família da *common law*[155] e, nesta condição,

---

[152] CANON, Bradley, op. cit. p. 242. Tradução livre deste autor. No original: *"If the Supreme Court has primary responsibility for interpreting the Constitution's provisions, how then, we might wonder, can the Court misconstrue that document?"*.

[153] STONE, Geoffrey R., op. cit., p. 495. No mesmo sentido: WHITEHOUSE, Sheldon. Conservative Judicial Activism: The Politicization of the Supreme Court Under Chief Justice Roberts. *Harvard Law & Policy Review*, n. 9, p. 197, 2015.

[154] SCALIA, Antonin. *A matter of interpretation: federal courts and the law*. Princeton: Princeton University Press, 1997, p. 46. Tradução livre deste autor. No original: *"difficulties and uncertainties of the philosophy which says that the Constitution changes; that the very act which it once prohibited it now permits, and which it once permitted it now forbids; and the key to that change is unknown and unknowable."*.

[155] DAVID, René, op. cit. Os estados da Florida e Nova Iorque contam alguns com elementos da *civil law* mais destacados em comparação com os demais estados, tendo em vista a presença,

a jurisprudência ostenta, sobretudo no direito privado, um papel *criador do direito*[156].

O ordenamento norte-americano, porém, não é totalmente idêntico à sua matriz inglesa, o que se verifica, desde logo, pela só existência de uma Constituição escrita e rígida[157]. Além da Constituição, o sistema americano convive com atos legislativos escritos, emanados do Congresso Nacional e dos Legislativos estaduais. Trata-se dos *statutes*, que formam o *statutory law*[158].

Sob esse panorama, mostra-se particularmente importante a manutenção da segurança jurídica em um sistema no qual com o direito legislado (*statutory*) concorre um direito formado por precedentes judiciais. São necessários, pois, mecanismos de previsibilidade do direito.

O princípio regente da dinâmica evolutiva da jurisprudência é o *stare decisis et non quieta movere*. Cuida-se de elemento tradicional do direito estadunidense, que recomenda deferência ao precedente, impondo que "uma regra de direito deduzida de uma decisão judicial será considerada e aplicada na solução de um caso semelhante no futuro"[159].

---

respectivamente, de espanhóis e holandeses em seus territórios. (cf. BAIO, Lucas Seixas, op. cit. p. 5.901).

[156] Um sentido comum de *common law* é traduzido por Guido Fernando Silva Soares: "um sistema jurídico, no qual se permite aos tribunais, na sua tarefa de distribuir justiça, definir regras abstratas do direito. É o traço mais característico dessa família de direitos, o *judge-made law*, em que os efeitos da coisa julgada ultrapassam as partes e o objeto discutido numa causa e passam a ser aplicados a um universo em que haja casos semelhantes ou assimilados àquele onde a regra surgiu." (*Common Law*. 2ª. ed. São Paulo: RT, 2000, p. 14). A propósito da coisa julgada no direito estadunidense, confira-se: PRATES, Marília Zanella. *A coisa julgada no direito comparado: Brasil e Estados Unidos*. Salvador: Juspodivm, 2013.

[157] Cf. DAVID, René. *O direito inglês*. Tradução de Eduardo Brandão. São Paulo: Martins Fontes, 1997.

[158] Confira-se: WALDRON, Jeremy. *A dignidade da legislação*. Tradução de Luís Carlos Borges. São Paulo: Martins Fontes, 2003, p. 11-12.

[159] LEITE, Glauco Salomão. Súmulas Vinculantes, os Assentos do Direito português e a doutrina do *Stare Decisis*: os limtes de uma comparação. In: GARCIA, Maria e AMORIM, José Roberto Neves (coords.). *Estudos de Direito Constitucional Comparado*. Rio de Janeiro: Elsevier, 2007, p. 434. Na presente dissertação, a doutrina do *stare decisis* será usada como sinônimo da doutrina do precedente, tal como o faz E. Allan Farnsworth (*Introdução ao Sistema Jurídico dos Estados Unidos*. Tradução de Antonio Carlos Diniz de Andrada. Rio de Janeiro: Editora Forense, p. 61). Vale registrar, porém, que o *stare decisis* não conta natureza cogente, havendo questionamentos, ainda, acerca da sua própria condição de "norma". A respeito, confira-se: SCHAUER, Frederick. Has precedent ever really mattered in the Supreme Court? *Georgia State*

Porém, o *stare decisis* não encerra o único mecanismo para manutenção da estabilidade do ordenamento.

Existem mesmo outros instrumentos práticos que serão abaixo indicados. E é justamente a inobservância deles que deflagra uma concepção especificamente norte-americana do ativismo, que é a chamada indevida superação dos precedentes. De fato, tratando-se de ordenamento integrante da *common law*, incide em postura ativista o órgão judicial que contorna, indevidamente, a aplicação de precedentes anteriores, cujas regras sejam apropriadas para decidir um caso atual[160].

Assim, a desconsideração do precedente (*disregarding precedent*), enquanto concepção de ativismo, pode ser encarada sob a forma de dois mecanismos diversos, que podem ser analisados conjuntamente: (i) a doutrina do precedente vertical e horizontal (*vertical and horizontal precedent*) e (ii) e as diferenças na superação de precedentes conforme se trate de direito constitucional (*constitutional law*), direito estatutário ou legislado (*statutory law*) ou *common law*.

A doutrina do precedente vertical exige que cortes inferiores observem a jurisprudência de cortes superiores. De outro vértice, *horizontal precedent* é a doutrina segundo a qual certa corte deve, via de regra, adotar as conclusões já fixadas seus próprios jugados anteriores, alcançadas em casos semelhantes[161].

Há certo consenso na literatura especializada estadunidense quanto à afirmação de que a não observância da jurisprudência de tribunais superiores (*vertical precedent*) constitui ativismo judicial por parte das cortes

---

University Law Review, vol. 24, p. 381-401, 2008. Aliás, há quem sustente que o *stare decisis*, mais do que uma doutrina para proteção de precedentes, configura uma verdadeira ferramenta de relações públicas, voltada a proteger a Corte como instituição política (CONSOVOY, William S.The Rehnquist Court and the End of Constitutional Stare Decisis: Casey, Dickerson and the Consequences of Pragmatic Adjudication. *Utah Law Review*, p. 54, 2002).

[160] "A expressão *judge-made-law* tem esta profunda raiz no *common law*. Assim, o juiz neste sistema, por regra, não é ativista. Ele, em verdade, cumpre o seu papel de improvisação continuada, a cada vez que é chamado a se pronunciar sobre um caso concreto. Não se diga, entretanto, não poder existir ativismo judicial no *common law*. Ele existe, e quando verificado, é prontamente expelido, respeitando, é claro, às peculiaridades do sistema em que este ativismo se verifica." (REVERBEL, Carlos Eduardo Dieder, op. cit., p. 7). Confira-se, ainda: IRONS, Peter. Making Law: the case for judicial activism. *Valparaiso University Law Review*, Volume 24, p. 52, 1990.

[161] KMIEC, Keenan D., op. cit., p. 1.466-1.469.

inferiores[162]. Vale lembrar, a propósito, que a segurança que se exige do direito (e das Cortes de Justiça) impõe, naturalmente, alguma perenidade nos entendimentos, ainda que haja alterações na composição do órgão judiciário colegiado. O mesmo haveria de se passar no âmbito das Supremas Cortes.

Já "*horizontal precedent*" designa a doutrina que requer que um tribunal siga as suas próprias decisões tomadas em casos anteriores[163], operando-se o ativismo quando há superação equivocada da jurisprudência da própria Corte (especialmente a da Suprema Corte federal). Cuida-se da situação que também pode ser denominada de estabilidade interpretativa (*interpretative stability*, conforme a terminologia de Bradley Canon).[164]

A regra do precedente horizontal (ou *interpretative stability*) é mais tormentosa do que a regra do precedente vertical e, por isso, exige uma análise com mais vagar.

Por um lado, a desconsideração de precedentes do próprio tribunal pode ser tomada como ativismo judicial[165], nas ocasiões em que a burla à regra do precedente horizontal é ato que refoge ao papel da Corte Suprema, devendo ser combatido todas as vezes em que assim se mostrar necessário[166].

De outro vértice, sustenta-se que o *stare decisis*, em si mesmo, pode ser inconstitucional se, por efeito dele, a Corte se veja obrigada a aderir uma leitura errônea da Constituição[167]. O receio dessa corrente, como se vê, é

---

[162] KMIEC, Keenan D., op. cit., p. 1.466-1.467; ROBERTS, Caprice L., op. cit., p. 589 e CONSOVOY, William S., op. cit. p. 104-105.
[163] Kermit Roosevelt III trata do assunto sob a denominação "*intra-branch deference*" (Debate: Judicial Activism and its critics. *University of Pennsylvania Law Review*, Vol. 155, p. 121, 2006).
[164] CANON, Bradley, op. cit., p. 241. O autor anota que a instabilidade interpretativa é ainda mais grave quando a Suprema Corte desconsidera um precedente recentemente editado. Cuida-se da instância mais dramática e evidente desta instabilidade.
[165] "A tradição exige que sempre que possível a doutrina do precedente seja observada através de cuidadosa distinção entre os dois casos, evitando-se uma rejeição imediata de decisões passíveis de crítica." (FARNSWORTH, E. Allan, op. cit., p. 70).
[166] KMIEC, Keenan D., op. cit., p. 1.467.
[167] Ibidem, p. 1.467. Caprice Roberts, inclusive, aduz que a falha em seguir os precedentes de um mesmo tribunal (regra do precedente horizontal) não pode configurar ativismo de uma forma automática, eis que admitida a mudança de entendimento, que muitas vezes é mesmo desejável. (op. cit.. p. 588).

elevar o Judiciário acima da própria Constituição, de modo a autorizar a desconsideração de precedentes anteriores de forma válida[168].

Em vista dessas duas posições a respeito do *horizontal precedent*, William Eskridge Jr.[169] e Keenan Kmiec[170] aduzem que a superação de precedentes anteriores, para ser tachada de ativista, depende da *identificação de qual do tipo de precedente é superado* e dos argumentos constitucionais que podem justificar a desconsideração do precedente anterior.

Portanto, além dos critérios do precedente vertical e horizontal, o fenômeno da mudança de entendimento judicial pode ser analisado conforme os pronunciamentos anteriores tenham se dado sobre norma constitucional (*constitutional law*), norma de cunho legal (*statutory law*) ou norma da *common law*.

Trata-se, com efeito, de outro âmbito de distinção suscitado por William N. Eskridge Jr. e Keenan Kmiec: a hierarquia do *stare decisis*, ou seja, o tratamento diferenciado conferido pela Suprema Corte na superação de seus precedentes, conforme se trate de enunciado estabelecido em *constitutional, statutory* ou *common law precedents*.

Sob esse aspecto, os autores salientam que a Corte Suprema presta maior deferência ao direito oriundo da *common law*, por entender que as cortes inferiores estão em melhor posição para alterar o direito decorrente da fonte jurisprudencial, na sua maioria, afeto a causas de direito privado. O mesmo sentimento seria compartilhado pelos tribunais inferiores – notadamente os tribunais estaduais –, que se julgariam o foro mais adequado para apreciar a *common law*, auxiliando com maior adequação a sua evolução ao longo do tempo[171].

Já os chamados precedentes de direito constitucional (*constitutional law precedents*) são tidos como de observância menos estrita pela Suprema

---

[168] E. Allan Farnsworth assinala que "o Tribunal pode não querer seguir o precedente. Pode ocorrer que a decisão tenha sido obviamente errônea ao ser dada, que seja tão antiga que as novas condições a tenham tornado inadequada, ou, finalmente, tenha sido alterada a composição do Tribunal" (op. cit., p. 69). Confira-se a propósito: AMARAL JÚNIOR, José Levi Mello do. Processo constitucional no Brasil: nova composição do STF e mutação constitucional. *Revista de Direito Constitucional e Internacional*, São Paulo, ano 14, vol. 57, p. 100-108, out./dez. 2006.

[169] ESKRIDGE JR., William N. Overruling Statutory Precedents. *The Georgetown Law Journal*, vol. 76, p. 1.361-1.439, 1988.

[170] KMIEC, Keenan D., op. cit., p. 1.469-1.471.

[171] Ibdidem, p. 1.469.

Corte. Isto porque, em função da dificuldade de se emendar a Constituição americana, a Corte se torna o ambiente mais efetivo para se superar doutrinas constitucionais obsoletas[172]. Ainda que razões de confiança possam sugerir o contrário, a Corte presta relativamente pouca deferência aos seus precedentes em matéria constitucional[173].

Por fim, os chamados *statutory precedents* oferecem uma forte presunção de correição[174].

No entanto, Keenan Kmiec adverte que, não raro, provisões constitucionais ou estatutárias parecem assemelhar-se aos julgamentos envolvendo meramente a *common law*. Tal circunstância demonstra que, mesmo as definições menos controversas de ativismo judicial requerem uma profunda análise de conceitos jurisprudenciais que a uma primeira vista se pode supor. Ele afirma que a aderência ao precedente é certamente uma virtude na maioria dos casos, embora seja relevante examinar qual tipo de precedente e qual o tipo de direito esteja em jogo[175].

De todo modo, William Eskridge Jr. e Keenan Kmiec fornecem um critério seguro para identificar a ocorrência de ativismo judicial sob a concepção da indevida superação de precedentes ao apontar as regras do (i) precedente vertical e horizontal e (ii) as diferenças conforme se trate de interpretação constitucional, legal ou da *common law*.

Aproveitando tais subsídios, é possível conjugar os dois critérios acima com vistas a aferir os diferentes graus que o ativismo pode apresentar sob a concepção em apreço.

Em realidade, a indevida superação do precedente vertical não varia em grau à razão do tipo de regra interpretada (Constituição, lei ou *common law*), daí porque é possível atribuir ao *vertical precedent* um perfil médio de ativismo.

---

[172] Cf. LEAL, Roger Stiefelmann. A convergência dos sistemas de controle de constitucionalidade: aspectos processuais e institucionais. *Revista de Direito Constitucional e Internacional*, São Paulo, ano 14, vol. 57, p. 67, out./dez. 2006 e ESKRIDGE JR., William N. *Overruling Statutory Precedents...* cit., p. 1.361-1.363.

[173] KMIEC, Keenan D., op. cit., p. 1.469. No mesmo sentido: CONSOVOY, William S, op. cit. p. 53-106. Evidente, neste particular, a função evolutiva atribuída pela Suprema Corte à sua própria jurisprudência. Tudo indica prevalecer, nesta seara, o paradigma da supremacia judicial.

[174] ESKRIDGE JR., William N. *Overruling Statutory Precedents...* cit. e KMIEC, Keenan D., op. cit., p. 1.469-1.470. Parece preponderar aqui o paradigma da deferência ao legislador.

[175] KMIEC, Keenan D., op. cit., p. 1.470-1.471.

Já a regra do precedente horizontal, como salientado, varia à proporção da natureza da regra desconsiderada, motivo pelo qual há variados graus de ativismo neste enfoque.

As interações e consequências da superação de precedentes, seja do ponto de vista vertical ou horizontal, seja à luz da fonte subjacente da norma interpretada (constitucional, legal ou *common law*) implicam, pois, em diferentes níveis de ativismo, sintetizados no quadro a seguir:

	Constitutional law	*Statutory law*	*Common law*
Precedente vertical	Ativismo médio	Ativismo médio	Ativismo médio
Precedente horizontal	Ativismo fraco	Ativismo forte	Ativismo forte

Portanto, tais são os critérios definidores desta concepção de ativismo judicial, veiculada expressamente apenas pela doutrina norte-americana.

Capítulo II – O Ativismo Judicial nos Estados Unidos

1. Origens do *Judicial Activism*

Em janeiro de 1947, Arthur Schlesinger Jr., um historiador americano, publicou um artigo na Revista Fortune, intitulado *The Supreme Court: 1947*, no qual cunhou a expressão *judicial activism*[176].

Conforme amplamente reconhecido pela doutrina norte-americana[177] (e mesmo pela brasileira[178]), este singelo artigo veiculou a primeira menção

---

[176] SCHLESINGER JR., Arthur M. The Supreme Court: 1947. *Fortune Magazine*, vol. XXXV, n. 1, p. 73-79 e 201-208 e 211-212, jan. 1947.

[177] KMIEC, Keenan D. The Origin and Current Meanings of Judicial Activism. *California Law Review*, n. 92, p. 1.445-1.447, 2004; GREEN, Craig. An Intellectual History of Judicial Activism. *Emory Law Journal*, Atlanta, Vol. 58, No. 5, p. 1.208, 2009; CROSS, Frank B.; LINDQUIST, Stefanie A. The Scientific Study of Judicial Activism. *Minnesota Law Review*, n. 91, p. 1.753, 2006; BARNETT, Randy E. Constitutional Clichés. *Capital University Law Review*, vol. 36, p. 493, 2007; YUNG, Corey Rayburn. Flexing Judicial Muscle: An Empirical Study of Judicial Activism in the Federal Courts, North Western University Law Review, vol. 105, p. 5, 2011; SEGALL, Eric J. Reconceptualizing Judicial Activism as Judicial Responsibility: A Tale of Two Justice Kennedys. Arizona State Law Journal, vol. 41, p. 3, 2009; FRENCH, Robert. Judicial activists – mythical monsters? *Southern Cross University Law Review*, vol. 12, p. 67, 2008.

[178] É notório o número de artigos brasileiros que se dedicam a expor a origem da expressão ativismo judicial nos Estados Unidos da América (cf. TEIXEIRA, Anderson Vichinkeski. Ativismo judicial: nos limites entre racionalidade jurídica e decisão política. *Revista Direito GV*, São Paulo, n. 8(1), p. 39, 2012; DIMOULIS, Dimitri; LUNARDI, Soraya Gasparetto. Ativismo e autocontenção judicial no controle de constitucionalidade. In: FELLET, André Luiz Fernandes; DE PAULA, Daniel Giotti; NOVELINO, Marcelo (orgs.). *As Novas Faces do Ativismo Judicial*. Salvador: Editora Juspodivm, 2013, p. 459-46 e DE PAULA Daniel Giotti. Ainda existe separação de poderes? A invasão da política pelo direito no contexto do ativismo judicial e da judicialização da política. In: FELLET, André Luiz Fernandes; DE PAULA, Daniel Giotti; NOVELINO, Marcelo (orgs.). *As Novas Faces do Ativismo Judicial*. Salvador: Editora Juspodivm, 2013, p. 283; FRAGALE FILHO, Roberto. Ativismo Judicial e Sujeitos Coletivos: A Ação das Associações de Magistrados. In: COUTINHO, Jacinto Nelson de Miranda; FRAGALE FILHO, Roberto e LOBÃO, Ronaldo

à expressão *"judicial activism"* nos Estados Unidos. E, a partir daí, potencializou os debates acerca da função judicial na doutrina constitucional e na ciência política daquele país. Ilustra essa importância do artigo o fato de que, poucos anos após a sua publicação, a atuação da Corte Warren ter multiplicado o interesse doutrinário sobre a expressão cunhada por Arthur Schlesinger.

A nota curiosa sobre tal artigo é o fato de seu autor não ser jurista e ter sido publicado em uma revista de variedades, em meio a publicidade de whisky canadense, Aqua Velva, cigarros, máquinas compressoras e mobiliário residencial e, ainda assim, ter alcançado o posto de obra seminal sobre o assunto.

Em resumo, as catorze páginas do artigo de Arthur Schlesinger se dedicavam a apresentar um perfil dos nove juízes da Suprema Corte, apontando as alianças e divisões entre eles[179]. Com este viés, o autor promoveu uma separação entre dois grupos: de um lado, os denominados *"Judicial Activists"* (os juízes Hugo Black, William O. Douglas, Frank Murphy e Wiley Rutlege) e, de outro, os intitulados "Campeões da contenção judicial (*"Champions of Self Restraint"* – os juízes Felix Frankfurter, Robert Jackson e Harold Burton). Os juízes Stanley Reed e Frederick Vinson (este último o *Chief Justice*) foram descritos como representativos de um grupo intermediário[180].

Tamanho o impacto deste agrupamento e – especialmente – dos rótulos atribuídos a cada grupo, que a orientação adotada pelos ativistas dessa época passou a ser denominada, na academia, pela alcunha genérica "Black-Douglas"[181].

(orgs.). *Constituição & Ativismo Judicial*. Rio de Janeiro: Lumen Juris, 2011, p. 361). Nenhum deles, porém, se preocupa em estudar a origem do mesmo termo na literatura nacional ou mesmo em que condições foi primeiramente aplicado na jurisprudência constitucional brasileira.

[179] Grande parte do arigo se destina a apresentar as personalidades dos juízes, descrevendo, desde seus gostos pessoais até a forma com que se sentavam às cadeiras do tribunal para trabalharem, passando por seus gostos pessoais e forma de se vestir (SCHLESINGER JR, Arthur, op. cit. p. 73-74).

[180] A primeira parte do artigo de Schlesinger apresenta os dois grupos, em seções distintas, porém sem conceituar o que significaria um "ativista". A primeira efetiva menção à expressão "ativismo judicial" (*"judicial activism"*) só ocorreu na porção final do artigo (p. 202). Nesta parte derradeira, Arthur Schlesinger afirmava que aqueles que se colocavam de acordo com as posturas dos juízes Black e Douglas concordavam com as "observações históricas e psicológicas que subjazem essa teoria do ativismo judicial." (op, cit., p. 202. Tradução livre deste autor. No original: *"the historical or the psychological observations that underly this theory of judicial activism."*).

[181] Cf. GREEN, Craig, op. cit.1.203 e 1.206. O autor faz menção à *"Black-Douglas view"* e ao *"Black-Douglas group"*.

Da mesma maneira, a postura mais comedida durante aquela específica composição da Corte passou a ser simplesmente referenciada pela alcunha "Frankfurter-Jackson"[182] ou mesmo pelo adjetivo "Frankfurterian"[183].

Arthur Schlesinger descreve, em linhas gerais, as seguintes características de cada um dos grupos[184]:

a) os *ativistas* acreditam que a Suprema Corte pode desempenhar um papel afirmativo na promoção do bem-estar social; defendem o emprego do poder judicial com vistas às próprias concepções de bem comum; concebem a Suprema Corte como instrumento para se alcançar resultados sociais desejados; estão mais voltados a decidir casos individualmente em conformidade com as próprias pré-convicções sociais; são adeptos da filosofia jurídica reinante na Universidade de Yale, de cunho mais liberal; são mais propensos à defesa das liberdades individuais; inclinação pró-sindicatos.

b) os *autocomedidos* preocupam-se com as variadas resultantes dos processos legislativos, ainda que isso signifique manter conclusões que os juízes pessoalmente condenem; concebem a Corte como um instrumento que garanta aos outros ramos do governo os meios para se alcançar os resultados desejados pela população; estão mais voltados a manter o Poder Judiciário no seu lugar estabelecido, porém limitado, dentro do sistema americano; filiam-se à posição mais conservadora, oriunda da Universidade de Harvard; tendem a preservar o princípio majoritário; inclinação anti-sindical.

Após apresentar os dois polos verificados na Corte à época, Arthur Schlesinger toma partido timidamente, criticando os juízes ativistas, por configurarem um risco à democracia[185].

O artigo de Arthur Schlesinger Jr. conta com aplausos e críticas na doutrina americana.

---

[182] KMIEC, Keenan D. op. cit., p. 1.447 e 1.448. Diz o autor que há uma verdadeira *"Frankfurter--Jackson school"* e uma *"Frankfurter-Jackson view"*.
[183] Ibidem, p. 1.448.
[184] SCHLESINGER JR., Arthur, op. cit., p. 78-79 e 201; KMIEC, Keenan D. op. cit., p. 1.446-1.448 e GREEN, Craig, op. cit. p. 1.203.
[185] SCHLESINGER JR., Arthur, op. cit., p. 206; 208.

É saudado porque "contribui para o estudo legal e para o debate popular como o primeiro comentário significativo sobre o 'ativismo judicial'"[186].

Schlesinger sugere as bases do embate: juízes não eleitos versus estatutos democraticamente adotados; *result-oriented judging* versus tomada de decisão motivada; uso estrito versus uso criativo do precedente; supremacia democrática versus direitos humanos; direito versus política; e outras dicotomias fundamentais.[187]

Porém, a despeito de cunhar a expressão *"judicial activism"*, o artigo é alvo de críticas.

A principal delas é que o seu autor não define o termo com precisão, iniciando toda a enorme controvérsia que se seguiu (e que permanece até hoje) no que toca à conceituação do ativismo judicial[188].

Arthur Schlesinger apresenta os grupos rivais na Suprema Corte, apartando os *"judicial activists"* dos *"champions of self-restraint"*, sem, porém, conceituar de forma clara o que seriam tais categorias[189]. Cuida-se de um artigo que, expondo as rusgas entre os juízes, se limita a traçar comentários sobre duas posturas judiciais diversas[190]. O trecho mais próximo de conceituar as duas tendências expostas é de fato pouco elucidativo: "A questão é saber quais padrões devem controlar a criação do direito por juízes"[191].

Para além da falha na conceituação dos termos centrais do artigo, é possível apontar ainda defeitos no raciocínio e nas premissas empregadas por Arthur Schlesinger.

O primeiro erro reside no fato de personalizar uma categoria, vinculando uma expressão linguística a certos juízes que compunham a Corte,

---

[186] KMIEC, Keenan D., op. cit., p. 1.449. Tradução livre deste autor. No original: *"contributes to legal scholarship and popular debate as the first significant commentary on 'judicial activism'"*.

[187] Ibidem, p. 1.449. Tradução livre deste autor. No original: *"Schlesinger suggests the layers of the clash: unelected judges versus democratically enacted statutes; results-oriented judging versus principled decisionmaking; strict versus creative use of precedent; democratic supremacy versus human rights; law versus politics; and other equally fundamental dichotomies."*

[188] Ibidem, p. 1.449-1.550.

[189] Craig Green anota que Arthur Schlesinger Jr. apenas cunhou o *termo* "ativismo judicial", sem, contudo, dar-lhe um *conceito*. (op. cit., p. 1.203).

[190] GREEN, Craig, op. cit., p. 1.203.

[191] SCHLESINGER JR, Arthur, op. cit., p. 204. Tradução livre deste autor. No original: *"The question is what standards shall control judicial law-making"*.

elegendo-se um critério que não consegue identificar uma específica forma de se exercer a função jurisdicional[192].

Em segundo lugar, Arthur Schlesinger descreve problemas com o ato de julgar que podem ser verificados também naqueles juízes que ele próprio rotula como sendo adeptos do *self-restraint*. Em outras palavras: uma análise da história do constitucionalismo norte-americano revela que tanto ativistas quanto comedidos incidiram nos vícios imputados por Schlesinger unicamente aos *judicial activists*[193].

Em realidade, o ativismo judicial nos EUA não começou em 1947 com um resumido e despretensioso artigo. É um engano supor que não havia ativismo judicial antes de Arthur Schlesinger e o seu breve ensaio publicado na Revista Fortune. Há, de fato, todo um histórico de ativismo pré-Schlesinger, que remonta às origens da formação da federação americana[194]. O próprio Arthur Schlesinger anotou que "a tensão entre autocomedimento e ativismo é um elemento histórico no nosso [norte-americano] sistema judicial"[195]. Craig Green chega a dedicar uma seção de seu artigo ao exame do "ativismo pré-Schlesinger" (*Activism Before Schlesinger*), destacando quatro momentos da Suprema Corte que, em épocas diversas, veicularam controvérsias que soariam familiares a Arthur Schlesinger[196]. São eles: a era Lochner (com destaque para *Lochner v. New York*[197]); as décadas após a Guerra Civil, especialmente os anos de 1865 a 1885; o infame precedente *Dred Scott v. Sandford*[198] e, por fim, o período da Corte Marshall (1801-1835), com destaque para *Marbury v. Madison*[199].

---

[192] SCHLESINGER JR., Arthur, op. cit. 78-79 e 201-202.

[193] Ibidem, p. 204-206.

[194] Ran Hirschl anota que a experiência americana com o ativismo judicial é bicentenária (*Towards juristocracy; the origins and consequences of the new constitutionalism*. Cambridge: Harvard University Press, 2004, p. 6).

[195] SCHLESINGER JR, Arthur, op. cit. p. 212. Tradução livre deste autor. No original: "*The tension between self-denial and activism is a historic element in our judicial system.*".

[196] GREEN, Craig, op. cit, p. 1.209-1.216. Segundo explica o autor, "Alguns destes julgados foram contestados quando ocorreram, enquanto outros se tornaram controversos gradualmente. O elemento unindo estes quatro incidentes é o receio do abuso judicial" (ibidem, p. 1.209. Tradução livre deste autor. No original: "*Some of these rulings were contested when they happened, while others became controversial more gradually. The element uniting these four incidents is a fear of judicial abuse*").

[197] 198 U.S. 45, 76 (1905).

[198] 60 U.S. (19 How.) 393 (1856).

[199] 5 U.S. 137, 177 (1803).

Em todas essas fases, elementos considerados ativistas por Arthur Schlesinger podem ser verificados, demonstrando que os debates sobre o comportamento de juízes e os limites de atuação das cortes são praticamente contemporâneos à formação dos Estados Unidos e da sua Suprema Corte federal.

Tais momentos e os precedentes mais representativos de cada um deles serão analisados na seção abaixo, destinada ao estudo das diversas fases do ativismo americano.

2. Fases do Ativismo Norte-Americano

2.1 Introdução

Ao contrário da doutrina constitucional brasileira, os Estados Unidos contam com fartos estudos analíticos que descrevem a evolução da sua jurisprudência, inclusive em matéria de ativismo judicial.

Há, realmente, um capítulo próprio no direito constitucional norte-americano para o exame da evolução histórica dos limites do Poder Judiciário, examinando-se, sobretudo, as mudanças pelas quais passaram a Suprema Corte federal.

Infere-se, sob essa perspectiva, que as sucessivas mudanças no papel assumido pela Suprema Corte (trafegando entre os polos "ativismo" e "autocontenção") suscitam um grande (e ainda atual) debate sobre as variadas matizes e perfis que foram sendo adotados (e praticados) pelos juízes da Suprema Corte ao longo dos anos.

Nesta seção, pretende-se apresentar a divisão cronológica das fases observadas na história da Suprema Corte federal (*US Supreme Court*), optando-se por não abordar o histórico de todo o resto da jurisdição federal ou mesmo das justiças estaduais. O recorte proposto se justifica pela multiplicidade de enfoques propiciados pelo exame dos vários ramos judiciários americanos, o que prejudicaria o foco e a objetividade da análise. Não bastasse isso, a relevância histórica da *US Supreme Court*, por si só, torna imprescindível o exame de suas fases[200]. Os casos mais representativos de cada fase, como elucidado

---

[200] "Nem por apresentar, ao lado de julgados de tal altura que honrariam qualquer nação, exemplos de fraqueza e omissão, nem por assumir em determinados instantes a defesa dos interesses dos ricos em detrimento dos econômicamente fracos e de não se constituir invariável

a seguir, demonstram a marcante influência exercida por este Tribunal na história recente dos EUA, afetando, por consequência, todo o mundo[201].

A doutrina norte-americana, de forma consistente[202] [203], divide a evolução cronológica da jurisprudência da Suprema Corte em três estágios, também chamados de fases ou eras:

e permanentemente num veto às Razões de Estado ou no nume tutelar das liberdades violadas, deixa de ser a Côrte Suprema dos Estados Unidos talvez o maior tribunal de que se tem notícia." (RODRIGUES, Lêda Boechat. *A Côrte Suprema e o Direito Constitucional Americano*. Rio de Janeiro: Revista Forense, 1958, p. 13). João Carlos Souto, por sua vez, lembra que "os valores e padrões de comportamento da sociedade estadunidense foram em grande parte ditados ou influenciados por sua Suprema Corte, que tem determinado o formato da civilização americana" (*Suprema Corte dos Estados Unidos: principais decisões*. 2ª ed. São Paulo: Atlas, 2015, p. 1).

[201] Para uma abordagem mais geral (e, portanto, menos densa) da evolução histórica do direito americano como um todo, confira-se: GILMORE, Grant. *As Eras do Direito Americano*. Tradução de A. B. Pinheiro Lemos. Rio de Janeiro: Forense Universitária, 1978.

[202] WOLFE, Christopher. *The Rise of Modern Judicial Review: from constitutional interpretation to judge-made law*. Revised edition. Lanham: Rowman & Littlefield Publishers, Inc, 1994; STONE, Geoffrey R. Citizens United and Conservative Judicial Activism. *University of Illinois Law Review*, vol. 2012, p. 490, 2012; WANT, William L. Economic Substantive Due Process: Considered Dead Is Being Revived by a Series of Supreme Court Land-use Cases. *University of Hawai'i Law Review*, vol. 36, p. 455-485, 2014; BERNSTEIN; David E. From progressivism to modern liberalism: Louis D. Brandeis as a transitional figure in constitutional law. *Notre Dame Law Review*, vol. 89, n. 5, p. 2029-2050, 2014; KELLEY, William K. Avoiding constitutional questions as a three-branch problem. *Cornell Law Review*, n. 86, p. 831-898, 2000-2001; PHILLIPS, Michael J. The slow return of economic substantive due process. *Syracuse Law Review*, vol. 49, p. 953, 1999; PHILLIPS, Michael J. How Many Times Was Lochner-Era Substantive Due Process Effective? *Mercer Law Review*, vol. 48, p. 1.048-1.090, 1996-1997; GRIFFIN, Stephen M. Rebooting originalism. *University of Illinois Law Review*, vol. 2008, n. 4, p. 1.216-1.217, 2008; FORSYTHE, Clarke D. The tradition of interpretativism in constitutional interpretation. *Valparaiso University Law Review*, vol. 22, n. 1, p. 217-232, 1987; BERNSTEIN, David E. Lochner's Legacy's Legacy. *Texas Law Review*. Vol. 82, n. 1, p. 1-64, nov. 2003; BERNSTEIN, David E. Lochner Era Revisionism, Revised: Lochner and the Origins of Fundamental Rights Constitutionalism. *The Georgetown Law Journal*, vol. 92, p. 1-60, 2004; WOOD, Gordon S. The origins of judicial review revisited. *Wash. & Lee Law Review*, n. 56, p. 787-809, 1999; ROOSEVELT III, Kermit. Forget the fundamentals: fixing substantive due process. *University of Pennsylvania Journal of Constitutional Law*, vol. 8, p. 984, 2006; HAWLEY, Joshua D. The Intellectual Origins of (Modem) Substantive Due Process. *Texas Law Review*, vol. 93, p. 284, 2015; SUNSTEIN, Cass R. Dred Scott v. Sandford and Its Legacy. In: GEORGE, Robert P. (editor). *Great Cases in Constitutional Law*. New Jersey: Princeton University Press, 2000, p. 65; BERNSTEIN, David E.; SOMIN, Ilya. The Mainstreaming of Libertarian Constitutionalism. *Law and Contemporary Problems*, vol. 77, n. 4, p. 43-70, 2014.

[203] Não se desconhece, porém, a existência de outra classificação das fases da Suprema Corte – minoritária –, reproduzida, na doutrina nacional, por Lêda Boechat Rodrigues (*A Côrte*

a) a chamada Era Tradicional (*The Traditional Era*), que perdurou desde a adoção da Constituição americana, em 1787, até algum momento no final do século XIX.
b) a chamada Era de Transição (*The Transitional Era*), que se estende desde o final do século XIX até o ano de 1937, quando Frankiln Delano Roosevelt altera radicalmente a composição da Corte e, por fim,
c) a denominada Era Moderna (*The Modern Era*), período compreendido desde 1937 até os dias de hoje.

As fases do ativismo da Corte Suprema são estudadas, fundamentalmente, à luz do desenvolvimento do *judicial review*. Em realidade, na doutrina estadunidense, prepondera o exame das diversas formas pelas quais a Suprema Corte exerceu o poder de anular leis votadas pelos órgãos legislativos, aferindo se, no exercício desta específica competência judicial, a Corte Suprema federal se portou de maneira mais ativista ou mais contida.

Assim, em que pese as fases históricas da Suprema Corte estarem mais ligadas ao desenvolvimento do *judicial review*, é possível identificar, ao longo desta evolução, mudanças ocorridas no ativismo como um todo, independentemente da concepção adotada.

Expostos o panorama e o recorte metodológico, cumpre passar ao exame das fases do ativismo judicial norte-americano, tendo como referência a divisão cronológica acima indicada.

Suprema e o Direito Constitucional Americano. Rio de Janeiro: Revista Forense, 1958, p. 16-19). Nos termos desta outra divisão, há quatro períodos históricos da Suprema Corte, assim expostos pela autora ora mencionada: "Distingue o Professor CORWIN, *grosso modo*, na interpretação da Constituição pela Côrte Suprema, tomando como ponto de referência os poderes do gôverno e as liberdades individuais, quatro períodos: 1) até a morte de Marshall, em 1835, ou 'Domínio do Diploma Constitucional' propriamente dito; 2) da presidência de Taney (1835) até cêrca de 1895. É o período por excelência da 'Teoria Constitucional'; 3) de 1895 até mais ou menos 1937, ou período do *judicial review* puro e simples, em que a Côrte Suprema exerceu em tôda a sua extensão o contrôle da constitucionalidade das leis, num sentido de proteção exacerbada do *laissez faire* econômico; 4) o período atual, a partir de 1937, caracterizado pela substituição de uma 'Constituição de Direitos' – direitos dos Estados e dos indivíduos – por uma 'Constituição de Poderes' do governo." (op. cit., p. 16). A classificação de Lêda Boechat Rodrigues é exposta também por Aliomar Baleeiro (*O Supremo Tribunal Federal, Êsse Outro Desconhecido*. Rio de Janeiro: Forense, 1968, p. 42).

2.2 A Era Tradicional

A chamada era tradicional (*the traditional era*) perdurou desde a adoção da Constituição americana, em 1787, até algum momento no final do século XIX. O ano de 1890 é comumente apontado como termo final desta primeira fase[204], por ter sido o ano em que a Suprema Corte decidiu o caso *Chicago, Milwaukee and St. Paul Railroad v. Minnesota*[205].

Nos seus primórdios, a interpretação constitucional americana estava assentada na seguinte premissa: a Constituição era inteligível (ela tinha um significado real que poderia ser alcançado por qualquer um que a lesse corretamente) e substantiva (ao estabelecer princípios definidos e precisos, capazes, por isso, de serem aplicados como regras legais)[206]. O caráter substancial da Constituição, sob essa perspectiva, não permitia compreender as suas normas como proclamações vagas ou generalidades[207].

O que efetivamente marca esse período inicial da Suprema Corte é o fato de a jurisdição constitucional ser simplesmente concebida como "dar preferência à regra da Constituição sobre qualquer ato legislativo ou executivo que conflitasse com ela"[208]. Esta, aliás, foi a essência da opinião da Corte em *Marbury v. Madison*, exarada neste período inicial.

Prevaleceu, nesta época, um peculiar entendimento acerca do poder judicial entre os membros da Suprema Corte: tal poder era limitado por ser muito mais ligado à justa interpretação da Constituição[209]. Além disso, a opinião pública naquele momento considerava impensável que o mero

---

[204] Cf. BERNSTEIN, David E.; SOMIN, Ilya. The Mainstreaming of Libertarian Constitutionalism. *Law and Contemporary Problems*, vol. 77, n. 4, p. 43-70, 2014; PHILLIPS, Michael J. *How many times...* cit., p. 1.050 e WOLFE, Christopher, op. cit.

[205] 134 U.S. 418 (1890).

[206] KRAMER, Larry D. *The people themselves: popular constitutionalism and judicial review*. New York: Oxford University Press, 2004, p. 45.

[207] WOLFE, Christopher, op. cit., p. 3. Confira-se, no mesmo sentido: MORAIS, Fausto Santos de; TRINDADE, André Karam. Ativismo judicial: as experiências norte-americana, alemã e brasileira. *Revista da Faculdade de Direito da UFPR*, Curitiba, n. 53, p. 59, 2011.

[208] WOLFE, Christopher, op. cit., p. 4. Tradução livre deste autor. No original: "*giving preference to the rule of the Constitution over any legislative or executive act that conflicted with it*".

[209] Prevalecia, nesse momento inicial do constitucionalismo norte-americano, a ideia de que "o controle de constitucionalidade é essencialmente mais um problema de interpretação (associado por Hamilton a julgamento) do que um problema de legislação (associado à vontade)" (ibidem, p. 101. Tradução livre deste autor. No original: "*judicial review is essentially a matter of interpretation (associated by Hamilton with judgment) rather than of legislation (associated with will)*").

exercício do *judicial review* assumisse uma forma legislativa. Esse forte senso comum acabava por restringir a atuação dos juízes (*Justices*) da Suprema Corte, muito embora os *Justices* John Marshall e Roger Taney, e. g., tenham sido bem conhecidos por defenderem um formato bastante controverso do Poder Judiciário à época[210].

Assim, tanto a teoria quanto a prática, nos primeiros anos da república estadunidense revelaram a possibilidade de uma forma não legislativa do *judicial review*[211]. E este é o cerne da era tradicional, a saber, o perfil não legislativo da jurisdição constitucional[212].

Para demonstrar esse perfil mais contido, Christopher Wolfe lembra que, na era tradicional vigorou um perfil moderado de *judicial review*, tendo como principais limites a deferência ao Legislativo e a doutrina das questões políticas (*political questions*), que impedia o controle judicial sobre temas de cunho político[213]. Em suma, a visão prevalecente do papel dos juízes como intérpretes da Constituição era aquela retratada no Federalista n. 78[214], o que confere o caráter moderado observado nesta época, bastante distante da chamada supremacia judicial (*"judicial supremacy"*)[215].

Há, pois, neste momento inicial, um perfil mais contido, razão pela qual ele não é caracterizado por ser um estágio marcadamente ativista da Corte Suprema. De todo modo, a doutrina pesquisada destaca, nesta fase, o clássico *Marbury v. Madison* como exemplo de ativismo judicial, na concepção do julgamento orientado pelo resultado, conforme indicado no item 3.2.3 abaixo.

---

[210] Ibidem, p. 4.
[211] Ibidem, p. 4.
[212] Cf. ELY, John Hart. *Democracia e Desconfiança: uma teoria do controle judicial de constitucionalidade*. Tradução de Juliana Lemos. São Paulo: Martins Fontes, 2010, p. 16.
[213] WOLFE, Christopher, op. cit., p. 101-108.
[214] Ibidem, p. 113. Christopher Wolfe ressalva, contudo, que ao lado do controle de constitucionalidade moderado, havia, minoritariamente, setores que competiam com essa visão prevalente. Havia, assim, aqueles contrários a toda e qualquer forma de atribuição de tal poder a órgãos judiciários (*"anti-judicial review"*), bem como os defensores de uma noção mais expansiva deste poder (*"ultra-judicial review"*), fundada não na proteção da Constituição, mas na preservação de princípios do direito natural (ibidem, p. 108).
[215] Ibidem, p. 116. No mesmo sentido: BICKEL, Alexander M. *The Least Dangerous Branch: the Supreme Court at the bar of politics*. New Haven: Yale University Press, 1986, p. 78-79.

2.3 A Era de Transição

Contudo, o modelo inicial acima descrito se esgota, passando a se verificar uma primeira expansão do Poder Judiciário. Esta expansão foi possível, dentre outros fatores, por ter sido um longo e gradual processo, que em grande medida camuflou a mudança, sobretudo ao público leigo. Ademais, tamanha alteração encontrou solo fértil ao se amoldar a pautas políticas ou a grupos influentes durante este período[216].

Esse contexto propicia a sucessão da era tradicional pela era de transição, caracterizada por uma visão distinta da jurisdição constitucional. Nesse momento, o *judicial review* vai se transmudando: de interpretação para vontade[217]. O paradigma fixado por Hamilton no Federalista n. 78 vai sendo alterado[218].

Passo decisivo para essa transformação encontra-se na criação do conceito do *substantive due process of law*. Esta formulação judicial, como se verá abaixo, é apontada como ativista pela doutrina, denotando-se o perfil mais ativo desta segunda fase.

O *due process* tem o seu fundamento costumeiramente ligado à Décima Quarta Emenda, porém, em realidade, sua primeira formulação advém da Quinta Emenda. Com efeito, a Quinta Emenda, assim como todo o resto do *Bill of Rights* da Constituição norte-americana, estabelece disposições oponíveis apenas à União. Assim, a cláusula do *due process* prevista na Décima Quarta Emenda constitui essencialmente uma extensão, aos Estados, da aplicação do devido processo legal inicialmente exigível apenas do poder central[219].

Seja sob a formulação original da Quinta Emenda, seja sob a expansão promovida pela Décima Quarta, o devido processo legal sempre teve um conteúdo procedimental[220], até porque a redação das duas cláusulas são bastante similares, além do fato de que o devido processo legal, na Quinta Emenda, se coloca na seção afeta às questões procedimentais[221].

---

[216] WOLFE, Christopher, op. cit., p. 116-117.
[217] POSNER, Richard. A. The Meaning of Judicial Self-Restraint. *Indiana Law Journal*, vol. 59, n. 1, p. 1-24, 1983.
[218] WOLFE, Christopher, op. cit., p. 4.
[219] Ibidem, p. 131.
[220] PHILLIPS, Michael J., *The slow return...* cit. e HAWLEY, Joshua D., op. cit. p. 284.
[221] WOLFE Christopher, op. cit., p. 133.

Ocorre que, a partir de um determinado momento no fim do século XIX, o devido processo legal passa a ser interpretado com um cunho material. O ponto de inflexão desta mudança ocorreu em 1890, no julgamento, pela Suprema Corte, de *Chicago, Milwaukee and St. Paul Railroad v. Minnesota*[222], o que justifica a recorrente menção ao ano de 1890 como o fim da era tradicional[223]. Neste precedente, segundo acentua Christopher Wolfe, os procedimentos invocados para o cerne da causa (constitucionalidade de uma lei do estado de Minnesota que dispunha sobre tarifas ferroviárias) estavam relacionados com a substância da lei. Christopher Wolfe aponta a essência do debate que fez surgir a noção substancial do devido processo:

> As companhias férreas em realidade estavam demandando participação no processo de divisão de lucros, ou seja, uma fração do processo legislativo (delegado) (...) A argumentação por detrás do caso é que as taxas poderiam ser fixadas em valor muito alto e que as determinações legislativas das taxas estariam sujeitas a limitações decorrentes do devido processo.[224]

Em 1897, a Suprema Corte assentou por completo a compreensão substancial do devido processo legal ao decidir o caso *Allgeyer v. Louisiana*[225], que lidava com algumas restrições impostas pelo estado da Louisiana a contratos de seguro firmados em outros estados[226], sendo, por isso, reputado um precedente-chave nesta formulação jurisprudencial[227].

O desenvolvimento do devido processo legal substantivo é central para a plena compreensão do cenário verificado na era da transição.

Isto porque essa fase marca um momento ao mesmo tempo ativista e conservador da Suprema Corte norte-americana[228], que, muitas vezes

---

[222] 134 U.S. 418 (1890).
[223] WOLFE, Christopher, op. cit., p. 149. Cf, ainda, MORAIS, Fausto Santos de; TRINDADE, André Karam, op. cit., p. 57-84 e PHILLIPS, Michael J., *The slow return...* cit., p. 953.
[224] WOLFE, Christopher, op. cit., p. 150. Tradução livre deste autor. No original: *"the railroads in effect were demanding a participation in the process of setting the rates, that is, a share in the (delegated) legislative process. (...) The assumption behind the case is that rates might be set too high and that legislative determinations of rates were subject to due process limitations"*.
[225] 165 U.S. 578 (1897).
[226] WOLFE, Christopher, op. cit., p. 150.
[227] BERNSTEIN, David E.; SOMIN, Ilya, op. cit, p. 55.
[228] STONE, Geoffrey R., op. cit., p.490.

invocando o *substantive due process*, anulou leis que constituíam o arcabouço normativo do *New Deal*.

Neste estágio, a Suprema Corte se voltou contra as políticas econômico--sociais de matriz intervencionista, rechaçando atos que davam sustentação à política de recuperação econômica adotada pelo presidente Franklin Delano Roosevelt. "O uso da cláusula do devido processo para proteger direitos de propriedade e para suprimir regulações legislativas sobre negócios privados é a mais distintiva nota da doutrina da Suprema Corte de 1890 até 1937"[229].

A Corte passou a agir em manifesta defesa do *laissez-faire* e, conferindo uma fundamentação jusnaturalista ao direito de propriedade, invalidou, com grande consistência[230], muitas tentativas governamentais de promover a regulação econômica pela via legislativa[231]. Fala-se em verdadeira "presunção de inconstitucionalidade de tôda a legislação social"[232].

Evidente, portanto, que esta fase é caracterizada por uma clara conotação liberal, entendida, no contexto norte-americano, como algo voltado à abstenção estatal na esfera econômica[233].

Neste contexto, são considerados[234] como manifestações de ativismo os seguintes casos: *Adkins v. Children's Hospital of the District of*

---

[229] WOLFE, Christopher, op. cit. 150. Tradução livre deste autor. No original: *"The use of the due process clause to protect property rights and to oversee legislative regulation of business is the most distinctive feature of Supreme Court doctrine from 1890 to 1937."*.

[230] Sobre a alternância de posturas durante a era de transição, confira-se: PHILLIPS, Michael J.. *How Many Times...* cit., p. 1.048-1.090, 1996-1997. Importa destacar, porém, que, neste período, a Corte mais invalidou do que manteve as leis de cunho econômico-social, com base no devido processo legal substantivo, tendo declarado a inconstitucionalidade de mais de 200 leis estaduais ou federais (PHILLIPS, Michael J. *The slow return of economic substantive due process..* cit., p. 921).

[231] SUSTEIN, Cass. R. Lochnering. *Texas Law Review*, Volume 82, p. 65, 2003-2004.

[232] RODRIGUES, Lêda Boechat. *A Côrte Suprema e o Direito Constitucional Americano...* cit., p. 16.

[233] Cf. SCHWARTZ, Bernard. *Direito Constitucional Americano*. Tradução de Carlos Nayfeld. Rio de Janeiro: Editora Forense, 1966, p. 258.

[234] Cf. WRIGHT, J. Skelly. The role of the Supreme Court in a democratic society-judicial activism or restraint? *Cornell Law Review*, vol. 54, n. 1, 3, p. 1-28, 1969; McWHINNEY, Edward. The great debate: activism and selfrestraint and current dilemmas in judicial policy-making. *New York University Law Review*, vol. 33, p. 775-795, 1958; MEESE III, Edwin. A return to constitutional interpretation from judicial law-making. *New York University Law Review*, vol. 40, p. 925-933, 1996; PHILLIPS, Michael J. The progressiveness of the Lochner Court. *Denver University Law Review*, vol. 75, p. 453-505, 1998; MELVIN, Edward J. Judicial activism – the violation of an oath; *Catholic Lawyer*, vol. 27, p. 283-300, 1983; CHOUDHRY, Sujit. The

*Columbia*²³⁵, *Adair v. United States*²³⁶, *Coppage v. Kansas*²³⁷, *Smyth v. Ames*²³⁸, *Wolff Packing Co. v. Court of Industrial Relations*²³⁹, *Tyson and Bros v. Banton*²⁴⁰ e *New State Ice Co. v. Liebmann*²⁴¹.

Lochner era and comparative constitutionalism. Int'l J. Const. L., vol. 2., n. 1, p. 1-55, 2004; BLACKMAR, Charles B. Judicial activism. *Saint Louis University Law Journal*, Saint Louis, Vol. 42. p. 753-787, 1997-1998.

²³⁵ 261 U.S. 525 (1923). Neste caso, a Suprema Corte declarou inconstitucional lei que previa salário mínimo para mulheres e crianças no Distrito de Columbia.

²³⁶ 208 U.S. 161 (1908). Houve, aqui, a declaração de inconstitucionalidade de lei que proibia os chamados *"yellow-dog" contracts*, ou seja, os contratos de trabalho que proibiam os trabalhadores de se filiarem a sindicatos. No caso específico, anulou-se lei que proibia tal tipo de contrato, ao fundamento de cercear a liberdade de associação de um bombeiro.

²³⁷ 236 U.S. I (1915). Do mesmo modo, a Corte anulou a legislação estadual que bania os *"yellow dog" contracts*, considerando que a lei feria a liberdade de contratar.

²³⁸ 171 U.S. 361 (1898), também conhecido como *"The Maximum Freight Case"*. A Suprema Corte anulou uma lei tarifária do estado de Nebraska, por violar a Décima Quarta Emenda no ponto em que exige o devido processo legal para supressão da propriedade. O tribunal entendeu que as taxas estaduais de transporte ferroviário eram inconstitucionais, pois privavam arbitrariamente as companhias de trem de suas propriedades.

²³⁹ 262 U.S. 522 (1923). Neste precedente, a Corte se valeu de pronunciamento muito amplo para afirmar que a "competência legislativa para mitigar a liberdade de contratar somente pode ser justificada sob circunstâncias excepcionais e a restrição não pode ser arbitrária ou desarrazoada. (...) A declaração legal de que um negócio passou a se sujeitar a um interesse público não é conclusiva sobre a razoabilidade das bases em que se tenta promover a regulação legal.". Tradução livre deste autor. No original: *"Legislative authority to abridge freedom of contract can be justified only by exceptional circumstances, and the restraint must not be arbitrary or unreasonable. (...)A declaration by a legislature that a business has become affected by a public interest is not conclusive of the question whether attempted regulation on that ground is justified."*

²⁴⁰ 273 U.S. 418 (1927). Cuida-se, à semelhança do caso anterior, de processo envolvendo a regulação estatal da atividade econômica. A Suprema Corte analisou a constitucionalidade de uma lei do estado de Nova Iorque que determinou que o preço dos ingressos de teatros, locais de entretenimento e de exibições públicas é questão submetida ao interesse público. A esse respeito, a Corte decidiu que: "o direito do proprietário de fixar o preço pelo qual a sua propriedade possa ser usada ou vendida é um atributo inerente da propriedade em si e, como tal, protegido pela cláusula do Devido Processo Legal da Quinta e Décima Quarta Emendas. O poder de regular a propriedade, serviços ou negócios pode ser invocado em circunstâncias especiais e disso não decorre que, pelo fato de o poder regulatório existir em alguns casos particulares, ele exista em todos os demais." Tradução livre deste autor. No original: *"The right of the owner to fix a price at which his property shall be sold or used is an inherent attribute of the property itself, and, as such, within the protection of the Due Process of Law clauses of the Fifth and Fourteenth Amendments. The power to regulate property, services or business can be invoked only under special circumstances, and it does not follow that, because the power may exist to regulate in some particulars, it exists to regulate in others or in all.".*

No entanto, o precedente sistematicamente acusado de ativismo nesta fase e que verdadeiramente marca este período é o célebre *Lochner v. New York*, julgado em 1905[242]. Cuida-se, com efeito, do precedente mais representativo desta fase. Neste processo se discutia a constitucionalidade de uma lei do estado de Nova Iorque que limitava a jornada de trabalho de padeiros a dez horas diárias e a sessenta horas semanais. O Tribunal julgou inconstitucional tal disposição ao fundamento de que violaria a liberdade de contratar protegida pela cláusula do devido processo legal (Décima Quarta Emenda).

Assim, para Christopher Wolfe, durante a era de transição, uma nova escola de pensamento jurídico se erigiu, a escola do realismo legal (*"legal realism"*), sustentando que "toda a judicatura – não apenas um tipo, como a jurisprudência do *laissez-faire* – é inerentemente legislativa"[243].

A transição é óbvia: na era tradicional a atividade judicante estava muito mais próxima da interpretação, o que autorizou a prevalência de um modelo moderado de *judicial review*. Já na era de transição, esse paradigma passa a ceder espaço para uma compreensão mais elástica da jurisdição constitucional, fundada no reconhecimento da *vontade* inerente ao ato de julgar[244] [245].

---

[241] 285 U.S. 262 (1932). Este precedente envolveu a invalidação da lei que impunha a produtores de sorvetes a obtenção de certificado de conveniência como requisito prévio para iniciar o negócio.

[242] 198 U.S. 45. Tanto que a era de transição é também denominada pela doutrina como Era Lochner: PHILLIPS, Michael J. *The slow return...* cit, p. 938, 945, 950-951; PHILLIPS, Michael J. How many times...cit., p. 1.049-1.090, 1996-1997; HAWLEY, Joshua D., op. cit., p. 276; BERNSTEIN, David E. *Lochner Era Revisionism...* cit; ROOSEVELT III, Kermit. *Forget the fundamentals...*cit; WHITEHOUSE, Sheldon. Conservative Judicial Activism: The Politicization of the Supreme Court Under Chief Justice Roberts. *Harvard Law & Policy Review*, n. 9, p. 195-210, 2015; STONE, Geoffrey R., op. cit.; WANT, William L., op. cit; URSIN, Edmund. Clarifying the Normative Dimension of Legal Realism: The Example of Holmes's The Path of the Law. *San Diego Law Review*, vol 49, p. 493, 2012; BERNSTEIN; David E. *From progressivism to modern liberalism...* cit. Estas mesmas referências sustentam o ativismo verificado em *Lochner*, operado sobretudo na concepção do julgamento orientado pelo resultado.

[243] WOLFE, Christopher, op. cit., p. 05. Tradução livre deste autor. No original: *"all judging – not just one kind, such as laissez-faire jurisprudence – was inherently legislative."*. No mesmo sentido: URSIN, Edmund, op. cit.

[244] Cf. PHILLIPS, Michael J. *How many times was Lochner-Era substantive due process effective?...* cit e BICKEL, Alexander M., op. cit., p. 81-83. Ademais, "Os primeiros passos decisivos para o surgimento do *judge-made law* foram dados por juízes que sistematicamente negavam fazer algo diferente do que tribunais vinham fazendo nos EUA, ou que negavam estarem fazendo

Com efeito, na *transitional era*, juízes passaram a assumir um perfil mais criador, ampliando as fronteiras de sua atuação (assemelhando-se, assim, ao papel do legislador)[246]. Porém, essa maior elasticidade do *judicial review* permanecia fundada na função hermenêutica, inerente ao Judiciário[247]. O que se ampliava, em síntese, era o fundamento do *judicial review*, invocando a atividade interpretativa como causa legítima para uma intervenção judicial mais profunda[248].

algo distinto de proteger e fazer aplicar a Constituição. (...) Desta perspectiva, o período pode ser chamado de 'era da transição': a transição da era tradicional para uma recente e moderna era, que rejeitaria a teoria inicial do controle de constitucionalidade, assim como a sua prática." (WOLFE, Christopher, p. 05-06. Tradução livre deste autor. No original: *"The first decisive steps in the rise of judge-made law were made by justices who staunchly denied that they were doing anything different from what courts had done in America all along, or that they were doing anything other than enforcing and protecting the Constitution. (...) From this perspective, the period can be called a 'transitional' era: the transition from the traditional era to a later modern that would reject the theory of early judicial review as well as its practice."*).

[245] Importa destacar que, recentemente, verifica-se um novo (porém ainda minoritário) entendimento doutrinário, segundo o qual o devido processo legal substantivo encontra lastro no texto constitucional, sendo, portanto, legítima a sua enunciação pelo Poder Judiciário. Assim, esta corrente enxerga na jurisprudência da Era Lochner a boa fé em encontrar limites para o poder de polícia estatal. Trata-se de uma postura "revisionista" da cláusula do devido processo legal substantivo, postura essa que se coloca, sobretudo, para justificar a aplicação desta cláusula na defesa de direitos fundamentais. Cf: HAWLEY, Joshua D., op. cit. e BERNSTEIN, David E. *Lochner* Era Revisionism, Revised: *Lochner* and the Origins of Fundamental Rights Constitutionalism. *The Georgetown Law Journal*, vol. 92, p. 1-60, 2004. Sobre uma postura revisionista acerca da interpretação e das críticas contundentes ao caso *Lochner*, confira-se: ROGERS, James R.; VANBERG, George. Resurrecting Lochner: A Defense of Unprincipled Judicial Activism. *The Journal of Law, Economics, & Organization*, vol. 23, n. 2, p. 442-468, mai. 2007.

[246] WHITEHOUSE, Sheldon, op. cit., p. 204-206.

[247] WOLFE, Christopher, op. cit. p. 203. Na mesma página, Christopher Wolfe acrescenta: "Contudo, dada a identificação da Constituição com um particular entendimento sobre 'direito natural' (e suas aplicações), os juízes que formularam e empregaram a nova forma de controle de constitucionalidade parecem ter estado convictos que eles simplesmente continuavam o princípio da fiel interpretação da Constituição, próprio da era tradicional." Tradução livre deste autor. No original: *"However, because they identified the Constitution with a particular understanding of 'natural law' (and its applications), the judges who brought about and employed the new form of judicial review seem to have been convinced that they were simply carrying on the traditional era's principle of faithfull interpretation of the Constitution."*. No mesmo sentido: HAWLEY, Joshua D., op. cit.

[248] "O que os seus membros principalmente fizeram, dos fins do século XIX até 1937, foi julgar dos motivos do legislador e da justiça e sabedoria das leis, através da interpretação

Como se pode perceber, a doutrina especializada reconhece nesta fase um perfil muito mais ativista da Suprema Corte, em comparação com o estágio anterior.

2.4 A Era Moderna

A mudança definitiva, em direção à maior presença do ativismo, ocorreu quando Cortes passaram a claramente reconhecer que o *judicial review* não era mais uma mera questão de interpretação constitucional, com a adoção de uma concepção teórica evolutiva acerca da jurisdição constitucional[249].

O pano de fundo para esse passo além se encontra (i) na dessacralização da Constituição, (ii) no surgimento de uma perspectiva histórica e evolutiva do Poder Judiciário, enfatizando a necessidade de adaptação do direito[250] e, por consequência, (iii) no incremento da discricionariedade judicial para promover as adaptações necessárias[251].

O início da consolidação deste movimento ocorreu com as novas indicações para a Suprema Corte federal a partir de 1937, que, por tal motivo, constitui o marco inicial da chamada era moderna (*modern era*). O presidente Franklin Delano Roosevelt se viu diante da oportunidade de promover uma ampla reforma na composição da Corte, graças às nomeações que teve chance de fazer em um curso espaço de tempo: os juízes Black (1937), Reed (1938), Frankfurter (1939), Douglas (1939), Murphy (1940), Stone (1941, como *chief justice*), Byrnes (1941) e Jackson (1941). Apenas o juiz Roberts manteve-se no cargo ao longo da administração Roosevelt[252]. "A nova 'Corte Roosevelt' foi escolhida especialmente por sua boa vontade em manter a visão governamental em matéria de regulação econômica, e ela não desapontou o seu criador"[253].

---

dada à cláusula de *due process of law*, com desvirtuamento dos critérios puramente judiciais e a invasão de atribuições de outros poderes, sobretudo do Legislativo." (RODRIGUES, Lêda Boechat. *A Côrte Suprema e o Direito Constitucional Americano...* cit., p. 16).

[249] WOLFE, Christopher, op cit., p. 203.
[250] A obra de Lêda Boechat Rodrigues – que se detém sobre a Suprema Corte – se justifica, dentre outros motivos, pela exposição de como este Tribunal "amoldou e adaptou o texto setecentista às necessidades sempre novas de outro dia e de outra época." (*A Côrte Suprema...*, p. 13).
[251] WOLFE, Christopher, op. cit., p. 203-204.
[252] Franklin D. Roosevelt indicou, ainda, o juiz Ruthledge em 1943, substituindo o juiz Byrnes.
[253] WOLFE, Christopher, op. cit., p. 242. Tradução livre deste autor. No original: *"The new 'Roosevelt Court' was chosen especially for its willingness to uphold broad governmental regulation of*

Mas a novidade do período moderno da Suprema Corte não se limita à manutenção (e apoio) da regulação estatal do setor econômico. Em realidade, esse início – marcado por uma virada na jurisprudência no que toca aos atos do *New Deal* – é bastante distinto do que se veria nas décadas a seguir: a primeira providência dos juízes indicados por Franklin. D. Roosevelt foi manter o alinhamento da Corte com as políticas econômico-sociais do governo, dando a impressão de que a partir daí prevaleceria o paradigma da deferência ao Legislativo[254].

Interessante observar, sob essa perspectiva, que o devido processo legal substantivo serviu de base para superar a política do *laissez-faire* que reinava na Corte pré-1937 (em favor da administração), sendo, anos depois, também invocado como fundamento para rechaçar violações arbitrárias a direitos fundamentais[255].

Seja como for, a era moderna se caracteriza pela aceitação mais explícita do papel legislativo da Suprema Corte[256], circunstância que se revelou mais intensamente na interpretação da *common law*, que constitui o terreno mais fértil para a regulação judicial, dada a ausência de lei escrita. No entanto, critica-se o período moderno da Corte por desempenhar, de forma ativa, um papel próximo à da legislatura também em sede de direito legislado (*statutory law*)[257].

O período mais significativo do ativismo da Suprema Corte pós-1937 se concentra na Corte Warren[258], momento em que, sob a presidência do *Chief Justice* Earl Warren (1953-1969), o tribunal fez valer o seu poder decidindo

---

economic matters, and it did not disappoint its maker". O precedente que marca o termo final da era de transição é *West Coast Hotel Co. v. Parrish* (300 U.S. 379), no qual a Suprema Corte, em 1937, declarou a constitucionalidade do salário mínimo instituído por lei do estado de Washington.

[254] HAWLEY, Joshua D., op. cit.

[255] POSNER, Richard A. The Rise and Fall of Judicial Self-Restraint. *California Law Review*, vol. 100, n. 3, p. 519-556, jun. 2012; HOWARD, A. E. Dick. The Changing Face of the Supreme Court. *Virginia Law Review*, vol. 101, n. 2, p. 233-235, abr. 2015 e WOLFE, Christopher, op. cit., p. 241.

[256] CHRISTIANSEN, Matthew R.; ESKRIDGE JR, William N. Congressional Overrides of Supreme Court Statutory Interpretation Decisions, 1967–2011. *Texas Law Review*, vol. 92, p. 1.317-1.541, 2014.

[257] WOLFE, Christopher, op. cit., p. 06.

[258] POSNER, Richard A. *The Rise and Fall of Judicial Self-Restraint...* cit.; EPSTEIN, Lee; LANDES, William M. Was There Ever Such a Thing as Judicial Self-Restraint? *California Law Review*, vol. 100, p. 557-578, 2012; OAKES, James L. The Role of Courts in Government Today. *Akron Law Review*, vol. 14, p. 175-186, 1981 e HOWARD, A. E. Dick, op. cit, p. 233-235.

casos da mais alta relevância política, autorizando a invasão judicial sobre temas como liberdade de opinião, liberdade de religião, segregação racial, direitos dos acusados em processos penais, etc.

Como se pode perceber, o ano de 1937 marca, também, a mudança de foco da doutrina constitucional americana, que migra sua atenção do ativismo em matéria política econômica e social em direção ao ativismo afeto à *proteção dos direitos civis*.

Realmente, chama a atenção os importantes casos julgados pela Suprema Corte sob a égide da Corte Warren, com a orientação de se concretizar e disciplinar direitos civis, pela via judicial.

Esse período é comumente rotulado como ativista pelo fato de que a Suprema Corte federal americana passou a desempenhar um papel de salvaguarda das liberdades civis[259].

Em inúmeras ocasiões, a Corte Warren decidiu em prol das liberdades civis, promovendo uma profunda mudança social, "defendendo que o ativismo judicial deveria compensar as deficiências do processo político democrático"[260].

Citam-se, como precedentes reveladores do ativismo dessa época, o caso *Gideon v. Wainwright*, de 1963[261] (no qual a Corte reconheceu aos acusados perante as cortes estaduais o direito à assistência judiciária gratuita, que apenas era previsto para aqueles que eram réus perante tribunais federais) e o precedente *Miranda v. Arizona*, de 1966[262] (em que a Suprema

---

[259] "na medida em que a primeira e a décima quarta emendas tornaram-se o mote de um ativismo judicial que até então não havia sido desenvolvido e que inscreveria, de uma vez por todas, a atuação desempenhada pela Suprema Corte na história do constitucionalismo: inseridos na tradição da *common law*, os juízes deixaram de simplesmente interpretar as leis e passaram a reescrevê-las." (MORAIS, Fausto Santos de; TRINDADE, André Karam, op. cit. p. 60). Ademais, "dois de seus juízes, Brennam e Marshall, defendiam a noção de 'Constituição Viva', capaz de evoluir em função do contexto social e econômico de sua aplicação" (STRECK, Lenio Luis; SALDANHA, Jânia Maria Lopes. Ativismo e garantismo na Corte Interamericana de Direitos Humanos. In: DIDIER JR., Fredie; NALINI, José Renato; Ramos, Glauco Gumerato; Levy, Wilson (orgs.). *Ativismo Judicial e Garantismo Processual*. Salvador: Juspodivm, 2013, p. 399). No mesmo sentido: KMIEC, Keenan D., op cit. e ROBERTS, Caprice L. In search of judicial activism: dangers in quantifying the qualitative. *Tennessee Law Review*, vol. 74 p. 567-621, 2006-2007.

[260] MORAIS, Fausto Santos de; TRINDADE, André Karam, op. cit., p. 61.

[261] 372 U.S. 335. Confira-se, a respeito: LEWIS, Anthony. *A Trombeta de Gedeão*. Tradução de Beatriz Moreira Pinto Beraldo. Rio de Janeiro: Forense, 1966.

[262] 394 U.S. 436.

Corte afirmou o exercício do direito de proteção contra a autoincriminação, "proibindo a extração forçada de confissões e, inclusive, estabelecendo uma série de regras a serem obedecidas durante os interrogatórios policiais"[263]). Como se pode perceber, a Corte Warren é conhecida por seu particular ativismo em defesa dos réus criminais, por meio da ampliação de suas garantias e pela expansão das autoridades federais, em detrimento das estaduais[264]. São também mencionados[265] como exemplos de ativismo nesta fase os seguintes precedentes *Mapp v. Ohio*[266], *New York Times v. Sullivan*[267], *Escobedo v. Illinois*[268], *Linkletter v. Walker*[269], *Baker v. Carr*[270] e *Reynolds v. Sims*[271].

[263] MORAIS, Fausto Santos de; TRINDADE, André Karam, op. cit., p. 62.
[264] Cf. ALLEN, Francis A. The judicial quest for penal justice: the Warren Court and the criminal cases. *University of Illinois Law Forum*, vol. 1975, p. 518-541, 1975.
[265] WRIGHT, J. Skelly. The role of the Supreme Court in a democratic society-judicial activism or restraint? Cornell Law Review, vol. 54, n. 1, 3, p. 1-28, 1969; BLASI, Vince. A requiem for the Warren Court. Texas Law Review, vol. 48, p. 608-623, 1970; POSNER, Richard A. *The Rise and Fall of Judicial Self-Restraint*... cit.; EPSTEIN, Lee; LANDES, William M. Was There Ever Such a Thing as Judicial Self-Restraint? *California Law Review*, vol. 100, p. 557-578, 2012; OAKES, James L. The Role of Courts in Government Today. *Akron Law Review*, vol. 14, p. 175-186, 1981 e HOWARD, A. E. Dick, op. cit, p. 233-235.
[266] 367 U.S. 643 (1961). Neste caso, a Suprema Corte declarou a inconstitucionalidade da prova obtida por meios ilícitos, superando o decidido em *Wolf v. Colorado*.
[267] 376 U.S. 254 (1964). Decidiu-se que um estado não pode, nos termos da Primeira e Décima Quarta Emendas, causar prejuízos a um oficial público por declarações difamatórias falsas relacionadas à sua conduta funcional.
[268] 378 U.S. 478 (1964). O *holding* desta decisão encontra-se no direito dos suspeitos criminais de manter aconselhamento com advogado durante os interrogatórios, extraída tal conclusão da Sexta Emenda. No caso concreto, Escobedo, acusado de homicídio, pediu às autoridades policiais para falar com o seu advogado, mas o pedido foi recusado sob a alegação de que ele ainda não havia sido formalmente indiciado e que se mantinha sob custódia e que, portanto, não poderia deixar o local. Vale observar que o advogado de Escobedo se dirigiu à delegacia de polícia e por várias vezes pediu para ver o seu cliente, mas o acesso foi negado em todas as oportunidades. Anote-se que policiais e promotores interrogaram Escobedo por quatroze horas e meia e nunca permitiram que o acusado conversasse com seu advogado.
[269] 381 U.S. 618 (1965). Neste julgado, a Corte decidiu que a conclusão alcançada em *Mapp v. Ohio* não se aplica a casos anteriores à mudança de entendimento jurisprudencial.
[270] 369 U.S. 186 (1962). Cuida-se do caso que alterou substancialmente a doutrina da insindicabilidade das questões políticas, na medida em que atestou que a pretensão de refazimento dos distritos eleitorais é justiciável. Afirmou-se a desigualdade entre os distritos eleitorais, decorrente da falha do legislativo do Tennessee em ratear os eleitores nos variados distritos. A Corte, porém, não indicou qual o critério para o rateio a ser adotado, apenas concluindo que a pretensão poderia ser conhecida em juízo.

Por último, e talvez um dos mais comentados precedentes judiciais da história norte-americana, o célebre *Brown v. Board of Education* (1954)[272]. Todos esses precedentes são, em alguma medida, representativos das acusações doutrinárias de ativismo judicial.

Uma tônica parecida manteve-se em seguida, na Corte Burger, sendo que o tribunal somente voltou a adotar um perfil de maior conservadorismo quando da nomeação, pelo Presidente Ronald Reagan, do Juiz William H. Renquist para a chefia do tribunal, em 1986[273]. Nesta fase, a doutrina estadunidense aponta de modo frequente a ocorrência de ativismo judicial na decisão proferida em *Wards Cove Packing Co. v. Atonio*[274]. Mas independentemente deste movimento pendular, variando entre os graus de ativismo e autocontenção, é certo que a Suprema Corte continua (e tudo indica que continuará) exercendo o seu papel de destaque na mediação entre liberdade e autoridade[275].

Neste contexto, identificada a origem da expressão *judicial activism* e examinada a divisão histórica da evolução do ativismo, cabe migrar o foco de análise deste capítulo, partindo da perspectiva histórica em direção ao estudo dos critérios teóricos definidores do ativismo norte-americano nos casos mais usualmente acusados de ativismo pela doutrina majoritária.

---

[271] 377 U.S. 533 (1964). Trata-se de um desdobramento do caso anterior, consolidando-se, aqui, a regra do *"one man-one vote"*. A Corte entendeu que este é o critério válido para composição de ambas as casas em um legislativo estadual bicameral, constituindo a forma legítima de se promover a cláusula da igual proteção. Determinou-se, assim, que os distritos legislativos estaduais devem ser proporcionais à população.

[272] 347 U.S. 483 (1954). A propósito, foi raro encontrar, na doutrina consultada nesta dissertação, obra ou artigo que tenha deixado de mencionar o caso *Brown v. Board of Education*. Foi comum, ao contrário, ver seções ou capítulos dedicados apenas a este precedente, demonstrando o seu papel de destaque na literatura especializada norte-americana em matéria de ativismo judicial.

[273] Apesar das posturas mais conservadoras, é possível dizer que, em alguma medida, a Corte Rehnquist foi tão ou mais ativista que as Cortes mais liberais que a precederam. V. RINGHAND, Lori A. Judicial Activism: an empirical examination of voting behaviour on the Rehnquist Natural Court. *Constittutional Commentary*, vol. 24, p. 43-102, 2007. Este estudo quantitativo, com efeito, revela que, sob o prisma da quantidade de declarações de inconstitucionalidade de leis federais e da quantidade de vezes em que precedentes foram superados, a Corte Rehnquist, foi mais ativista do que as anteriores.

[274] 490 U.S. 642 (1989).

[275] REHNQUIST, William H. *The Supreme Court: revised and updated*. New York: Vintage Books, 2002, p. 280.

3. Análise dos Critérios Definidores do Ativismo Judicial Norte--Americano

3.1 Métodos não Ortodoxos de Interpretação

3.1.1 *Brown v. Board of Education*

Brown v. Board of Education[276] representa talvez o mais significativo evento político, social e legal norte americano no século XX, em virtude da injustiça que combateu: a segregação racial em escolas públicas[277]. Não obstante, é acusado de ativismo por ter recorrido a métodos interpretativos inadequados.

Brown é considerado um caso de ativismo judicial tanto por ter abandonado a intenção dos ratificadores da Décima Quarta Emenda, quanto por ter cogitado voltar-se à vontade presumida do corpo político que aprovou tal Emenda. Em outras palavras, *Brown* alberga acusações de ativismo por parte de originalistas[278] e não originalistas[279].

---

[276] 347 U.S. 183 (1954).
[277] MARSHALL, William P. Progressive Constitutionalism, Originalism, and the Significance of Landmark Decisions in Evaluating Constitutional Theory. *Ohio State Law Journal*, vol. 72, p. 1.261, 2011.
[278] MCCONNELL, Michael W. Originalism and the Desegregation Decisions. *Virginia Law Review*, vol. 81, n. 4, p. 984-986, mai. 1995; BITTKER, Boris I. Interpreting the Constitution: is the intent of the framers controlling? If not, what is? *Harvard Journal of Law & Public Policy*, vol. 19, p. 09-54, 1996-1997; BICKEL, Alexander M. The Original Understanding and the Segregation Decision. *Harvard Law Review*, vol, 69, n 1, p. 1-65, nov. 1955; BONVENTRE, Vincent Martin. Judicial activism, judge's speech, and merit selection: conventional wisdom and nonsense. *Albany Law Review*, vol. 68, p. 564, 2005; POSNER, Richard A. Legal formalism, legal realism, and the interpretation of statutes and the Constitution. *Case Western Reserve Law Review*, vol. 37, n. 2, p. 213-216, 1987; NEUBORNE, Burt. The binding quality of Supreme Court precedente. *Tulane Law Review*, vol. 61, p. 988, 1987 (afirmando que "Plessy é provavelmente a melhor calibragem da vontade contemporânea dos *Framers* da décima quarta emenda, em comparação a *Brown*". Tradução livre deste autor. No original: *"Plessy is probably a better gauge of the contemporaneous will of the Framers of the fourteenth amendment than Brown"*).
[279] MALTZ, Earl M. Originalism and the Desegregation Decisions – A Response to Professor McConnell. *Constitutional Commentary*, vol. 13, p. 223-232, 1996; KLARMAN, Michael J. Response: Brown, Originalism, and Constitutional Theory: A Response to Professor Mcconnell. *Virginia Law Review*, vol. 81, n. 7, p. 1.881-1.936, out. 1995; CANON, Bradley, op. cit., p. 244; STONE, Geoffrey R., op. cit, p. 492-493; SEGALL, Eric J. A century lost: the end of the originalism debate. *Constitutional Commentary*, vol. 15, p. 434, 1998; LEVINSON, Sanford.

A opinião externada pela Corte, em realidade, decidiu casos em que se discutia a segregação racial nos Estados de Kansas, Carolina do Sul, Virginia e Delaware e do Distrito de Columbia[280]. Todos os casos eram patrocinados pela NAACP – *National Association for the Advancement of Colored People*, sob a liderança do então advogado Thurgood Marshall, que viria a ser nomeado juiz da Suprema Corte em 1967.

Em que pese estarem fundados em diferentes fatos, com condições locais diversas, os casos foram reunidos para julgamento conjunto por estarem ligados por uma circunstância jurídica comum: crianças negras, representadas por seus pais, buscavam em juízo uma ordem que lhes garantissem a frequência a escolas públicas de suas comunidades em bases não segregacionistas.

À exceção do processo de Delaware, todos os pedidos foram indeferidos por tribunais federais inferiores, que invocaram a doutrina "separados mas iguais", fixada pela Suprema Corte em *Plessy v. Ferguson*, decidido em 1896[281].

Com efeito, desde *Plessy*, a jurisprudência da Suprema Corte afirmou reiteradas vezes, porém em graus diferentes[282], que a cláusula da igual proteção sob as leis (*equal protection under the law*), instituída pela Décima Quarta Emenda, não imporia aos agentes estatais a necessidade de promover educação conjugada de brancos e negros. Em suma, a doutrina do "*separated but equal*", adotada em *Plessy*, traduzia, até então, a interpretação válida da Corte acerca da Décima Quarta Emenda[283].

The Limited Relevance of Originalism in the Actual Performance of Legal Roles. *Harvard Journal of Law & Public Policy*, vol. 19, p. 495, 1995 e MARSHALL, William P., *Progressive Constitutionalism, Originalism, and the Significance of Landmark Decisions in Evaluating Constitutional Theory...* cit. p. 1.263; WHITE, John Valery. Brown v. Board Of Education and the Origins of the Activist Insecurity in Civil Rights Law. *Ohio Northern University Law Review*, vol. 28, p. 345, 2002; McWHINNEY, Edward, op. cit., p. 775-776.

[280] "*Brown v. Board of Education*" constitui, em realidade, um rótulo genérico para cinco casos diferentes, todos envolvendo a segregação racial em escolas públicas, que atacavam, de forma coordenada, a doutrina do 'separados mas iguais'" (BITTKER, Boris I., op. cit., p. 12).

[281] 163 U.S. 537 (1896).

[282] V. *Sweatt v. Painter* – 339 U.S. 629 (1950); *Sipuel v. Board of Regents* –332 U.S. 631 (1948) e *McLaurin v. Oklahoma State Regents* – 339 U.S. 637, 641 (1950). Tais casos serão tratados com mais profundidade no item 3.3.1 abaixo.

[283] Cumpre observar que, após o fim da Guerra Civil, o Congresso adotou emendas que representaram as bases constitucionais da reconstrução da federação norte-americana, tendo em conta a derrota dos Estados separatistas e escravocratas. São elas a Décima Terceira (que

Assim, os recursos que ensejaram a decisão em *Brown* decorreram de indeferimentos anteriores, baseados no fato de que a educação pública substancialmente igual destas crianças negras – em comparação com a educação das crianças brancas – bastava para caracterizar o *equal treatment*, ainda que tal serviço fosse prestado em prédios separados[284].

Ao final, a Corte Suprema acolheu o pleito das crianças negras, revogando *Plessy v. Ferguson*, pondo termo, finalmente, à doutrina do *"separated but equal"*.

Contudo, a análise a ser feita nesta oportunidade pretende expor os porquês tanto originalistas quanto não originalistas reputam ativista, de forma consistente, a decisão em *Brown*, ambos os atacando os métodos interpretativos adotados na decisão.

Em primeiro lugar, durante a instrução do processo na Corte, os juízes deram atenção acentuada ao argumento originalista que exigia saber se, à luz Décima Quarta Emenda, a pretensão dos autores merecia acolhida.

Com efeito, foi realizada uma primeira audiência na Suprema Corte para oitiva dos argumentos em 11 de setembro de 1952 e uma segunda audiência, já no ano de 1954, mesmo ano em que foi proclamada a decisão do caso. Na primeira audiência, Thurgood Marshall e os demais advogados da NAACP evitaram afirmar que a intenção dos *framers* da Décima Quarta Emenda era proibir a segregação racial nas escolas, com vistas a não contestar a prática amplamente adotada em Estados do Sul e do Norte, e mesmo no Distrito de Colúmbia. A estratégia dos advogados consistia em expor qual seria o significado atual da cláusula da *"equal protection under the law"* insculpida pela Décima Quarta Emenda[285].

No entanto, em 08 de junho de 1953, a Suprema Corte, convocou uma segunda audiência para o caso, demandando às partes que respondessem cinco perguntas, todas elas destinadas a evidenciar se o Congresso (que aprovou a Emenda) e as Assembleias estaduais (que a ratificaram)

---

proibiu a escravidão), a Décima Quarta (que previu a cláusula do devido processo legal e da igual proteção da lei) e a Décima Quinta (que garantiu aos cidadãos o direito e voto independentemente da raça, cor ou prévia condição de servidão) (Cf. BITTKER, Boris I., op. cit, p. 10).

[284] No caso oriundo de Delaware, a Corte Suprema daquele Estado aderiu à doutrina do "separados mas iguais", porém determinou que os autores fossem admitidos em escolas para crianças brancas em razão da superioridade qualitativa destas últimas, em comparação com as escolas voltadas s crianças negras.

[285] BITTKER, Boris I., op. cit., p. 12-13.

compreendiam (ou não) que o texto da emenda abolia a segregação racial em escolas públicas[286].

Esta segunda audiência foi quase que inteiramente dedicada à apreciação das circunstâncias que permearam a adoção da Décima Quarta Emenda, em 1868. Extrai-se da opinião da corte que este ato destinou-se, "exaustivamente, às considerações da Emenda no Congresso, sua ratificação pelos Estados, práticas então existentes em matéria de segregação racial e as visões dos autores da Emenda e seu oponentes"[287].

Como se pode perceber, a formação da opinião da Corte foi baseada, inclusive, em aspectos essencialmente originalistas.

De fato, Thurgood Marshall, advogado vinculado à NAACP – *National Association for the Advancement of Colored People* – e toda a sua equipe se viram obrigados a promover profunda pesquisa histórica a fim de demonstrar, perante o Tribunal, em favor da desegregação, que a intenção dos elaboradores da Décima Quarta Emenda (e a de seus ratificadores) era alcançar a segregação em escolas públicas. Sustentou-se, em suma, que constituía intenção dos formuladores desta Emenda proibir o tratamento desigual em escolas por meio da cláusula da igual proteção sob a lei.

Em suma, a disposição inicial da Corte em tomar o passo decisivo em direção à extinção da jurisprudência segregacionista estava baseada em considerações de ordem originalista, exigindo dos recorrentes a demonstração, sob o ponto de vista da história, de qual seria a intenção do Congresso que aprovou a Décima Quarta Emenda, caso o problema da segregação de crianças negras em escolas públicas fosse do conhecimento da sociedade àquela época.

Extrai-se do acórdão da Suprema Corte o papel que a pesquisa sobre a intenção dos aprovadores da Décima Quarta Emenda exerceu sobre a decisão final. De fato, a Corte entendeu que

> os mais ávidos defensores das Emendas do pós-Guerra [de Secessão, dentre as quais se inclui a Décima Quarta Emenda] indubitavelmente pretenderam remover todas as distinções legais entre 'todas as pessoas nascidas nos EUA ou naturalizadas'. Os seus oponentes, muito provavelmente, eram contrários tanto

---

[286] Ibidem, p. 14.
[287] 347 U.S. 183 (1954). Tradução livre deste autor. No original: *"It covered exhaustively consideration of the Amendment in Congress, ratification by the states, then-existing practices in racial segregation, and the views of proponents and opponents of the Amendment."*.

ao texto quanto ao espírito das Emendas e gostariam que elas tivessem o mais limitado efeito possível.[288].

Esta inclinação originalista da Corte faz com que a porção evolucionista da doutrina norte-americana considere *Brown* um típico caso de ativismo judicial[289].

Isto porque, segundo sustentam os autores não originalistas, o argumento originalista raramente conta com firme demonstração acerca da vontade dos órgãos legislativos, prejudicando o convencimento pela aplicação de certa regra constitucional para uma situação não prevista expressamente pelo constituinte. Significativa a crítica formulada por Bradley Canon a esse respeito:

> Deve ser enfatizado que, por conta da inaquedação da discussão, de registros pobres ou de conflitos nas provas, nunca é fácil identificar a intenção daqueles que elaboraram a Constituição. Nestes casos, aos juízes não é facultado adotar uma interpretação para a qual não haja base indiciária razoável. De fato, em casos como os de desegregação, nos quais evidências históricas relativas às intenções podem ser aduzidas para sustentar ambos os lados da moeda (não necessariamente nas mesmas proporções), a Corte seria acusada de ativista, independentemente do desfecho dado. A essência do critério das

---

[288] 347 U.S. 183 (1954). Tradução livre deste autor. No original: "*The most avid proponents of the post-War Amendments undoubtedly intended them to remove all legal distinctions among 'all persons born or naturalized in the United States.' Their opponents, just as certainly, were antagonistic to both the letter and the spirit of the Amendments and wished them to have the most limited effect.*"

[289] "A jurisprudência pós-*Brown* foi marcada pelo desenvolvimento de um amplo e variado ativismo judicial que foi bem além do entendimento original da Constituição. Mesmo no próprio caso *Brown*, um número de juízes acreditavam que as suas conclusões não refletiam o entendimento original da Décima Quarta Emenda; no entanto a Corte ao menos fez algum esforço (confessadamente voluntário) em produzir a decisão que parecia ser consistente com a teoria originalista." (MALTZ, Earl. Brown v. Board of Education and "Originalism". In: GEORGE, Robert P. (editor). *Great Cases in Constitutional Law*. New Jersey: Princeton University Press, 2000, p. 141. Tradução livre deste autor. No original: "*Post-*Brown *jurisprudence has been marked by the development of a wide-ranging judicial activism that has gone well beyond the original understanding of the Constitution. Even in* Brown *itself, a number of the justices believed that their conclusions did not reflect the original understanding of the Fourteenth Amendment; however the Court at least made some (admittedly disingenuous) effort to make the decision appear to be consistent with originalist theory.*").

intenções dos que escreveram a Constituição é que as intenções possuem substancial clareza.[290]

No entanto, a despeito desta tendência à decisão originalista, a Corte expressamente assentou que esta discussão histórica "jogou algumas luzes, mas não foi suficiente para resolver o problema"[291].

E a partir daí, o julgado faz um giro copernicano em sua fundamentação para atestar – de forma surpreendemente direta e sucinta[292] – que, para solucionar a causa, os juízes "não poderiam voltar seus relógios para 1868, quando a Emenda foi adotada, ou mesmo para 1896, quando *Plessy v. Ferguson* foi escrito"[293].

---

[290] CANON, Bradley, op. cit., p. 244. Tradução livre deste autor. No original: *"It should be emphasized that because of inadequate discussion, poor records or conflict in the evidence, it is by no means always easy to ascertain the intentions of the framers. In such cases, the justices cannot be faulted for adopting an intrepretation for which there is a reasonable evidentiary basis. Indeed, in cases such as the desegregation decision where historical evidence concerning intentions can be adduced to support both sides of the coin (not necessarily in equal proportions), the Court would be damned to activism no matter which way it decided. The essence of the drafters' intentions criterion is that the intentions have substantial clarity."*

[291] 347 U.S. 183 (1954). Tradução livre deste autor. No original: *"although these sources cast some light, it is not enough to resolve the problem with which we are faced."*.

[292] John Valery White observa que a fundamentação bastante expedita do caso trouxe aos juízes inúmeras críticas que poderiam ser evitadas, eis que, na sua opinião, a violação à Décima Quarta Emenda não restou suficientemente explicada (Brown v. Board Of Education and the Origins of the Activist Insecurity in Civil Rights Law. *Ohio Northern University Law Review*, vol. 28, p. 376, 2002).

[293] 347 U.S. 183 (1954). Tradução livre deste autor. No original: *"In approaching this problem, we cannot turn the clock back to 1868, when the Amendment was adopted, or even to 1896, when Plessy v. Ferguson was written."*. Aliás, a despeito de ter convocado uma específica audiência para aferir qual seria a intenção dos *framers*, a opinião da Corte tratou de forma muito superficial a questão, limitando-se a afirmar que pesquisa seria, no máximo, inconclusiva. Ante o enorme esforço de pesquisa imposto pela Corte à NAACP, Boris Bittker, ironicamente, comenta que "se os historiadores da NAACP se sentiram frustrados quando a Corte tão abruptamente consignou os frutos da sua pesquisa nas lixeiras da história, eles certamente não reclamaram em público". (op. cit., p. 20. Tradução livre deste autor. No original: *"(If the NAACP historians were pained when the Court so bluntly consigned the fruits of their research to the dustbin of history, they did not mourn in public.")*. O mesmo autor salienta que o ponto essencial do julgado, limitado a frases simples em poucos parágrafos, caracterizou o anticlímax para a NAACP, posto o enorme trabalho empreendido por seus advogados e historiadores.

O acórdão, então, passou a tratar da educação pública norte-americana à luz de seu pleno desenvolvimento e à luz da sua posição social do país àquela época.

Portanto, sob uma perspectiva claramente não originalista, a Corte entendeu que a doutrina do "separados mas iguais" não teria mais espaço, registrando que espaços educacionais segregados seriam inerentemente desiguais.

O ponto central da opinião do tribunal foi sumariamente exposto e consiste na convicção de que, naquele contexto social de 1954, prover educação a crianças negras em prédios separados fere a cláusula da igual proteção das leis, garantida pela Décima Quarta Emenda.

Assim, o Tribunal decidiu o caso em favor da desegregação racial por entender haver violação à Emenda, porém sem considerar a intenção dos seus redatores e apoiadores.

Em suma, a Suprema Corte revogou a teoria do "separados mas iguais" valendo-se de uma leitura não originalista da Décima Quarta Emenda, o que faz com que a porção orginalista da doutrina também acuse a decisão de ter se desviado da melhor abordagem interpretativa.

3.1.2 *Wards Cove Packing Co. v. Atonio*

Outra decisão da Suprema Corte doutrinariamente representativa do ativismo pela via dos métodos não ortodoxos de interpretação[294] é *Wards Cove Packing Co. v. Atonio*[295].

---

[294] CLEGG, Roger. Introduction: A Brief Legislative History of the Civil Rights Act of 1991. *Lousiana Law Review*, vol. 54, p. 1.459-1.471, 1994; KMIEC, Keenan D., op. cit., p. 1.441-1.442; SMITH, Christopher E.; HENSLEY, Thomas R. Unfulfilled aspirations: the court-packing efforts of presidents Reagan and Bush. *Albany Law Review*, vol. 57, p. 1.111-1.131, 1994; HART, Melissa. From *Wards Cove* to *Ricci*: Struggling Against the "Built-in Headwinds" of a Skeptical Court. *Wake Forest Law Review*, vol. 46, p. 112-113, 2011; ESKRIDGE JR., William N.; FRICKEY, Phillip P. Quasi-Constitutional Law: Clear Statement Rules as Constitutional Lawmaking. *Vanderbilt Law Review*, vol. 45, p. 613, 1992; BROWN, Rebecca L. Activism is not a four-letter word. *University of Colorado Law Review*, vol. 73, p. 1.257-1.274, 2002. Cumpre observar que alguns apontam que a concepção de ativismo verificada em *Wards Cove* foi a indevida superação de precedentes (cf. KMIEC, Keenan D., op. cit.). Porém, a crítica majoritária anota que a concepção prevalecente foi o abandono dos métodos ortodoxos de interpretação, o que justifica a análise deste caso neste item.
[295] 490 U.S. 642 (1989).

Funcionários de uma fábrica de salmões em conserva no Alasca moveram ação alegando que a empresa empregadora distinguia dois tipos de trabalhos: cargos nas linhas de produção dos enlatados, ocupados predominantemente por não brancos (na sua maioria nativos do Alasca e imigrantes – "*Alaskeros*") e cargos fora da linha de produção, em que trabalhavam homens brancos e cujos salários eram maiores. Sustentaram que as práticas patronais na contratação e promoção de empregados eram responsáveis pela estratificação social observada, na medida em que aos autores foram negadas oportunidades de emprego fora da linha de produção dos enlatados ("*noncannery jobs*")[296]. Discutia-se, em síntese, se pessoas não brancas eram hiperrepresentadas nos piores postos de trabalho ("*cannery jobs*").

Ao aportar na Suprema Corte, já presidida pelo *Chief Justice* Rehnquist, depararam-se os juízes com a regra firmada no precedente *Griggs v. Duke Power Co.*[297]. Neste caso, se afirmou que se uma prática trabalhista causa um "impacto diferente" ("*disparate impact*") em algum grupo social minoritário sem "necessidade empresarial" comprovada, ocorre violação ao Título VII da Lei de Direitos Civis de 1964 (*Civil Rights Act of 1964*)[298], mesmo que a intenção discriminatória não seja alegada ou provada[299].

O entendimento manifestado em *Griggs* era combatido pelo empresariado, porque compelia os empregadores a adotarem algum sistema (ainda que informal) de cota racial, a fim de evitar litígios judiciais. Isto porque, nos termos da decisão em *Griggs v. Duke Power Co.*, bastaria a mera configuração do "impacto diferente" ("*disparate impact*") – cuja prova não é difícil – para que a conduta do empregador fosse considerada ilícita. De outro lado, a prova do requisito da "necessidade empresarial" é muito mais complexa, além do que não se carreou aos empregados o ônus da prova da intenção discriminatória das práticas patronais[300].

Este cenário favorável aos empregados, porém, foi revertido em *Wards Cove*, decidido por cinco votos contra quatro. A maioria formada eliminou o teste do *disparate impact* para caracterização da ofensa ao Título VII do *Civil Rights Act* de 1964. Não bastasse isso, fixou que o ônus da prova em

---

[296] 490 U.S. 642 (1989).
[297] 401 U.S. 424 (1971).
[298] O Título VII do *Civil Rights Act* de 1964 estatui regras sobre iguais oportunidades de emprego.
[299] CLEGG, Roger, op. cit.
[300] Ibidem.

se demonstrar o requisito da "necessidade empresarial" era dos empregados[301], informalmente isentando as empresas de instituírem sistemas de cotas, ante a supressão dos riscos de litigância gerados por *Griggs*[302].

As acusações de ativismo, também aqui, envolvem o abandono dos métodos considerados ortodoxos de interpretação, tratando, em consequência, da necessidade ou não de se adotar uma postura originalista na interpretação. Diz-se que a maioria da Corte adotou uma feição evolutiva ao desconsiderar os propósitos antidiscriminatórios do constituinte e do legislador[303].

Trata-se, como se pode perceber, de uma crítica de cunho originalista, editada a propósito de evitar retrocessos em matéria de direitos civis. Aqueles que acusaram *Wards Cove* de ativismo sob a concepção em tela, exigiram dos *justices* maior deferência à intenção original do legislador (no Título VII do *Civil Rights Act* de 1964) à luz da intenção original dos *framers* (nas cláusulas constitucionais invocadas)[304].

Observa-se, assim, que a maioria da Corte expressamente adotou um viés não originalista de interpretação, reputando ser irrelevante o histórico legislativo que antecedeu a adoção do *Civil Rights Act* de 1964, bem como a finalidade última desta lei[305].

Em outras palavras, a acusação doutrinária de ativismo, aqui, residiria no abandono de critérios históricos, finalísticos e teleológicos de interpretação. Cuida-se, a rigor, de uma crítica originalista à menor deferência a tais cânones interpretativos.

Interessante observar que, segundo as críticas colhidas da doutrina coletada, *Wards Cove* representa manifestação de um ativismo conservador da Corte Rehnquist, eis que a interpretação heterodoxa aplicada conduziu à proteção dos interesses de empregadores em detrimento dos interesses das minorias envolvidas[306]. É digno de nota, outrossim, que o originalismo – comumente associado a posturas conservadoras – foi invocado por liberais

---

[301] 490 U.S. 642 (1989).
[302] CLEGG, Roger, op. cit., p. 1.459-1.460.
[303] KMIEC, Keenan D., op. cit.
[304] HART, Melissa, op. cit., p. 112-113.
[305] O voto vencido do juiz Stevens, contrário à nova postura da maioria, marcadamente mais conservadora, expressamente qualificou de ativista a desconsideração do significado original, do histórico de formação da lei e da própria teleologia nela ínsita, que seria justamente rechaçar práticas discriminatórias no âmbito trabalhista.
[306] SMITH, Christopher E.; HENSLEY, Thomas R., op. cit.

para criticar a "interpretação evolutiva" adotada, que, neste caso, representou retrocesso na promoção de direitos civis de minorias[307].

3.2 Julgamento Orientado pelo Resultado (*Result-Oriented Judging*)

3.2.1 *Lochner v. New York*

Lochner v. New York[308] é o mais comentado precedente da era de transição da Suprema Corte e tamanha é a sua importância que os anos que se seguiram ao seu julgamento passaram a ser conhecidos como a Era Lochner[309], em razão da postura do Tribunal que se observou a partir de então.

A opinião da Corte em decisão em *Lochner* encerra ativismo judicial por veicular julgamento orientado pelo resultado, conforme a doutrina amplamente majoritária nos Estados Unidos[310].

Em síntese, discutia-se neste caso a constitucionalidade da seção 110, artigo 8, capítulo 415, da lei trabalhista do estado de Nova Iorque de 1897, que proibia empregados de trabalharem mais de 60 horas semanais ou 10 horas diárias.

---

[307] Cf. ESKRIDGE JR., William N.; FRICKEY, Phillip P., op. cit., p. 613.
[308] 198 U.S. 45 (1905).
[309] Vide item 2.3 deste Capítulo.
[310] WHITEHOUSE, Sheldon, op. cit., p. 205; STONE, Geoffrey R., op. cit., p. 490; WANT, William L., op. cit., p. 455-485; ELY, John Hart., op. cit.; ROGERS, James R.; VANBERG, George, p. 442-468 (apesar dos autores entenderem que o ativismo em *Lochner* possa garantir valores constitucionais e incrementar a qualidade da legislação); POSNER, Richard. A. *The Meaning of Judicial Self-Restraint...* cit., p. 12, 14, 21; OAKES, James L., op. cit., p. 178; ROBERTS, Caprice L., op. cit., p. 583 (o autor menciona a expressão "*Lochnerizing*", eis que este caso simboliza um nível de ativismo judicial nunca antes alcançado pela Corte) e COX, Archibald. The role of the Supreme Court: Judicial Activism or Self-Restraint? *Maryland Law Review*, vol. 47, p. 125, 1987-1988; COPLAN, Karl S. Legal Realism, Innate Morality, and the Structural Role of the Supreme Court in the U.S. Constitutional Democracy. *Tulane Law Review*, vol. 86, p. 213, 2012; GINSBURG, Ruth Bader. Inviting judicial activism: "liberal" or "conservative" technique? *Georgia Law Review*, vol. 15, n. 3, p. 540, 1981; BLUMM, Michael C. Property myths, judicial activism, and the *Lucas* case. *Environmental Law*, vol. 23, p. 907-917, 1993; KUTLER, Stanley I. Raoul Berger's Fourteenth Amendment: A History or Ahistorical? *Hastings Constitutional Law Quarterly*, vol. 06, p. 511-526, 1979; WHITE, G. Edward. Constitutional Change and the New Deal: The Internalist/Externalist Debate. *American Historical Review*, vol. 110, p. 1.094-1.115, out. 2005. Cabe ressalvar, contudo, que Kurt T. Lash, isoladamente, concebe ter ocorrido criação judicial do direito em *Lochner*, por considerar que a "liberdade de contratar" fora criada pela Corte sem base no texto da Constituição (The cost of judicial error: stare decisis and the role of normative theory. *Notre Dame Law Review*, vol. 89, p. 2.193, 2014).

A Corte entendeu, porém, que "o direito geral de celebrar contrato em uma relação negocial faz parte da liberdade protegida pela Décima Quarta Emenda, e isso inclui o direito de comprar e vender a capacidade de trabalho, exceto se tal for controlado pelo Estado, no legítimo exercício do poder de polícia"[311].

Entendeu-se, ademais, que não havia razão para que a legislação estadual interferisse na liberdade contratual com base na proteção à saúde. Compreendeu-se que a atenção com a saúde não poderia justificar a limitação da jornada de trabalho da ocupação de padeiro.

Neste contexto, declarou-se a inconstitucionalidade do dispositivo da legislação estadual, por reputá-lo um exercício ilegítimo do poder de polícia do Estado, "uma interferência irrazoável, desnecessária e arbitrária no direito e liberdade individual de contratar em matéria trabalhista, estando, portanto, em conflito com a Constituição Federal"[312].

Mesmo que à época de *Lochner v. New York* (1905) ainda não houvesse sido cunhada a expressão ativismo judicial, esta fase da Suprema Corte esteve repleta de precedentes reveladores do abuso consistente do *result-oriented judging*[313]. O caso *Lochner*, em realidade, demonstra a ocorrência de ativismo judicial dos membros da Suprema Corte, ao insistirem em derrubar políticas sociais em detrimento do poder econômico, sob o fundamento da violação da liberdade de contratar protegida pela cláusula do devido processo legal.

Com efeito, neste precedente, a Suprema Corte, com base na cláusula do devido processo substantivo, derrubou uma lei do Estado de Nova Iorque que estabelecia limite à jornada de trabalho diária dos padeiros. Entendeu o Tribunal que o poder de polícia daquele Estado era bastante limitado, não autorizando o estabelecimento de jornada máxima de trabalho[314].

---

[311] 198 U.S. 45 (1905). Tradução livre deste autor. No original: "*The general right to make a contract in relation to his business is part of the liberty protected by the Fourteenth Amendment, and this includes the right to purchase and sell labor, except as controlled by the State in the legitimate exercise of its police power.*".

[312] Ibidem. Tradução livre deste autor. No original: "*is not a legitimate exercise of the police power of the State, but an unreasonable, unnecessary and arbitrary interference with the right and liberty of the individual to contract in relation to labor, and, as such, it is in conflict with, and void under, the Federal Constitution.*".

[313] Não à toa, Arthur Schlesinger citou casos deste período (dez anos antes da publicação de seu artigo na revista Fortune) como exemplos de decisões ativistas.

[314] "O coração do voto é a alongada discussão acerca de como o estabelecimento de jornada máxima de trabalho não pode ser considerada 'direito do trabalho' ou 'direito sanitário'. Na

Este argumento, aliás, permeou a jurisprudência da Corte Suprema desde o ano de 1905 até 1937, ao anular não só leis que previam jornada máxima de trabalho diário, como também aquelas que fixavam salário mínimo a certas categorias profissionais[315].

Não se pode olvidar que a política econômica da época estava centrada no intervencionismo estatal, invocado pelos governantes de então como medida necessária para proteger o individualismo e não para destruí-lo[316].

É certo, pois, que a Suprema Corte rechaçou a possibilidade de o legislador promover proteção especial a certa classe de trabalhadores que, na prática, não tinham qualquer poder de barganha com seus empregadores, denotando postura extremamente conservadora e, sob a ótica da proteção social, também retrógrada. Isto porque a Corte afirmou, claramente, que o poder de polícia não permite ao Estado invocar objetivos de redistribuição social em legislações como a que restou anulada[317].

Fato é que as peculiares características que cercam o precedente *Lochner* – que beiram as raias da injustiça social – tornam mais evidente o *result-oriented judging*. Tanto é assim que Cass Sunstein aduz que esta forma com que juízes e tribunais se pautam – em gerúndio: *Lochnering* – é mais do que mero ativismo judicial, alcançando todas as decisões que se engajam em

---

visão da Corte, esta limitação de horas no trabalho não pode ser considerada como uma lei trabalhista porque padeiros têm plena capacidade civil. Por si só, esta é uma extraordinária e mesmo supreendente conclusão, com grandes implicações, porque ela proíbe governos de usar a ideia de 'direito trabalhista' para tentar proteger uma ampla gama de trabalhadores de resultados adversos no mercado de trabalho. A Corte também decidiu que o máximo de horas de trabalho não poderia ser enquadrado como 'direito sanitário', porque não seria possível demonstrar que a saúde dos padeiros era especificamente vulnerável por estarem sujeitos a longas horas de trabalho. Como a própria Corte ressaltou, esta decisão também tinha implicações significativas, proibindo leis limitativas de jornadas laborais em inúmeros domínios." (SUNSTEIN, Cass. R. Lochnering. *Texas Law Review*, Volume 82, p. 69, 2003-2004. Tradução livre deste autor. No original: *"The heart of the opinion is a lengthy discussion of how the maximum hour law cannot be justified as a 'labor law' or a 'health law'. In the Court's view, it cannot be justified as a labor law because bakers have full legal capacity. By itself, this is an extraordinary and even amazing holding, one with large implications, because it forbids government from using the idea of 'labor law' to attempt to protect a wide range of workers from adverse outcomes in the labor market. The Court also held that the maximum hour law could not be defended as a 'health law', because it could not be shown that bakers' health was peculiarly vulnerable from long hours of work. As the Court itself stressed, this ruling also had significant implications, forbidding maximum-hour legislation in innumerable domains."*).

[315] Ibidem, p. 65. Vide, ainda, item 2.3 supra.
[316] Ibidem, p. 67.
[317] Ibidem, p. 70.

certa linha governamental, alterando o *status quo* a pretexto da análise da constitucionalidade de opções políticas válidas[318]. Assim compreendida, a expressão *Lochnering* pode ser encontrada em várias searas, não só na intervenção estatal na economia, como financiamento de campanhas eleitorais, ações afirmativas e discriminação por orientação sexual[319].

O legado de *Lochner*, em suma, foi a possibilidade de identificar a prevalência das preferências de magistrados em discussões que nem sempre envolvem problemas legais[320].

Por tais motivos, a maioria da doutrina coletada nesta pesquisa considera *Lochner v. New York* um exemplo de indevida intromissão do Judiciário na política econômica e social, fazendo valer as posições políticas compartilhadas pelos *justices*[321].

3.2.2 *Dred Scott v. Sandford*

O jugamento orientado pelo resultado também se revela em *Dred Scott v. Sandford*[322] – "seguramente o caso mais infame do direito constitucional americano"[323], ou talvez o caso mais desastroso de sua história[324]. *Dred Scott v. Sandford*, julgado em 1857, em meio a grandes agitações sociais em torno

---

[318] Ibidem, p. 67-68.

[319] Ibidem, p. 68.

[320] Ibidem, p. 68.

[321] "Ou talvez os erros da Corte foram institucionais, imiscuindo-se em campos da produção política que devem ser deixados a cargo aos outros atores governamentais." (GREEN, Craig, op. cit, p. 1.211. Tradução livre deste autor. No original: *"Or perhaps the Court's errors were institutional, intruding on fields of policymaking that are best left to other governmental actors."*).

[322] 60 U.S. 393 (1857).

[323] PERRY, Michael J. The Fourteenth Amendment, Same-Sex Unions, and the Supreme Court. *Loyola University Chicago Law Journal*, n. 38, p. 226, 2006-2007. Tradução livre deste autor. No original: *"surely the single most infamous case in American constitutional law"*. Cass Sunstein, por seu turno, entende que "O Caso *Dred Scott* foi provavelmente o mais importante caso da história da Suprema Corte dos Estados Unidos. De fato, ele foi provavelmente o mais importante caso na história de qualquer nação e de qualquer tribunal" (*Dred Scott v. Sandford and Its Legacy...* cit, p. 64. tradução livre deste autor. No original: *"The Dread Scott case was probably the most important case in the history of the Supreme Court of the United States. Indeed, it was probably the most important case in the history of any nation and any court."*). No mesmo sentido: MAGLIOCCA, Gerard N. Preemptive Opinions: the secret history of Worcester v. Georgia and Dred Scott. *University of Pittsburgh Law Review*, vol. 63, 487-587, 2002.

[324] Cf. PRITCHETT, C. Herman. The Supreme Court Today: Constitutional Interpretation and Judicial Self-Restraint. *South Dakota Law Review*, vol. 3, p. 56, 1958.

da escravidão[325], é associado à pecha de ativismo pela doutrina norte-americana majoritária, segundo as obras coletadas na pesquisa bibliográfica que embasa esta dissertação[326].

Cass Sunstein[327] indica quatro fatos notórios sobre esse precedente, que explicam a influência que exerce até hoje no direito constitucional americano:

a) Foi o primeiro caso, desde *Marbury v. Madison*, em que a Corte Suprema anulou uma lei federal;
b) Foi o primeiro grande passo da Suprema Corte em direção ao caminho de tentar isolar uma questão moral da política. Neste sentido, é um evidente antecessor de muitos casos da era de transição (*New Deal cases*) e da Corte Warren;
c) Foi o palco de nascimento da controvertida ideia do devido processo legal substantivo;

---

[325] "Durante o período pré-Guerra Civil, quando o Norte e o Sul estavam engajados em uma guerra implacável, decisões justas da Corte provavelmente ofenderiam ambos os lados, e sempre ofendiam um deles. A Corte estava sendo constantemente abusada, seus membros escandalosamente atacados pela imprensa, e por vezes suas decisões eram mesmo ignoradas." (CRAIG, Walter Early. The U. S. Supreme Court – A Look At Its Critics. *Brief*, vol. 59, p. 244-245, 1964. Tradução livre deste autor. No original: *"During that pre-Civil War period when North and South were engaged in a relentless word war, fair decisions by, the Court were likely to offend both sides, and always offended one. The court was being constantly abused, its members scandalously attacked by the press, and at times its decisions were even disregarded."*).

[326] REYNOLDS, William Bradford. Another View: Our Magnificent Constitution. Vanderbilt Law Review, vol. 40, p. 1.348, 1987; O'SCANNLAIN, Diarmuid F. Judging and Democracy. *Kentucky Law Journal*, vol. 89, n. 3, p. 570, 2001; MAGLIOCCA, Gerard N., op. cit.p. 491; REYNOLDS, William Bradford. Symposium: Renewing the American Constitutional Heritage. *Harvard Journal of Law and Public Polic*, vol. 8, p. 229, 1985; SUNSTEIN, Cass R. *Dred Scott v. Sandford...* cit.; MILLER, Arthur S. The Elusive Search for Values in Constitutional Interpretation. *Hastings Constitutional Law Quarterly*, vol. 06, p. 487-509, 1979; KUTLER, Stanley I.. op. cit.; SHERRY, Suzanna, op. cit., p. 13 (a autora sustenta que "a Corte *Dred Scott* pensou – equivocadamente como se mostrou depois – que ela poderia evitar uma guerra civil ao resolver questões de escravidão que estavam dividindo o país". Tradução livre deste autor. No original: *"The* Dred Scott *Court thought – mistakenly as it turned out – that it could prevent a civil war by resolving questions of slavery that were tearing the country apart"*); COPLAN, Karl S., op. cit., p. 213; GINSBURG, Ruth Bader, op. cit., p. 540.

[327] *Dred Scott v. Sandford...* cit., p. 65.

d) Foi o primeiro de uma série de casos importantes fundamentados inequivocamente na intenção dos *framers* e, nesta condição, é um antecedente do método originalista de interpretação[328].

Demonstrada a sua relevância, eis o relato do caso:

> Scott era um escravo que foi levado por Sandford, seu proprietário, ao Estado livre de Illinois e, depois, a áreas livres do então território da Louisiana, antes de retornar com ele ao Missouri[329]. Scott, então, promoveu uma ação judicial sustentando que a sua residência legítima em um Estado livre teria tido o efeito de liberá-lo permanentemente da escravidão. Em resposta, Sandford argumentou que Scott, enquanto negro, não era cidadão nem do Estado de Missouri, nem dos Estados Unidos da América; portanto ele permanecia como propriedade sua, apesar de ter tido residência em um território livre."[330]

O réu nesta ação, John Sandford, sustentou que (i) Scott não era livre porque ele e seus proprietários anteriores sempre tiveram interesse patrimonial nele; que (ii) o governo federal não poderia privar um proprietário de seus bens sem o devido processo legal e que (iii) o autor da ação não poderia litigar na justiça federal por não ser cidadão de Missouri e nem de qualquer Estado[331].

---

[328] Tanto é assim que parte minoritária da doutrina estadunidense classifica *Dred Scott* como ativismo sob a concepção do uso de métodos heterodoxos de interpretação. Neste sentido: PRITCHETT, C. Herman, op. cit., p. 54-55 e WACHTLER, Sol. Dred Scott: A Nightmare for the Originalists. Touro Law Review, vol. 22, p. 575-611, 2007. Porém, é certo que a ampla maioria da doutrina pesquisada identifica neste caso uma clara manifestação de julgamento orientado pelo resultado, motivo pelo qual é alocado nesta seção.

[329] Trata-se de trabalho realizado por Scott em Fort Snelling, próximo de onde é hoje St. Paul, Minnesota, antigamente território da Louisiana. (SUNSTEIN, Cass R. *Dred Scott v. Sandford*, cit., p. 69).

[330] GEORGE, Robert P. Introduction. In: GEORGE, Robert P. (editor). *Great Cases in Constitutional Law*. New Jersey: Princeton University Press, 2000, p. 7. Tradução livre deste autor. No original: "*Scott was a slave who had been taken by Sandford, his master, into the free state of Illinois and then into free sections of the Louisiana territory before returning with him to Missouri. Scott then brought a law suit claming that his lawful residence in a free state had the legal effect of permanently freeing him from slavery. In reply, Sandford argued thar Scott, as an negro, was a citizen of neither the state of Missouri nor the United States of America; therefore he remained Sandford's property despite of his having been resident in free territory*".

[331] 60 U.S. 393 (1857). O artigo III, Seção 2, da Constituição estadunidense atribui competência à Justiça Federal para julgar casos entre cidadãos de Estados diferentes.

Estava em jogo o *Missouri Compromise* – lei federal aprovada em 1820 que regulou a escravidão nos territórios federais que se esparramavam no oeste da nação. Segundo este estatuto, estava proibida a escravidão no antigo território da Louisiana, naquelas áreas situadas ao norte do paralelo 36º30'. Por este ato, o estado de Missouri foi admitido na condição de estado escravagista, porém de fato proibiu a prática nas porções mais setentrionais do Território da Louisiana.

O caso poderia ser singelamente resolvido por questões pontuais, porém a Corte optou por avançar em temas mais largos, refletindo, assim, a sua visão política sobre o tema, que, ao final, compôs a opinião emitida.

Com efeito, o reconhecimento da própria incompetência da Corte bastaria para encerrar o caso, na medida em que, se Scott não fosse cidadão de Missouri, estaria afastada a jurisdição federal sobre a espécie. Ademais, era possível concluir que a lei de Missouri era a única aplicável ao caso, mesmo que Scott fosse escravo em outro local (conclusão alcançada por quatro juízes), o que também se prestaria para resolver o processo sem haver necessidade de aferir a constitucionalidade do *Missouri Compromise*[332].

No entanto, seis juízes avançaram sobre estas possibilidades mais singelas de resolução para afirmar a inconstitucionalidade do *Missouri Compromise*. É neste ponto que se revela a vontade política dos membros da Corte, que, em realidade, foi o fio condutor da decisão[333].

Isto porque, a declaração de inconstitucionalidade do *Missouri Compromise* assentou-se nos seguintes argumentos:

a) a escravidão era sagrada, do ponto de vista constitucional, de modo que a autoridade do Congresso sobre novos territórios não poderia banir a escravidão daqueles locais[334];
b) ainda assim, o poder do Congresso sobre territórios não poderia colidir com outras limitações constitucionais. Neste contexto, assentou a Corte que "um ato do Congresso que priva um cidadão americano de sua propriedade meramente porque ele trouxe consigo a sua propriedade em um particular Território dos Estados

---

[332] SUNSTEIN, Cass R. *Dred Scott v. Sandford...* cit., p. 72.
[333] Ibidem, p. 72.
[334] A decisão considerou que "O direito de propriedade sobre um escravo é destacada e expressamente afirmado na Constituição" (60 U.S. 393 (1857). Tradução livre deste autor. No original: *"The right of property in a slave is distinctly and expressly affirmed in the Constitution"*).

Unidos é um exercício de uma autoridade sobre a propriedade privada que não é garantido pela Constituição"[335].

Adotando este substrato, a Corte, por maioria, sob a relatoria do *Chief Justice* Roger Taney, decidiu que Dred Scott não era cidadão de lugar algum por ser escravo. Vale transcrever os trechos mais significativos e mais citados da opinião da Corte:

> Eles [negros] não estão incluídos (...) na expressão cidadão e portanto não podem clamar nenhum direito ou privilégio de cidadãos. (...) Ao contrário, [os descendentes de africanos] eram àquele tempo [da aprovação da Constituição] considerados como uma classe subordinada e inferior de seres, que vinham sendo subjugados pela raça dominante e, emancipados ou não, ainda permaneciam sujeitos à sua autoridade, e não tinham direitos ou privilégios além daqueles que os detinham o poder e o governo poderiam escolher para contemplá-los.[336]

---

[335] 60 U.S. 393 (1857). Tradução livre deste autor. No original: *"The act of Congress, therefore, prohibiting a citizen of the United States from taking with him his slaves when he removes to the Territory in question to reside, is an exercise of authority over private property which is not warranted by the Constitution"*. A propósito da noção substantiva do devido processo legal e a sua aplicação em *Dred Scott*, Cass Sunstein relata que "Na sua literalidade, a cláusula do devido processo parece dar ao povo o direito de audiência para contestar descobertas fatuais, e Sandford procurou muito mais do que isso. A cláusula do devido processo legal dá poder à Corte de anular leis por irrazoáveis ou substantivamente injustas? Antes de *Dred Scott*, a Corte Suprema jamais tinha sugerido que o devido processo legal poderia assim autorizá-la. A sugestão foi textualmente estranha, para dizer o mínimo. O devido processo legal fala de procedimento, não de substância". (SUNSTEIN, Cass R. *Dred Scott v. Sandford...* cit., p. 72-73. Tradução livre deste autor. No original: *"On its face, the due process clause appears to give people a right to a hearing to contest factual findings, and Sandford sought much more than that. Does the due process clause give courts authority to strike down legislation as unreasonable or as substantively unjust? Before* Dread Scott, *the Supreme Court had not suggested that it did. The suggestion was textually awkward, to say the least. The due process clause seems to speak of procedure, not of substance."*).

[336] 60 U.S. 393 (1857). Tradução livre deste autor. No original: *"They are not included (...) under the word citizen and can therefore claim none of the rights and privileges of citizens. (...) On the contrary, [os descendentes de africanos] were at that time considered as a subordinate and inferior class of beings, who had been subjugated by the dominant race, and whether emancipated or not, yet remained subject to their authority, and had no rights or privileges but such as those who held the power and the Government might choose to grant them."*

Como se pode perceber, a Corte optou por, deliberadamente, explorar temas com uma largueza desnecessária (*"broad pronouncements"*), declarando a sua opinião sobre um assunto que dividia politicamente os Estados Unidos à época.

Tal não era a intenção inicial dos juízes, que concluiriam – pura e simplesmente – que sob a lei do Estado de Missouri, Scott continuava sendo um escravo. No entanto, como bem registra Cass Sunstein, logo após a sua eleição (em março de 1857), o presidente James Buchanan escreveu a um dos juízes da Suprema Corte sugerindo que era importante "destruir a perigosa agitação escravocrata e assim restaurar a paz ao nosso país"[337].

Cass Sunstein ressalta, ainda, que uma série de outras razões políticas levaram o *justice* James Wayne a convencer seus colegas a abordarem duas questões centrais na resolução do caso: a constitucionalidade do *Missouri Compromise* e o *status* como cidadãos ou não de pessoas negras livres, pontos sobre os quais os membros da Corte anuíram em se manter silentes. Cinco juízes concordaram em alargar a cognição, seguindo a orientação de James Wayne – todos eles provenientes de Estados escravocratas (o Presidente Taney e os juízes associados Peter Daniel, James M. Wayne, John A. Campbell e John Catron)[338].

Como bem resume Cass Sunstein, "aqui está o óbvio arremate: por razões políticas palpáveis, a Corte foi persuadida a tratar de todas as questões chave. Era um objetivo óbvio resolver, em definitivo, a grande crise política e moral que a escravidão criou para os Estados Unidos da América."[339].

Portanto, por tentar desatar o nó górdio que permeava a escravidão nos Estados Unidos[340], a literatura especializada americana majoritária aduz

---

[337] SUNSTEIN, Cass R. *Dred Scott v. Sandford...* cit, p. 73. Tradução livre deste autor. No original: *"to destroy the dangerous slavery agitation and thus restore Peace to our distracted country"*.
[338] Ibidem, p. 73-74.
[339] Ibidem, p. 74. Tradução livre deste autor. No original: *"here is the obvious punch line: for palpable political reasons, the Court was persuaded to speak to all of the key questions. Its obvious goal was to solve, for all time, the great moral and political crisis that slavery had created for the Unites States of America"*.
[340] Walter Early Craig registra que: "Confrontado com a grande questão social da época – a escravidão – o *Chief Justice* Taney tentou por fim à controvérsia de forma unilateral por meio de sua decisão no caso. Falando pela Corte, ele sustentou que um escravo não poderia ser um cidadão de um Estado a propósito de afirmar a competência da justiça federal com base na diversidade de cidadania. Esta afirmação, por si só, teria resolvido o caso, mas a corte foi muito além. Ela declarou ainda que o interesse do proprietário no seu escravo como expressão da propriedade

que Suprema Corte trouxe para si uma imensa mancha em sua história, não só sob o ponto de vista da odiosa conclusão a que chegou, como também por se pautar deliberadamente pela vontade política de seus integrantes, comprometendo, também pela perspectiva metodológica, a sua integridade, por veicular manifesto *result-oriented judging*[341].

3.2.3 *Marbury v. Madison*

Marbury v. Madison[342] – tradicionalmente indicado como a grande consolidação do *judicial review*[343]– é considerado pela doutrina pesquisada um exemplo de ativismo judicial sob a concepção em foco[344].

---

não poderia ser perturbado pelo governo federal, pois a emancipação por lei resultava em privação da propriedade sem o devido processo legal." (op. cit. 244-245. Tradução livre deste autor. No original: *"Confronting a great social issue of the day-slavery-Chief Justice Taney attempted to end the controversy single-handedly by his decision in this case. Speaking for the Court, he held that a slave could not be a citizen of a state for the purpose of bringing a suit in federal court on the grounds of diversity of citizenship. This holding alone would have disposed of the case-but the court went further. It declared, moreover, that the owner's interest in the slave as a piece of property could not be disturbed by the federal government, since emancipation by law resulted in deprivation of property without due process of law."*).

[341] Cf. Wolfe, Christopher, op. cit. p. 114. A propósito, a decisão em *Dred Scott* apresentou repercussões político-sociais absolutamente importantes, como indicado no item a seguir. Frise-se, desde já, que este caso é reputado como uma das principais causas da Guerra Civil que se deflagrou pouco tempo depois.

[342] 5 U.S. 137 (1803).

[343] Estudando as primícias do controle de constitucionalidade nos primeiros anos da federação americana, Christopher Wolfe anota que o *judicial review* foi primeiramente exercido por juízes federais na década de 1790. Vários juízes de circuito deixaram de aplicar um ato do Congresso que lhes impunha deveres não jurisdicionais no caso *Hayburn* (2 Dallas 409). Além disso, Wolfe salienta que a própria Suprema Corte explicitamente promoveu, em 1795, controle de constitucionalidade no *Carriage Tax Case* (*Hylton v. United States* – 3 Dallas 171) (op. cit.). Leonardo Scofano Damasceno Peixoto, por seu turno, registra que "Antes mesmo da Constituição dos Estados Unidos de 1787, houve precedentes dos tribunais norte-americanos sobre o controle de leis estaduais em face da Constituição do Estado, servindo como exemplos os seguintes casos: *Holmes v. Walton* (Nova Jersey, 1780); *Commonwealth v. Catton* (Virgínia, 1782); *Rutgers v. Waddington* (Nova York, 1784); *Trevitt v. Weedon* (Rhode Island, 1786) e *Bayard v. Singleton* (Carolina do Norte, 1787)" (*Supremo Tribunal Federal: Composição e indicação de seus ministros*. São Paulo: Editora Método, 2012, p. 23). No mesmo sentido, confira-se: KRAMER, Larry D. *The people themselves: popular constitutionalism and judicial review*. New York: Oxford University Press, 2004, p. 41.

[344] GREEN, Craig, op. cit., p. 1.215-1.216; COPLAN, Karl S., op. cit.; MILLER, Arthur Selwyn. An Inquiry into the Relevance of the Intentions of the Founding Fathers, With Special

O contexto histórico sob o qual o caso foi julgado denota que o seu relator, John Marshall, teve que se valer de uma notável habilidade política[345] para, ao decidir um simples *writ of mandamus*, atingir objetivos políticos que minassem a administração de Thomas Jefferson, que sucedera o governo de John Adams, do qual ele havia sido Secretário de Estado.

De fato, apesar de ter sido nomeado *Chief Justice* nos últimos momentos do governo de John Adams – em claro aparelhamento do judiciário federal

---

Emphasis Upon the Doctrine of Separation of Powers. *Arkansas Law Review*, vol. 27, n. 4, p. 583-602, 1973; JOHNSON, Frank M. In Defense of Judicial Activism. *Emory Law Journal*, vol. 28, p. 904, 1979; MIKVA, Abner J. Judges on Judging Statutory Interpretation: Getting the Law to Be Less Common. *Ohio State Law Journal*, vol. 50, p. 979-980, 1989; YOUNG, Ernest A. Judicial Activism and Conservative Politics, *University of Colorado Law Review*, Volume 73, n. 4, p. 1.169-1.171, 2002; POSNER, Richard. A. *The Meaning of Judicial Self-Restraint*... cit., p. 14; WAYNE, William. The Two Faces of Judicial Activism. *The George Washington Law Review*, vol. 61, p. 3, 1993; WHITE, John Valery, op. cit., p. 340-341; WOLFE, Christopher, op. cit., p. 85; BEARD, Charles A. *A Suprema Côrte e a Constituição*. Tradução de Paulo Moreira da Silva. Rio de Janeiro: Editora Forense, 1965, p. 15-18; MAGLIOCCA, Gerard N., op. cit., p. 546; WHITE, Edward. *The American Judicial Tradition: profiles on leading American judges*. 3ª ed. New York: Oxford University Press, 2007, p. 9-10; BONVENTRE, Vincent Martin, op. cit., p. 564; NOWAK, John E. Realism, Nihilism, and the Supreme Court: Do the Emperors Have Nothing but Robes? *Washburn Law Journal*, vol. 22, p. 247, 1983; CRAVEN JR., J. Braxton. Paean to pragmatism. *North Carolina Law Review*, vol. 50, p. 977-1.015, 1972.

[345] Lêda Boechat Rodrigues lembra que, em 1802, a Corte "era violentamente atacada pela imprensa (jornais) e pelo Congresso, caso optasse por aplicar os princípios da *common law* à Constituição, com sugestão, inclusive, de *impeachment* de seus membros. Na época, havia, ainda, sevras críticas ante a possibilidade da concessão do mandamus requerido por Marbury, que, ao fim e ao cabo, poderia significar uma "guerra entre departamentos constituídos" (RODRIGUES, Lêda Boechat, op. cit., p. 36). Tanto que João Carlos Souto afirma que a decisão em *Marbury* foi "fruto da argúcia e do instinto de sobrevivência" do *Chief Justice*. (op. cit., p. 9). Isto porque "fez prevalecer o *judicial review*, incorporando à competência da Suprema Corte prerrogativa até então repelida por muitos. Simultaneamente, conseguiu que sua decisão restasse incontestada por aqueles que ameaçavam o Judiciário com fechamento e reestruturações casuísticas e alguns de seus membros com *impeachment*." (ibidem, p. 24-25). Ademais, Braxton Craven Jr. acentua que a decisão em *Marbury* representou uma solução de compromisso entre a ideia jeffersoniana do povo como árbitro final do significado da Constituição e a vontade federalista de um documento imutável, intocável pelos caprichos das massas. Tamanha foi a habilidade política de Marshall neste caso que o mesmo autor, ironicamente, comenta que "Alguém quase pode imaginar se o comissionamento de William Marbury foi realmente deixado por acidente na mesa do Secretário de Estado." (ibidem, p. 998. Tradução livre deste autor. No original: *"One almost wonders if William Marbury's commission really was accidentally left on the desk of the Secretary of State."*).

pelo grupo político do Presidente (os federalistas)[346] – foi na condição de Secretário de Estado que Marshall assinou o comissionamento de William Marbury[347] como juiz de paz no Distrito de Colúmbia, nos seus últimos dias neste cargo[348].

Importante recordar que o então Presidente Adams indicou William Marbury e os demais autores do *writ* ao Senado, que consentiu com a nomeação deles para o cargo de juiz de paz do Distrito de Colúmbia. Após, os comissionamentos foram produzidos na devida forma, isto é, foram assinados pelo Presidente e o Secretário de Estado apôs sobre eles o selo dos Estados Unidos[349].

---

[346] Cf. SCHWARTZ, Bernard. *A History of the Supreme Court*. New York: Oxford University Press, 1995, p. 30-31. O *Judiciary Act* de fevereiro de 1801 criou cargos do Judiciário federal, viabilizando nomeações de juízes atrelados à ideologia federalista, os chamados "*midnight judges*", eis que nomeados nos útimos instantes da administração Adams. João Carlos Souto ainda registra que a tramitação das nomeações dos juízes de paz do Distrito de Columbia se encerrou em 3 de março de 1801, ao passo que a posse de Thomas Jefferson na presidência ocorreu em 4 de março de 1801, o que justificou a falta de tempo hábil para ultimar as providências para a entrega dos comissionamento aos nomeados a estes cargos (*Suprema Corte dos Estados Unidos: principais decisões*. 2ª ed. São Paulo: Atlas, 2015, p. 11).

[347] "A ação não foi proposta unicamente por William Marbury. Tratou-se de um litisconsórcio ativo em que também participaram Dennis Ramsay, Robert Townsend Hooe e William Harper, tal como Marbury, juízes de paz nomeados, mas não empossados." (SOUTO, João Carlos. *Suprema Corte dos Estados Unidos: principais decisões*. 2ª ed. São Paulo: Atlas, 2015, p. 18).

[348] Interessante destacar, todavia, a manifesta suspeição de Marshall para julgar o caso. "Embora empossado como presidente da Suprema Corte em 4 de fevereiro de 1801, Marshall permaneceu, a pedido do Presidente, no cargo de Secretário de Estado de Adams até 3 de março seguinte, um dia antes da posse de Thomas Jefferson na Presidência da República. Tendo permanecido na Secretaria de Estado até aquela data, Marshall foi o responsável legal pelos trâmites burocráticos relativos à indicação dos *midnight judges*, inclusive era de sua responsabilidade apor o selo de nomeação (*The Great Seal of the United States*), procedimento indispensável à posse. (...) E mais, o advogado de Marbury, Charles Lee, era primo distante de Marshall, um velho amigo e havia integrado o Gabinete de Adams como Ministro da Justiça (Attorney General)." (ibidem, p. 17-18). Para uma resenha completa dos fatos que embasaram o *mandamus* e os argumentos do célebre voto de Marshall, vide: ACKERMAN, Bruce. *The failure of the founding fathers: Jeffrrson, Marshall, and the rise of presidential democracy*. Cambridge: First Harvard University Press, 2007, p. 163-199; SCHWARTZ, Bernard. *A History of the Supreme Court*. New York: Oxford University Press, 1995; BEARD, Charles Austin. *A Suprema Côrte e a Constituição*. Tradução de Paulo Moreira da Silva. Rio de Janeiro: Editôra Forense, 1965, p. 115-120.

[349] 5 U.S. 137 (1803).

Ocorre que os impetrantes se dirigiram ao escritório do novo Secretário de Justiça, James Madison, recém-empossado no cargo, para solicitar a entrega dos atos de comissionamento. No entanto, nenhuma informação explícita ou satisfatória lhes foi dada, seja pelo Secretário de Estado, seja por qualquer oficial do Departamento de Estado. Os interessados chegaram a demandar a Madison a expedição de um certificado de nomeação, com o expresso consentimento do Senado; porém tal pedido também fora negado pelo Secretário de Estado[350].

A partir destes fatos, registrados na opinião da Corte, a literatura norte-americana pesquisada identifica a ocorrência de ativismo judicial sob a concepção do julgamento orientado pelo resultado.

Em primeiro lugar, a estrutura mesma do voto de John Marshall revela que a decisão, a despeito de claramente atrelada à Constituição, se prestou para fins outros que o mero julgar do caso concreto.

Com efeito, John Marshall reconheceu a imcompetência originária da Corte para julgar aquele *writ*, impetrado diretamente na mais alta corte em face de ato do Secretário de Estado James Madison. E, para chegar a tal conclusão, teve de afastar a aplicação do artigo 13 do *Judiciary Act*, de 1789, que atribuiu à Corte Suprema competência originária para expedir tais ordens de *mandamus*.

Entedeu-se que a Constituição estabelecia um rol exaustivo de competências originárias da Suprema Corte, de modo que a ampliação de tal competência por ato legal do Congresso seria incompatível com o texto supremo e, portanto, nula e írrita *(null and void)*.

Assim, considerando que William Marbury e os demais prejudicados ajuizaram o *writ* diretamente na Suprema Corte com apoio no artigo 13 do *Judiciary Act* de 1789, a não aplicação deste dispositivo legal (por ser contrária às competências originárias constitucionalmente estabelecidas) bastaria para resolver a demanda. A este propósito, o voto de Marshall, acolhido pela unanimidade do Tribunal, dispôs que "é claramente o dever do Poder Judiciário dizer qual é a lei. Aqueles que aplicam a lei a casos particulares devem, necessariamente, interpretar a regra. Se duas leis estão em conflito entre si, a Corte deve decidir qual delas aplicar."[351].

---

[350] 5 U.S. 137 (1803).
[351] 5 U.S. 137 (1803). Tradução livre deste autor. No original: *"It is emphatically the duty of the Judicial Department to say what the law is. Those who apply the rule to particular cases must, of*

A lei não aplicada, por ser incompatível com a Constituição, como se vê, envolvia uma regra de competência, sendo, portanto, uma questão meramente processual. E, nesta condição, cuidava-se de questão evidentemente prejudicial ao exame do direito invocado pelo reclamante.

Tecnicamente, o caráter ativista do precedente reside justamente no fato de que John Marshall, antes de pronunciar a incompetência da Corte, avançou sobre o mérito da causa, com fins claramente políticos, qual seja, criticar a administração Jefferson que, por meio de seu Secretário de Estado (James Madison), negou o comissionamento demandado por Marbury. Com isso, Marshall sinalizava a força e o poder da Suprema Corte, conduzida, à época, por ele próprio, oriundo de grupo rival de Jefferson[352].

Christopher Wolfe sintetiza o ponto:

> Não havia necessidade estrita de discutir o mérito em *Marbury*, mas Marshall optou por assim fazer com vistas a mostrar que o Judiciário não se curvaria perante os poderes políticos e para que a administração não desafiasse a Constituição impunemente (um tapa no pulso por meio de *obiter dicta* no mínimo fez que com Jefferson pagasse por sua ação inconstitucional).[353]

---

necessity, expound and interpret the rule. If two laws conflict with each other, the Court must decide on the operation of each.".

[352] BEARD, Charles, op. cit. p. 15-18. Anote-se, porém, que, a rigor, o reconhecimento da incompetência da Corte acabou por dar aos opositores políticos de John Marshall exatamente o que eles desejavam (NOWAK, John E., op. cit., p. 247).

[353] Op. cit., p. 87-88. Tradução livre deste autor. No original: *"There was no strict legal need to discuss the merits of Marbury's claim, but Marshall chose to do so in order to show that judiciary would not cower before the political branches and so that the administration would not be seen to defy the Constitution with utter impunity (a slap on the wrist via obter dicta at least made Jefferson pay a little for his unconstitutional action)"*. Vale registrar o restante da conclusão do autor: "Expedir uma breve opinião simplesmente negando a jurisdição da Corte não teria sido um ato 'neutro' sem importantes efeitos políticos. Isto teria sido interpretado como um ato de um Judiciário medroso, curvando-se diante de um partido triunfante e hostil que dominava os poderes Legislativo e Executivo. Além disso, a decisão teria dado ao público a posição de um Poder Judiciário que ainda não teria estabelecido a sua respeitabilidade ou poder diante dos olhos da nação." (ibidem, p. 87. Tradução livre deste autor. No original: *"To have issued a brief opinion simply denying jurisdiction would not have been a 'neutral' act without important political effects. It would have been interpreted as the act of a fearful judiciary bending before a triumphant and hostile party that was dominating the legislative and executive branches. It would further have detracted from the public position of a judicial branch that had not yet thoroughly established its respectability or power in the eyes of the nation."*).

No entanto, a despeito desta circunstância técnica (por si só considerada pela doutrina como indício de *result-oriented judging*), o contexto histórico em que se deu o julgamento de *Marbury* corrobora o fato de sua decisão representar julgamento orientado pelo resultado nos termos registrados pela maioria doutrina analisada neste trabalho[354].

Em realidade, a recusa em entregar o comissionamento a Marbury é apenas um detalhe de uma disputa política muito maior[355].

O pivô dos embates entre federalistas e republicanos foi, na verdade, a indicação de novos juízes federais por Adams, em virtude da Lei Judiciária de 1801. A justificativa pública para a criação destes cargos foi retirar dos juízes da Suprema Corte a atribuição de atuar na qualidade de "juízes de circuito", que consistia no dever de atuarem como juízes federais de primeira instância, em julgamentos com outros magistrados, o que também lhes exigia viajar periodicamente pelo país para julgar tais causas[356]. Com efeito, dever de atuar em circuito consistia no dever de maior ônus para os *justices*[357].

Registre-se que a atribuição de julgar nos circuitos foi dada aos membros da Suprema Corte pela Lei Judiciária de 1789 – a mesma que ampliou a competência originária da Suprema Corte e cujo artigo 13 fora declarado inconstitucional em *Marbury*.

No entanto, segundo anotam Sanford Levinson e Jack Balkin, o desiderato último desta lei de 1801 era aparelhar o judiciário federal, inflado pelos cargos então criados, com partidários da administração federalista de Adams, que deixava o governo.

É em meio a este contexto que James Madison, recém-empossado como Secretário de Estado, se recusa a entregar o comissionamento a William Marbury e demais impetrantes do *writ*. No entanto, além desta

---

[354] "Mas John Marshall mesclou alguma "penumbra" e "emanações" a partir da Cláusula da Supremecia do Artigo VI e dos poderes do Judiciário do Artigo III para criar o judicial review – não de forma inteiramente nova – mas com imaginação criativa de qualquer forma" (BONVENTRE, Vincent Martin, op. cit., p. 564. Tradução livre deste autor. No original: *"But John Marshall cobbled together some 'penumbra' and 'emanations' from the Article VI Supremacy Clause and the Article III Powers of the Judiciary to create judicial review – not entirely out of whole cloth, but imaginative creation nonetheless."*).
[355] LEVINSON, Sanford; BALKIN, Jack M. What are the facts of Marbury v. Madison? *Constitutional Commentary*, vol. 20, p. 258, 2004.
[356] Ibidem.
[357] SCHWARTZ, Bernard. *A History of the Supreme Court*... cit., p. 30.

singela recusa, o Congresso, dominado por republicanos, revogou, em 8 de março de 1802, a Lei Judiciária de 1801, aprovada no final da administração Adams, e que lhe permitiu nomear os *midnight judges*. Por se tratar de lei revogadora, ficou conhecida como *"Republican Judiciary Repeal Act of 1802"*, e efetivamente cassou os juízes que já haviam tomado posse e que vinham exercendo a judicatura nos cargos criados pela lei de 1801.

Semanas depois, em 29 de abril de 1802, o Congresso aprovou uma outra Lei Judiciária (*Judiciary Act*), que se destinou a reestruturar o Judiciário, devolvendo aos juízes da Suprema Corte a antiga tarefa de julgar nos circuitos[358].

Não bastasse isso, esta lei judiciária de abril de 1802 eliminou o ano judiciário de 1802, inviabilizando a reunião dos *justices* naquele termo (isto é, de dezembro de 1801 a fevereiro de 1803)[359]. Neste particular, a intenção do Congresso era se antecipar a uma eventual ofensiva da Suprema Corte (composta por federalistas), que poderia eventualmente declarar a inconstitucionalidade desta Lei de 1802[360].

No entanto, a revogação da Lei Judiciária de 1801 pelo *"Repeal Act"* teve a sua constitucionalidade impugnada no caso *Stuart v. Laird*[361]. Em síntese, argumentava-se neste caso que os juízes da Suprema Corte ocupavam cargos naquele tribunal, de modo que não poderiam atuar nos *circuits*. Sustentou-se o seguinte: (i) os juízes nomeados e empossados pela Lei Judiciária de 1801 (revogada) para julgarem nestes circuitos eram vitalícios nos termos da Constituição; (ii) o Congresso não poderia acrescentar competências jurisdicionais à Suprema Corte além daquelas dispostas na Constituição, sendo que a revogação em 1801 repristinou a incumbência de atuação nos circuitos, prevista na Lei Judiciária de 1789[362].

É digno de nota que John Marshall havia participado do julgamento em cortes inferiores do caso *Stuart v. Laird*, eis que, ao tempo desta decisão em primeira instância, os juízes da Suprema Corte ainda atuavam nos *circuits*. Marshall, nesta ocasião, decidindo o caso como *circuit judge*, rejeitou

---

[358] LEVINSON, Sanford; BALKIN, Jack M., op. cit., p. 259.
[359] É por essa razão que *Marbury* só foi decidido em 1803, e não em 1802 (ibidem, p. 259).
[360] LEVINSON, Sanford; BALKIN, Jack M., op. cit., p. 259; CRAVEN JR., J. Braxton, op. cit., p. 993-994.
[361] 5 U.S. 299 (1803).
[362] É de se notar que este argumento foi o mesmo invocado por John Marshall ao reconhecer a incompetência da Corte para apreciar e julgar *Marbury*.

os argumentos dos autores de *Stuart* e, quando o caso chegou à Suprema Corte, optou por não participar do julgamento[363].

Chama a atenção o fato de que Marshall, a despeito de ter sido o Secretário de Estado de Adams e, nesta condição, ter participado da nomeação de William Marbury, não se declarou suspeito para julgar o caso quando já tinha assumido a presidência da Suprema Corte. Todavia, em um dos raros processos em que ele não escreveu a opinião da Corte, Marshall declinou de participar do julgamento de *Stuart*.

Como consequência, coube ao juiz Paterson emitir a opinião do tribunal, tendo concluído, em suma, pela legitimidade constitucional da transferência do julgamento do processo de um circuito (estabelecido pela Lei Judiciária de 1801, revogada) para outro circuito (restabelecido pela Lei Judiciária de 1802)[364].

Como se pode perceber, a decisão da Corte em *Stuart v. Laird* ostenta a mesma importância política – ou mesmo maior – que a atribuída a *Marbury v. Madison*[365]. Bruce Ackerman salienta, a propósito, o equívoco em se dar menor importância a *Stuart*, em comparação a *Marbury*. Para ele, a decisão em *Stuart* daria à Corte a oportunidade de confrontar a grande questão política da época, que jamais poderia ser alcançada em ações de oficiais de menor importância, como era o caso de Marbury e seus colegas juízes de paz[366].

Vale registrar, neste particular, que *Stuart* foi decidido apenas uma semana após *Marbury*[367], sendo que, em *Stuart*, a Corte acabou, ainda que por via oblíqua, por afirmar a constitucionalidade da lei revogadora de 1802, chancelando, em última análise, o movimento republicano de repelir a ocupação federalista do Judiciário, implementada pela Lei Judiciária de

---

[363] É importante assinalar que, na época, era comum que juízes da Suprema Corte decidissem recursos interpostos de decisões dadas por eles mesmos na qualidade de *circuit judges*. (SOUTO, João Carlos, op. cit., p. 33).

[364] Paterson não se manifestou sobre o argumento que pugnava pela inconstitucionalidade da revogação dos *circuits* em função da vitaliciedade dos cargos no Judiciário federal. Por consequência, não se discutiu o fato de o Congresso ter atentado contra o Poder Judiciário federal, ao extinguir os circuitos já providos.

[365] LEVINSON, Sanford; BALKIN, Jack M., op. cit., p. 261.

[366] ACKERMAN, Bruce A. *The failure of the founding fathers...* cit., p. 176.

[367] Bruce Ackerman indica que o julgamento tão próximo de ambos os casos daria à Suprema Corte audiência imediata, configurando o momento ideal para construir um padrão de interpretação constitucional extraída do que seria o complexo *Stuart-Marbury* (ibidem, p. 176).

1801. Assim, a Corte, uma semana após emitir a sua opinião em *Marbury v. Madison*, adotou postura mais condescendente ao governo, minando, em alguma medida, o decidido em *Marbury*.

De todo modo, o contexto acima descrito demonstra que, em fevereiro de 1803, a Suprema Corte estava envolta com a sua própria subsistência enquanto instituição, diante dos ataques promovidos pela administração republicana de Jefferson. Avaliado também neste contexto, *Marbury* representa produto do artifício político dos seus julgadores, especialmente John Marshall, premidos pela disputa política entre republicanos e federalistas[368].

O julgamento orientado pelas convicções (e contingências) políticas dos juízes é ressaltado por Sanford Levinson e Jack Balkin:

> "*Stuart* é muito mais significativo que *Marbury* por representar a admissão final da Suprema Corte acerca da nova realidade política da hemegonia jeffersoniana. Lido à luz de *Stuart v. Laird*, *Marbury* sugere que a Suprema Corte claramente respondeu à pressão política da época. A Corte afirmou em *obiter dicta* que os direitos de Marbury foram violados pelos jeffersonianos e que ele tinha direito ao comissionamento. No entanto, foi sob a ótica de questão jurídica que Marbury não logrou obter o seu comissionamento, eis que a Lei Judiciária de 1789 era inconstitucional. Finalmente, a Corte sugeriu em *Stuart v. Laird* que os jeffersonianos poderiam eliminar a jurisdição de circuitos criados pelo Partido Federalista. A conclusão dos dois acórdãos, considerados juntos, é marcante: enquanto afirma a inconstitucionalidade de um dispositivo pouco importante da Lei Judiciária de 1789, por meio de uma frágil interpretação da lei e do Artigo III da Constituição, o *Chief Justice* Marshall e seus colegas declararam a constitucionalidade da muito mais importante Lei Revogadora de 1802. Neste sentido, elas deram à reação jeffersoniana a benção jurídica."[369]

---

[368] LEVINSON, Sanford; BALKIN, Jack M., op. cit., p. 261. Não se pode olvidar que, em meio a tais decisões, pendia sob a Suprema Corte a ameaça de impeachment do *Justice* Samuel Chase, ardoroso federalista, em mais um ataque perpetrado pelos republicanos contra o Judiciário.

[369] *What are the facts of Marbury v. Madison?*... cit, p. 261. Tradução livre deste autor. No original: "*Stuart is far more significant than* Marbury *inasmuch as it represents the full capitulation by the Supreme Court to the new political reality of Jeffersonian hegemony. Read in light of* Stuart v. Laird, Marbury *suggests that the Supreme Court clearly responded to the political pressure of the times. The Court stated in* dicta *that Marbury's rights were violated by the Jeffersonians and that he was entitled to his commission. Nevertheless, it held as a matter of law that Marbury could not get his commission because the Judiciary Act of 1789 (if read to allow grants of mandamus) was unconstitutional. Finally, it also suggested in* Stuart v. Laird *that the Jeffersonians could eliminate the circuit judgeships created by the Federalist Party. The upshot of the two opinions, taken together, is striking: While holding unconstitutional a relatively unimportant feature of*

Como se pode perceber, a história do constitucionalismo americano, em geral, e da Suprema Corte, em particular, revelam momentos em que juízes agem com base em suas posições ideológicas à vista de excepcionais condições políticas. É neste contexto que o julgamento de *Marbury v. Madison* é considerado pela doutrina majoritária como caso de ativismo judicial na concepção do *result-oriented judging*.

3.3 O Problema da Indevida Superação dos precedentes: *Disregarding Precedent*

3.3.1 A *Corte Warren* e *Brown v. Board of Education*

Como registrado no Capítulo I, item 2, os analistas norte-americanos concebem haver ativismo na indevida superação de precedentes.

Esta específica concepção de ativismo foi, em linhas gerais, a marca característica da Suprema Corte na sua fase moderna (pós-1937)[370].

Na fase anterior – era da transição – vigorou a intromissão do Tribunal na seara econômica, deliberadamente frustrando a implementação dos marcos legais veiculadores do *New Deal*. Neste momento, o devido processo legal substantivo serviu de base dogmática para fazer valer posições conservadoras, tal qual se verificou em *Lochner*.

A grande modificação da composição da Corte, a partir de 1937, propiciou a revisão do entendimento anterior, finalmente viabilizando as políticas do *New Deal*.

Para tanto, foi necessária uma ampla revisão dos postulados que vinham sendo aplicados, especialmente a doutrina já fixada em matéria de liberdade contratual, devido processo legal substantivo e federalismo dual. E é justamente sob essa perspectiva que os momentos iniciais da era moderna são tachados de ativistas, em virtude da precariedade (e pressa) com que os precedentes anteriores foram superados[371].

---

the 1789 Judiciary Act through a strained and remarkably unpersuasive interpretation of both the Act and Article III of the Constitution, Chief Justice Marshall and his colleagues upheld the constitutionality of the far more importante 1802 Repeal Act. In this way they gave the Jeffersonian purge the blessing of the law.".
[370] GRAGLIA, Lino A. It's not constitutionalism, it's judicial activism. *Harv. J. L. & Pub. Pol'y*, vol. 19, n. 293, p. 297, 1995-1996 e POWELL JR., Lewis F. Stare decisis and judicial restraint. *Washington and Lee Law Review*, vol. 47, n. 2, p. 285, 1990.
[371] Cf. CANON, Bradley, op. cit., p. 241 e WHITE, John Valery, op. cit.

Todavia, a indevida superação de precedentes foi a marca distintiva das décadas que vieram a seguir, especialmente sob a égide da Corte Warren e da Corte Burger.

A Corte Warren, de fato, talvez tenha sido uma das mais representativas e relevantes da história da Suprema Corte. Um rápido exame de seus principais julgados revela o alcance e a magnitude das transformações políticas e sociais por ela implementadas. Neste período, foram proferidas decisões significativas em temas como a desegregação racial, direitos de réus criminais, liberdade de manifestação, de imprensa e de religião.

Nestas ocasiões, a Corte Warren decidiu em prol das liberdades civis, promovendo uma profunda mudança social, assumindo que o seu ativismo poderia retificar os erros do processo político majoritário[372].

Tais decisões, contudo, são muitas vezes criticadas pela forma peculiar com que precedentes anteriores foram superados, falhando no dever de estabilidade interpretativa, segundo a denominação de Bradley Canon[373]. Fala-se mesmo que a Corte Warren "utilizou ativamente a adjudicação institucional como um instrumento de reforma"[374].

A discussão sobre o ativismo da Corte Warren estava mais focada na frequência e escopo de suas radicais alterações da jurisprudência anterior do que na natureza anti-majoritária de suas decisões. Muitos dos seus mais memoráveis casos, *Mapp v. Ohio, Miranda v. Arizona, and New York Times v. Sullivan*, para mencionar alguns, não anularam nenhuma lei ou ato, mas simplesmente

---

[372] Cf, ainda, ERLER, Edward J. Sowing the wind: judicial oligarchy and the legacy of *Brown v. Board of Education*. *Harvard Journal of Law and Public Policy*, vol. 8, p. 406, 1985. O autor anota que o *Justice* Jackson, indagado sobre quais seriam as obrigações do tribunal diante da inação legislativa no caso *Brown*, respondeu que a razão daquele caso estar sendo apreciado pela Corte era justamente o fato de que a solução não pôde ser obtida previamente no Congresso.

[373] "Quando a Corte Warren começou a superar doutrinas legais há muito consolidadas ou importantes precedentes, acusações de ativismo vieram novamente. A má-vontade da corte em manter continuidade, precedente ou 'princípios neutros' foi criticada." (CANON, Bradley, op. cit., p. 238. Tradução livre deste autor. No original: *"When the Warren Court began overruling longstanding legal doctrines or important precedents, criticism of activism shifted again. The courts' unwillingness to maintain continuity, precedent, or "neutral principles" was criticized."*).

[374] COX, Archibald. The independence of the judiciary: history and purposes. *University of Dayton Law Review*, vol. 21, p. 580, 1996. Tradução livre deste autor. No original: *"has actively used institutional adjudication as an instrument of reform"*.

superaram precedente, doutrina da *common law* ou antigos entendimentos sobre a Constituição.[375]

É interessante observar que a Corte Warren, rotineiramente elogiada – com razão – pela proteção e ampliação dos direitos civis, alcançou resultados sociais aplaudidos valendo-se, porém, de uma metodologia controvertida, atraindo para si a pecha de ativista por superar precedentes de forma equivocada[376].

A doutrina norte-americana pesquisada[377] destaca a ocorrência da indevida superação de precedentes em *Baker v. Carr*[378] (superando *Colegrove v. Green*[379]) e *Mapp v. Ohio*[380] (superando *Wolf V. Colorado*[381]).

Neste contexto, o caso fundamental da Corte Warren (e talvez de todo o constitucionalismo americano[382]) – *Brown v. Board of Education*[383] – denota

---

[375] CANON, Bradley, op. cit., p. 241. Tradução livre deste autor. No original: "*Discussion of the Warren Court's activism probably focused more on the frequency and scope of its radical alterations of prior jurisprudence than on the anti-majoritarian nature of its decisions. Many of its most memorable cases, Mapp v. Ohio, Miranda v. Arizona, and New York Times v. Sullivan, to name a few, nullified no statute or ordinance but simply overturned precedent, common law doctrine, or old understandings about the Constitution.*").

[376] Luther M. Swygert aduz que a Corte Warren atuou como uma "superlegislatura" (In Defense of Judicial Activism. *Valparaiso University Law Review*, v. 16, n. 3 p. 442, 1982), incidindo em ativismo na concepção ora em estudo.

[377] Vide Capítulo I, item 2 e, especialmente, POWELL JR., Lewis F., op. cit.; CANON, Bradley, op. cit., p. 241; REHNQUIST, James C. The power that shall be vested in a precedent: stare decisis, the Constitution and the Supreme Court. *Boston University Law Review*, vol. 66, p. 345-376, 1986 e SCHAUER, Frederick. Has precedent ever really mattered in the Supreme Court? *Georgia State University Law Review*, vol. 24, p. 381-401, 2008.

[378] 369 U.S. 186 (1962). Trata-se do caso que apreciou as controvérsias legislativas acerca da divisão dos distritos eleitorais.

[379] 328 U.S. 549 (1946).

[380] 367 U.S. 643 (1961). Em *Wolf*, a Corte decidiu que os estados não estavam sujeitos à regra da exclusão da prova ilícita (exclusionary rule). Esta compreensão foi modificada em *Mapp*, que declarou a inconstitucionalidade das provas obtidas por meios ilícitos em procedimentos criminais estaduais.

[381] 338 U.S. 25 (1949).

[382] "Qualquer lista de grandes casos constitucionais deve incluir Brown v. Board of Education." (MALTZ, Earl. *Brown v. Board of Education and "Originalism"...* cit., p. 136. Tradução livre deste autor. No original: "*Any list of great constitutional cases must include Brown v. Board of Education.*"). A mesma opinião se espraia por toda a doutrina pesquisada nesta dissertação, valendo citar, por todos: WHITE, John Valery, op. cit.; ESKRIDGE JR., William N. Overruling Statutory Precedents. The Georgetown Law Journal, vol. 76, p. 1.361-1.439, 1988 e ERLER, Edward J., op. cit., p. 406.

[383] 347 U.S. 183 (1954).

os critérios que denunciam a concepção de ativismo relativa à indevida superação dos precedentes, conforme a doutrina norte-americana majoritária coletada nesta pesquisa[384].

Em 1896, a Suprema Corte afirmou que a segregação racial não era discriminatória, fixando esse entendimento em *Plessy v. Ferguson*[385]. Neste caso, alegava-se o seguinte: a cláusula da igual proteção sob a lei (*equal protection under the law*), instituída pela Décima Quarta Emenda, era ofendida pela lei do estado da Louisiana que exigia acomodações separadas em trens, apartando brancos e negros.

A opinião da maioria foi veiculada pelo voto do juiz Henry B. Brown, que rejeitou a impugnação de inconstitucionalidade. Afirmou ele que eventual estigma de inferioridade (*"badge of inferiority"*) era produto exclusivo da interpretação da raça negra, afastando qualquer responsabilidade da separação forçada para a causação deste estigma. Entendeu a Corte, ademais, que não haveria discriminação absurda se fossem fornecidas acomodações iguais a brancos e negros, ainda que separadas. Haveria, portanto, igual proteção sob a lei desde que fornecidos vagões iguais, mesmo que imposta a separação entre os dois grupos[386].

---

[384] GRAGLIA, Lino A. It's not constitutionalism, it's judicial activism. *Harv. J. L. & Pub. Pol'y*, vol. 19, n. 293, p. 297, 1995-1996; NEUBORNE, Burt, op. cit; POWELL JR., Lewis F., op. cit., p. 286; BITTKER, Boris I., op. cit.; COX, Archibald. *The role of the Supreme Court: Judicial Activism or Self-Restraint?*... cit.; SCHAUER, Frederick. Has precedent ever really mattered in the Supreme Court? *Georgia State University Law Review*, vol. 24, p. 381-401, 2008; LEE, Thomas T. Stare decisis in economic perspective: an economic analysis of the Supreme Court's doctrine of precedent. *North Carolina Law Review*, vol. 78, p. 643-706 2000; POSNER, Richard A. Legal formalism, legal realism, and the interpretation of statutes and the Constitution. *Case Western Reserve Law Review*, vol. 37, n. 2, p. 213-216, 1987. Richard Posner acentua que "Em 1896, a Suprema Corte decidiu que a segregaçãoo racial em espaços públicos era constitucional. As instituições públicas do Sul foram construídas confiando nesta regra; qualquer mudança, alguém poderia argumentar, deveria vir do Congresso. É verdade que a ação congressual estava bloqueada por ddemocratas sulistas, mas talvez isso não é algo próprio a ser considerado por um tribunal." (ibidem, p. 214. Tradução livre deste autor. No original: *"In 1896, the Supreme Court decided that racial segregation in public facilities was constitutional. The public institutions of the South were built in reliance on that ruling; any change, one could argue, should come from Congress. It is true that congressional action was blocked because of the domination of committee chairmanships by southern Democrats who had safe seats, but maybe this is not a proper thing for a court to consider."*).

[385] 163 U.S. 537 (1896).

[386] 163 U.S. 537 (1896). É de se registrar o enérgico voto vencido do juiz Harlan, que se insurgiu contra a base da decisão da maioria, ao assentar que acomodações iguais seriam mero disfarce que não corrigiria o erro a ser cometido pelo tribunal.

Fixou-se, neste instante, a odiosa doutrina do "separados mas iguais" (*"separated but equal"*)[387]. E, então, "De 1896, quando foi anunciada pela primeira vez, a 1954, a doutrina de *Plessy v. Ferguson* foi sistematicamente adotada pelo mais alto tribunal americano"[388].

Os reflexos desta doutrina tiveram repercussões importantes no tocante ao acesso à educação (sobretudo o ensino superior), valendo lembrar, dentre outras, da ordem emitida pela Corte em *Sweatt v. Painter*[389], assinalando prazo ao estado do Texas para criação de uma faculdade de direito separada para negros, o que foi concretizado pelo estado. Em todos esses casos subsequentes, porém, a autoridade de *Plessy* manteve-se íntegra, pelo simples fato de que a Corte se limitava a reconhecer que o tratamento conferido aos negros não era substancialmente igual àquele ofertado aos brancos. A consequência lógica era, pois, determinar a inserção dos peticionários negros em serviços de acesso exclusivo aos brancos (geralmente serviços educacionais do ensino superior).

Toda esta série de casos em que se discutia a igualdade substancial de tratamento entre negros e brancos constituiu o longo caminho de litigância estratégica perante a Suprema Corte que precedeu *Brown*.

Essa lógica foi finalmente rompida em 1954 com *Brown v. Board of Education*.

Os requerentes em *Brown* eram crianças negras, por meio de seus representantes legais, que demandavam, na justiça federal, admissão em escolas públicas primárias e secundárias de suas comunidades, em bases não segregacionistas. Isto porque o pleito de ingresso em escolas frequentadas por crianças brancas havia sido indeferido, com fundamento em leis que estabeleciam a segregação de acordo com a cor[390]. O pleito foi conduzido pela NAACP (*National Association for the Advancement of Colored People*), sob a liderança do então advogado Thurgood Marshall.

---

[387] Earl Maltz consigna que *Plessy* constitui um dos casos mais infames da história da Suprema Corte (*Brown v. Board of Education and "Originalism"*... cit., p. 136).
[388] SCHWARTZ, Bernard. *Direito Constitucional Americano*. Tradução de Carlos Nayfeld. Rio de Janeiro: Editora Forense, 1966, p. 288.
[389] 339 U.S. 629 (1950). Vide, ainda, *Sipuel v. Board of Regents* (332 U.S. 631 (1948)) e *McLaurin v. Oklahoma State Regents* (339 U.S. 637, 641 (1950)).
[390] SCHWARTZ, Bernard. *Direito Constitucional Americano*... cit., p. 291.

O que deu tamanha importância a êsse caso foi o fato de que os tribunais inferiores tinham achado expressamente que as escolas de brancos e negros aí envolvidas eram iguais, ou estavam sendo igualadas, com respeito a edificações, currículos e salários dos professores, e outros fatôres 'concretos'. Devido a isso, os tribunais inferiores tinham negado a pretensão com base na doutrina do caso *Plessy v. Ferguson*.[391]

O argumento dos recorrentes fundava-se na revogação de *Plessy*. Pretendiam a superação deste precedente (*overruling*) por meio da alegação de que escolas públicas segregadas não são iguais. Afirmaram perante a Suprema Corte que a igual proteção das leis, dada pela Décima Quarta Emenda, restaria ofendida pelo só fato de haver segregação que, portanto, deveria ser reconhecida como sendo inerentemente discriminatória[392].

Em decisão unânime[393], tomada após duas audiências e decorridos mais de dois anos da chegada do caso ao tribunal, a Suprema Corte proclamou, em 17 de maio de 1954, que a segregação a que estavam submetidos os recorrentes violava a Décima Quarta Emenda, na cláusula constitucional

---

[391] Ibidem, p. 291-292.

[392] Ibidem, p. 292. Curioso notar que os casos ativistas da Suprema Corte, examinados nesta pesquisa, guardam uma relação histórica entre si, sobretudo em matéria de preconceito racial: "A história de *Brown* começa logo após a Guerra Civil, no começo da Era da Reconstrução. Perturbado pelo tratamento dado pelos Estados sulistas aos negros livres e por unionistas brancos e incerto do poder congressual para lidar com o problema, o Congresso, dominado por republicanos, adotou a Seção 1 da Décima Quarta Emenda. A Seção 1 começa por superar explicitamente *Dread Scott v. Sandford* na questão da cidadania dos afrodescendentes, declarando que todas as pessoas nascidas nos Estados Unidos seriam cidadãos tanto da nação quanto do estado no qua reside." (MALTZ, Eart., *Brown v. Board of Education and "Originalism"*... cit., p. 136. Tradução livre deste autor. No original: "*The story of Brown begins soon after the Civil War, in the early Reconstruction era. Disturbed by Southern treatment of free blacks and White unionists and unsure of congressional power to deal with the problem, the Republican-dominated Congress adopted Section 1 of the Fourthteen Amendment. Section 1 begins by explicitly overruling Dread Scott v. Sandford on the question African-American citizenship, declaring all persons born in the United States to be citizens both of the nation and of the state in which they reside.*").

[393] "Todos os juízes sabiam que uma decisão por maioria apertada (5-4 ou 6-3) que superasse *Plessy* seria uma receita para uma grande agitação civil". (MALTZ, Earl, *Brown v. Board of Education and "Originalism"*... cit.,, p. 138. Tradução livre deste autor. No original: "*All of the justices knew that a 5-4 or 6-3 decision that overturned Plessy would be a recipe for major civil unrest.*"). Tanto que, na opinião do articulista, "a opinião de Warren pela Corte é algo pálido, refletindo a necessidade de manter a unanimidade e evitar votos concorrentes." (ibidem, p. 138. Tradução livre deste autor. No original: "*Warren's opinion for the Court is a rather pallid affair, reflecting the need to maintain unanimity and avoid the filling of even concurring opinions.*").

da *equal protection*. Entendeu-se, finalmente, que o simples fato de separar crianças em locais distintos propicia um sentimento de inferioridade, causando danos a seus corações e às suas mentes.

Concluiu-se, pois, pela incorreição da teoria "separados mas iguais" veiculada em *Plessy*, que, assim, restou aparentemente superado, nos seguintes termos: "Qualquer que tenha sido a extensão do conhecimento psicológico ao tempo de *Plessy v. Ferguson*, a presente decisão [em *Brown*] é amplamente suportada pela autoridade moderna. Qualquer sentido em *Plessy v. Ferguson* contrário a esta conclusão fica rejeitado"[394].

Todavia, em que pese a evidente correição moral da conclusão em *Brown*, tal decisão é criticada pela fragilidade argumentativa na superação de *Plessy*.

A doutrina do "separados mas iguais" viola de forma evidente o princípio da isonomia e, sob esse viés, não só a sua enunciação, como a sua perpetuação no tempo, eram absolutamente injustificadas.

No entanto, a decisão em *Brown* é reputada como ativista pela maioria da doutrina examinada nesta dissertação, por superar indevidamente, sob o ponto de vista metodológico, os precedentes que regiam a matéria.

Em primeiro lugar, afirma-se que a decisão em *Plessy* nunca esteve limitada ao transporte público, mas chancelou a segregação racial em outros benefícios públicos, tais como educação pública, emprego, contratos públicos e administração da justiça criminal[395]. E, neste sentido, *Plessy* significou, ao seu tempo (e com todas as críticas cabíveis), a leitura autorizada da Constituição, e não mera interpretação de uma lei estadual[396].

E, ainda nesta condição, entender-se de forma diversa não poderia dispensar uma clara distinção entre *Brown* e *Plessy*[397].

---

[394] 347 U.S. 183 (1954). Tradução livre deste autor. No original: *"Whatever may have been the extent of psychological knowledge at the time of Plessy v. Ferguson, this finding is amply supported by modern authority. Any language in Plessy v. Ferguson contrary to this finding is rejected."*. Diz-se que houve "aparente" superação, pois parte dos estudiosos estadunidenses afirmam que *Plessy* nunca fora formal e expressamente revogado por *Brown*. Cf, a propósito, BRADFORD, C. Steven. Following dead precedent: the Supreme Court's ill-advised rejection of anticipatory overruling. *Fordham Law Review*, vol. 59, p. 71, 1991.

[395] WHITE, John Valery, op. cit., p. 372.

[396] Ibidem, p. 373.

[397] "Se a Corte meramente declarasse que *Plessy* se aplicava somente aos transportes públicos, ou à regulamentação de serviços públicos, isto significaria superar a autoridade de segregar pessoas, lida pelos estados segregacionistas naquela decisão. O efeito não seria nada menos

De fato, a acusação de ativismo que recai sobre a decisão tomada em *Brown* aponta que a superação de *Plessy* necessariamente exigiria a indicação (i) do fato objeto da decisão, (ii) do resultado da decisão ou (iii) que a regra anterior era imprópria[398].

Ademais, a superação deficiente do precedente (*Plessy*) se observa também na insuficiência da fundamentação jurídica. Sustenta-se, neste ponto, que a Corte Warren não se desincumbiu de motivar amplamente os porquês deixava de lado o *stare decisis* e a regra do precedente horizontal para revogar o precedente anterior.

Observa-se, neste particular, que a opinião da Corte entendeu desnecessária maiores análises sobre a amplitude da Décima Quarta Emenda, quando tal apreciação seria necessária para validamente superar *Plessy*[399].

Como se vê, a forma de construção do justo resultado é objeto de crítica, revelando, sob esta perspectiva, o ativismo na forma da indevida superação do precedente.

No entanto, como salientado acima, trata-se de uma crítica materialmente injusta, na medida em que a regra do *stare decisis* não pode ser invocada para perpetuar uma violação à Constituição. A Corte pode ter falhado metodologicamente (e, sob esse enfoque, é correta a pecha de ativista),

do que dramático do que o verificado e certamente mais problemático, pois tal distinção, em que pese estar friamente de acordo com o *stare decisis*, seria ridícula." (ibidem, p. 373. Tradução livre do autor. No original: *"Were the Court to merely declare that Plessy applied only to public transportation, or the regulation of public services, it would have been overruling the authority which segregating states had read into the decision. The effect would have been no less dramatic than the course taken and certainly no less troublesome since such a distinction, while in strict accord with narrow versions of stare decisis would be plainly ridiculous."*).

[398] Ibidem, p. 336.

[399] A interpretação da Décima Quarta Emenda foi sucintamente exposta nestes termos: "Nós concluímos que, no campo da educação pública, a doutrina do "separados mais iguais" não tem lugar. Acomodações separadas são inerentemente desiguais. Portanto, nós sustentamos que os autores e outros em situação semelhante, em função da segregação atacada, estão privados da igual proteção das leis garantida pela Décima Quarta Emenda. Esta disposição torna desnecessária qualquer discussão sobre se a segregação também viola a cláusula do devido processo da Décima Quarta Emenda." (347 U.S. 183 (1954). Tradução livre deste autor. No original: *"We conclude that, in the field of public education, the doctrine of "separate but equal" has no place. Separate educational facilities are inherently unequal. Therefore, we hold that the plaintiffs and others similarly situated for whom the actions have been brought are, by reason of the segregation complained of, deprived of the equal protection of the laws guaranteed by the Fourteenth Amendment. This disposition makes unnecessary any discussion whether such segregation also violates the Due Process Clause of the Fourteenth Amendment."*).

porém, na essência, a dinâmica da *common law* não impõe a eternidade vinculante de um caso, havendo margem legítima para o *overruling*.

As excepcionais condições políticas e sociais em que *Brown* foi decidido talvez tenham premido a Corte a alcançar a decisão que evidentemente se coadunava com a igualdade, prejudicando a coerência que se espera em função da doutrina do precedente horizotal (*horizontal precedent*).

3.3.2 *Seminole Tribe of Florida v. Florida*

O ativismo sob a concepção da indevida superação de precedentes é registrado pela doutrina estadunidense majoritária[400] no julgamento de *Seminole Tribe of Florida v. Florida*[401].

Trata-se de um dos mais significativos casos que marcou o movimento "neofederalista" da Suprema Corte, que, sob a presidência de William Rehnquist, nos anos 1990, proferiu uma série de decisões voltadas à ampliação dos poderes dos estados, reduzindo o poder do Congresso sobre eles[402].

---

[400] TIBBEN, Jana L. Family leave policies trump states' rights: *Nevada Department of Human Resources v. Hibbs* and its impact on sovereign immunity jurisprudence. *The John Marshall Law Review*, vol. 37, p. 606, 2004; CHEMERINSKY, Erwin. Federalism Not as Limits, But as Empowerment. *Kansas Law Review*, p. 1.219 e 1.227, 1997; CHEN, Paul. The Institutional Sources of State Success in Federalism Litigation before the Supreme Court. *Law & Policy*, vol. 25, p. 456, out. 2003; CONSOVOY, William S.The Rehnquist Court and the End of Constitutional Stare Decisis: Casey, Dickerson and the Consequences of Pragmatic Adjudication. *Utah Law Review*, p. 53-106, 2002; DORF, Michael C. No Federalists Here: Anti-Federalism and Nationalism on the Rehnquist Court. *Rutgers Law Journal*, vol. 31, p. 747, 2000; WILSON, James G. The Eleventh Amendment cases: going "too far" with judicial neofederalism. *Loyola of Los Angeles Law Review*, vol. 33, p. 1.687-1.718, 2000; YOUNG, Ernest A. Judicial Activism and Conservative Politics, University of Colorado Law Review, Volume 73, N. 4, p. 1.139-1.216, 2002; KRAMER, Larry D. The Supreme Court 2000 Term Foreword: We The Court. *Harvard Law Review*, vol.115, p. 05-169; 2002 e JACKSON, Vicki C. Seductions of coherence, state sovereign immunity, and the denationalization of federal law. *Rutgers Law Journal*, vol. 31, p. 691-739, 2000. Cabe ressalvar que alguns dos autores ora indicados também criticam o precedente em tela em função de reconhecerem ter havido julgamento orientado pelo resultado dos membros da Corte. É o caso de CHEMERINSKY, Erwin, op. cit. CHEN, Paul, op. cit. p. 457-458; CONSOVOY, William S., op. cit. De todo modo, o grupo majoritário de obras aponta a indevida superação do precedente anterior, razão pela qual este caso é tratado sob esta concepção de ativismo.

[401] 517 U.S. 44 (1996).

[402] TIBBEN, Jana L., op. cit. p. 603. Este novo posicionamento esposado pela Corte Rehnquist foi expresso também nos seguintes casos: *New York v. United States* (505 U.S. 144 – 1992), *United*

Tais julgados foram caracterizados pela invocação do federalismo para que estados fossem protegidos da legislação e da atuação de cortes federais[403].

Para a verificação da ocorrência dos critérios que definem a indevida superação de precedentes em *Seminole Tribe*, é preciso contextualizar a jurisprudência da Suprema Corte a respeito da cláusula da "imunidade soberana" (*sovereign immunity*), que consiste no princípio segundo o qual estados estão imunes de certas ações judiciais (especialmente as que envolvem responsabilidade civil de entes estatais), princípio este fundado na antiga noção da irresponsabilidade do Estado (*the king can do no wrong*).

Em 1890, a Suprema Corte decidiu o caso *Hans v. Lousiana*[404], assentando que a doutrina da imunidade soberana proibia um cidadão de certo estado de processar o seu próprio estado na justiça federal[405].

Todavia, este entendimento foi alterado em 1989, por ocasião do julgamento de *Pennsylvania v. Union Gas Co.*[406], uma vez que a Suprema Corte reconheceu o poder do Congresso de derrogar a imunidade soberana com fundamento na Cláusula de Comércio Interestadual (*Commerce Clause*)[407].

Cuidava-se de um caso envolvendo o governo federal, o estado da Pensilvânia e uma indústria de gaseificação de carvão na disputa sobre os custos de recuperação por danos ambientais. O estado da Pensilvânia alegou ser imune à responsabilização civil, invocando a Décima Primeira Emenda à Constituição e a doutrina da imunidade soberana. No entanto, a Suprema Corte entendeu que a *Commerce Clause* dava ao Congresso amplos poderes para, por meio de leis federais, conferir responsabilidade aos estados,

---

States v. Lopez (115 S. Ct. 1624 – 1995), *Alden v. Maine* (527 U.S. 706 – 1999) e *Kimel v. Florida Bd. of Regents* (528 U.S. 62 – 2000).

[403] Confira-se: TIBBEN, Jana L., op cit., p. 606.

[404] 134 U.S. 1 (1890).

[405] A Corte dispôs que "Um Estado não pode, sem o seu consentimento, ser processado por um de seus cidadãos em órgãos judiciais federais sob a alegação de que o caso envolve a Constituição ou leis federais.". Tradução livre deste autor. No original: *"A State cannot, without its consent, be sued in a Circuit Court for the United States by one of its own citizens upon a suggestion that the case is one that arises under the Constitution and laws of the United States."*.

[406] 491 U.S. 1 (1989).

[407] Nos termos artigo I, seção 8, cláusula 3, da Constituição americana: "O Congresso terá o poder (...) de regular o comércio com nações estrangeiras e entre os diversos Estados e Tribos Indígenas". Tradução livre deste autor. No original: *"The Congress shall have Power (...) To regulate Commerce with foreign Nations, and among the several States, and with the Indian Tribes"*.

sujeitando-os, portanto, a processos judiciais de ressarcimento na justiça federal[408].

Esta decisão significou uma expansão dos poderes do Congresso, pois foi chancelada a possibilidade de edição de leis federais, fundadas na *Commerce Clause*, que sujeitassem os estados a responsabilidade monetária por danos causados a particulares[409].

Em suma, "*Union Gas*, decidido apenas seis anos antes de *Seminole Tribe*, assentou que o Congresso possuía a competência de revogar a imunidade soberana de estados por meio de leis"[410].

Apresentada a jurisprudência que precedeu *Seminole Tribe*, é possível avaliar neste julgado os indícios de ativismo pela indevida superação de precedentes registrados pela doutrina majoritária recolhida nesta dissertação.

Em 1988, o Congresso americano aprovou o marco legal regulatório dos jogos de azar praticados em comunidades indígenas (*Indian Gaming Regulatory Act*), disciplinando a operação e regulação deste tipo de jogo, com vistas a protegê-lo como instrumento de desenvolvimento de tribos indígenas. Tal lei foi adotada com base na cláusula de comércio interestadual e indígena, prevista no artigo I, seção 8, cláusula 3, da Constituição americana.

Esta lei conferiu competência às cortes distritais (órgãos jurisdicionais federais) para conhecer das ações movidas por tribos indígenas em face de estados, caso os estes falhassem com o dever legal de agir com boa-fé nas tratativas envolvendo apostas em reservas indígenas[411].

Neste contexto, a tribo dos índios seminole da Florida ajuizou ação, perante a justiça federal, em face do estado da Florida e do seu governador, com fulcro no *Indian Gaming Regulatory Act*, alegando que os requeridos

---

[408] 491 U.S. 1 (1989). Confira-se, a respeito: ROGERS, Kevin A. Meaningful Judicial Review: A Protection of Civil Rights – *Board of Trustees of the University of Alabama v. Garrett*. *Mississippi College Law Review*, vol. 22, p. 106-107, 2003.

[409] 491 U.S. 1 (1989). Confira-se ainda: SHAFFER, Mark D. Reining in the Rehnquist Court's expansion of state sovereign immunity: a market participant exception. *Whittier Law Review*, vol. 23, p. 1.018-1.019, 2002.

[410] CONSOVOY, William S., op. cit., p. 99. Tradução livre deste autor. No original: "Union Gas, *decided just six years before* Seminole Tribe, *held that Congress had the ability to abrogate state sovereign immunity through statute*".

[411] O Título 25 do *Indian Gaming Regulatory Act* exigia que estados agissem com boa-fé ao negociar com tribos indígenas. Confira-se, a esse respeito: WILSON, James G., op. cit., p. 1.701.

teriam violado o dever de agir com boa-fé, na medida em que não encetaram negociações com a tribo, relativamente aos jogos de azar no território dos seminole[412]. A ação estava fundada, ainda, na confiança da manutenção do quanto decidido em *Pennsylvania v. Union Gas Co.*, para embasar o argumento de que o Congresso poderia revogar a imunidade soberana de estados como forma de cumprir as leis federais editadas com base na *Commerce Clause*[413].

O juízo de primeira instância federal (*district court*) afastou a defesa de imunidade soberana invocada pelo estado da Florida. Contudo, em recurso ao Décimo Primeiro Circuito, esta tese foi acolhida, reconhecendo-se que o ente federado gozava de imunidade[414].

Por fim, ao examinar *Seminole Tribe of Florida v. Florida*, a Suprema Corte decidiu que a *Commerce Clause* não conferia ao Congresso a autoridade para revogar a inunidade soberana dos estados[415]. Para se chegar a esta conclusão, o tribunal reviu a sua decisão em *Pennsylvania v. Union Gas Co.*, afirmando que, naquela decisão pretérita, "a razão de decidir da maioria se desviou nitidamente da jurisprudência estabelecida desta Corte em matéria de federalismo e essencialmente eviscerou a decisão da Corte em *Hans*"[416].

Consequentemente, a Corte, pela maioria de 5 votos a 4, superou o precedente anterior (*Pennsylvania v. Union Gas Co.*), declarando inconstitucional o dispositivo do *Indian Gaming Regulatory Act* que autorizava ações judiciais na justiça federal contra estados, para cumprimento das provisões desta legislação federal[417]. Em síntese, voltando ao entendimento esposado em 1890, em *Hans*, a Corte promoveu uma clara expansão das imunidades dos estados em relação aos processos deflagrados por violação às leis federais[418], concluindo que o Congresso não detinha poder para anular a imunidade soberana dos estados.

---

[412] 517 U.S. 44 (1996). Vide, ainda, ROGERS, Kevin A., op. cit., p. 107-108.
[413] SHAFFER, Mark D., op. cit., p. 1.019.
[414] 517 U.S. 44 (1996). Confira-se também ROGERS, Kevin A., op. cit., p. 107-108.
[415] 517 U.S. 44 (1996).
[416] 517 U.S. 44 (1996). Tradução livre deste autor. No original: "*The plurality's rationale also deviated sharply from this Court's established federalism jurisprudence and essentially eviscerated the Court's decision in* Hans".
[417] 517 U.S. 44 (1996).
[418] JACKSON, Vicki C., op. cit, p. 691-692.

A doutrina majoritária pesquisada nesta dissertação entende ter havido ativismo judicial pela precariedade com que se superaram as conclusões fixadas em *Pennsylvania v. Union Gas Co.*, decidido apenas seis anos antes de *Seminole Tribe*.

Em linhas gerais, os analistas observam que a forma com que o precedente foi rejeitado em *Seminole Tribe* caracteriza uma forma de ativismo judicial, até porque, além de *Union Gas*, também se desconsiderou mais de vinte anos de jurisprudência que vinha estabelecendo poderes ao Congresso para sujeitar estados a processos judiciais em tribunais federais[419].

Critica-se, especialmente, a singeleza dos argumentos invocados para superar *Union Gas*[420], tal como a seguinte passagem da opinião da maioria corte, da lavra do *Chief Justice* Rehnquist, ao registrar que "reconsiderando a decisão em *Union Gas*, nós concluímos que nenhuma das políticas subjacentes ao *stare decisis* requer a nossa contínua aderência à sua conclusão. A decisão, desde a sua emissão, foi de questionável valor em termos de precedente, especialmente porque a maioria da Corte expressamente discordou com a razão de decidir da pluralidade"[421].

Seminole Tribe é acusado de ativismo, pois, por não ter dado nenhuma atenção aos fatores tradicionais que exigem observância do *stare decisis*. A opinião da maioria, portanto, se limitou a atestar que a decisão em *Union Gas* foi um erro, sem maiores justificativas pelas quais o caso deveria ser de fato superado. Aliás, a literatura especializada norte-americana anota que, em *Seminole Tribe*, o *stare decisis* foi tratado como um obstáculo facilmente transponível, ante a superficialidade com que o precedente anterior fora desconsiderado[422].

As análises acadêmicas sobre *Seminole Tribe* revelam, assim, o pragmatismo com que a Corte lidou com o *stare decisis*, cogitando tal modo de agir

---

[419] Ibidem, p. 696.
[420] CONSOVOY, William S., op. cit., p. 99.
[421] 517 U.S. 44 (1996). Tradução livre deste autor. No original: "*Reconsidering the decision in Union Gas, we conclude that none of the policies underlying stare decisis require our continuing adherence to its holding. The decision has, since its issuance, been of questionable precedential value, largely because a majority of the Court expressly disagreed with the rationale of the plurality.*"
[422] ENSIGN, Drew C. The impact of liberty on stare decisis: the Rehnquist Court from *Casey* to *Lawrence*. New York University Law Review, vol. 81, p. 1.143, 2006.

pelo fato de que o precedente superado não havia despertado a atenção pública nem deflagrado pressões políticas[423].

As críticas doutrinárias incidentes sobre *Seminole Tribe* anotam, ainda, que a superação do precedente julgado apenas seis anos antes está bojo da "revolução do federalismo" iniciada pela Corte Rehnquist, por meio da qual a Corte retirou poderes do Congresso sobre estados[424], o que talvez explique a pouca preocupação em se explicitar os motivos para a superação de *Union Gas*. E, sob esta perspectiva, *Seminole Tribe* foi o passo inicial para remover a competência do Congresso para autorizar ações de pessoas físicas em face de estados em uma corte federal[425].

Portanto, a doutrina majoritária que compõe a presente pesquisa indica que *Seminole Tribe of Florida v. Florida* incidiu em ativismo judicial sob a forma de indevida superação do precedente.

3.4 Criação Judicial do Direito

3.4.1 *Miranda v. Arizona*

As acusações doutrinárias de ativismo judicial apontam *Miranda v. Arizona*[426] como caso em que a Corte Suprema incidiu em criação judicial do direito[427].

---

[423] CONSOVOY, William S., op. cit., p. 100-101. O autor prossegue afirmando que "Não há princípio, não há moldura. Se a Corte concorda com a decisão, ela permanece, se discorda, ela desaparece." (ibidem, p. 101. Tradução livre deste autor. No original: *"There is no principle; there is no framework. If the Court agrees with a decision it stays, and if it disagrees it goes."*).
[424] HENGERER, Geoffrey G., op. cit. p. 72-73.
[425] HENGERER, Geoffrey G., op, cit., p. 73 e TIBBEN, Jana L., op. cit., p. 603.
[426] 384 U.S. 436 (1966).
[427] COX, Archibald. *The independence of the judiciary: history and purposes...* cit., p. 580; COX, Archibald. *The role of the Supreme Court: Judicial Activism or Self-Restraint?...* cit.; IRONS, Peter. Making Law: the case for judicial activism. *Valparaiso University Law Review*, vol. 24, p. 35-52, 1990; CANON, Bradley, op. cit., p. 245; MALTZ, Earl M. False Prophet-Justice Brennan and the Theory of State Constitutional Law. *Hastings Constitutional Law Quarterly*, p. 429-449, 1988; KMIEC, Keenan D., op. cit., p. 1.471-1.473; KROTOSZYNSKI JR., Ronald J. A Remembrance of Things Past? Reflections on the Warren Court and the Struggle for Civil Rights, *Washington and Lee Law Review*, vol. 59, p. 1.055-1.074, 2002; WALPIN, Gerald. Take Obstructionism Out of the Judicial Nominations Confirmation Process, Texas Review of Law & Politics, vol. 8, p. 89-112, 2003; SCHWARTZ, Gary T. The Beginning and the Possible End of the Rise of Modern American Tort Law. *Georgia Law Review*, vol. 26, n. 3, p. 539-599, 1992; GREEN, Craig, op. cit.; MILLER, Arthur Selwyn. *The Elusive Search for Values in Constitutional Interpretation...* cit.

A opinião emitida em *Miranda* constituiu, em realidade, o julgamento conjunto de *Miranda* e outros três casos similares[428]. Em todos eles, os interessados, acusados em processos criminais, foram submetidos interrogatórios enquanto permaneciam sob a custódia de policiais ou dos órgãos acusatórios. Tais interrogatórios foram realizados em salas fechadas, nas quais os acusados não tinham nenhum contato com o mundo externo[429].

A nenhum dos acusados foi dada ciência a respeito de seus direitos durante o processo de interrogatório, culminando com a confissão em todos eles, que foram consideradas em suas condenações ulteriores[430].

Por uma maioria de 5 votos a 4 e sob a relatoria do presidente Earl Warren, a Corte entendeu que a Quinta Emenda não admitia nenhuma declaração auto-incriminatória sem que o acusado tivesse tido plena ciência de seus direitos.

A opinião majoritária afirmou que os órgãos de acusação não podem se valer de declarações de pessoas sujeitas a custódia ou detenção sem que demonstre ter assegurado o direito do acusado de não produzir prova contra si mesmo, garantido pela Quinta Emenda (*privilege against self-incrimination*).

Reputou-se que o ambiente de incomunicabilidade que marca os interrogatórios criminais mitiga o direito de não se incriminar, na medida em que as declarações obtidas pelos acusados não podem mesmo refletir as suas vontades livres e isentas.

Assim, decidiu a Suprema Corte que, na ausência de outras medidas efetivas, as autoridades estatais deveriam adotar alguns procedimentos, sem os quais não estaria devidamente protegido o direito previsto na Quinta Emenda.

O rol de procedimentos ditados pela Corte impostos aos agentes de segurança alcançou tamanho significado na cultura norte-americana que passou a ser conhecido apenas com a alcunha de "Miranda" ou pelo gerúndio em inglês, que descreve tais condutas preparatórias: "*Mirandizing a suspect*"[431].

---

[428] *Westover v. United States*, *Vignera v. New York* e *California v. Stewart*.
[429] 384 U.S. 436 (1966).
[430] Ibidem.
[431] Cf. CHING, Bruce. Mirandizing terrorism suspects? The public safety exception, the rescue doctrine, and implicit analogies to self-defense, defense of others, and battered woman syndrome. *Michigan State University College of Law*, p. 1-44, ago. 2014.

A Corte instituiu um manual para a legitimidade da colheita das declarações de pessoas presas, composto pelos seguintes avisos (*Miranda warnings*) a serem expressamente declinados pelos agentes estatais às pessoas custodiadas:

> a pessoa presa deve, antes do interrogatório, ser claramente informada que ela tem o direito de permanecer em silêncio e que qualquer coisa que ela venha a fazer poderá ser usada contra ela em um tribunal; ela deve ser claramente informada que tem o direito de se consultar com um advogado e ter o advogado ao seu lado durante o interrogatório e que, se ela for pobre, um advogado será indicado para representa-la.[432]

O ritual proposto pelo tribunal é composto, ainda, das seguintes fórmulas: se o acusado, antes ou durante o interrogatório manifesta a vontade de permanecer em silêncio, o ato deve cessar; se ele enuncia que pretende ser assistido por um advogado, o interrogatório deve ser suspenso até que o causídico se faça presente. Ademais, as declarações colhidas sem advogado carreiam aos órgãos administrativos o ônus de demonstrar que o acusado conscientemente dispensou o direito enunciado pelo tribunal. Além disso, ainda que o acusado tenha respondido algumas perguntas sem o prévio aviso (*Miranda warning*), ele poderia invocar o direito de permanecer calado a partir de então.

As acusações de ativismo por parte da doutrina norte-americana giram em torno do fato de a Corte ter criado um direito constitucional sem base factual ou textual. O rito imposto aos agentes estatais não continha lastro na Quinta Emenda e nem na *common law*, caracterizando, pois, a criação de norma processual penal pelo Judiciário[433]. A criação do direito em *Miranda* é observada, pois, na especificação minudente da conduta estatal em interrogatórios criminais, impondo um roteiro pormenorizado sem o

---

[432] 384 U.S. 436 (1966). Tradução livre deste autor. No original: *"the person in custody must, prior to interrogation, be clearly informed that he has the right to remain silent, and that anything he says will be used against him in court; he must be clearly informed that he has the right to consult with a lawyer and to have the lawyer with him during interrogation, and that, if he is indigent, a lawyer will be appointed to represent him."*.

[433] Tais argumentos foram ventilados, em alguma medida, nos votos vencidos dos juízes Harlan, Stewart, White e Clark (este último concorrendo em parte e dissentindo em parte do relator Warren).

qual não se considera atendido o direito constitucional de não produzir prova contra si próprio[434].

Por fim, aponta-se que *Miranda* incidiu em ativismo judicial por se tratar de criação da Suprema Corte que pode não ser seguida pelos Estados. Isto porque o mero fato de o rito poder ser extraído da Constituição Federal (o que por si só é discutível, como visto acima), não necessariamente implica que a mesma regra deva ser seguida pelas autoridades estaduais, que teriam liberdade para garantir o direito previsto na Constituição Federal de forma diversa[435].

3.4.2 *Gideon v. Wainwright*

Gideon v. Wainright[436] representa, segundo a doutrina majoritária apreciada, ativismo judicial por veicular criação judicial do direito[437].

Clarence Earl Gideon foi acusado de, no dia 03 de junho de 1961, ter furtado o dinheiro que se encontrava na caixa registradora de um clube de natação em Panama City, no estado da Florida.

Submetido a julgamento perante o júri local, Clarence Gideon solicitou a indicação de advogado para promover a sua defesa, eis que não detinha condições econômicas para custear a sua própria assistência judiciária.

---

[434] CANON, Bradley, op. cit., p. 245. O autor sustenta que *"Miranda* ditou à polícia o que seus agentes devem fazer antes de interrogar um suspeito". Tradução livre deste autor. No original: "*Miranda dictated to the police what officers must do prior to interrogating a suspect.*".
[435] MALTZ, Earl M. False Prophet-Justice Brennan and the Theory of State Constitutional Law. *Hastings Constitutional Law Quarterly*, p. 429-449, 1988.
[436] 372 U.S. 335 (1963).
[437] ALLEN, Francis A. The judicial quest for penal justice: the Warren Court and the criminal cases. *University of Illinois Law Forum*, vol. 1975, p. 518-541, 1975; BLASI, Vince. A requiem for the Warren Court. *Texas Law Review*, vol. 48, p. 608-623, 1970; CRAIG, Walter Early. The U. S. Supreme Court – A Look At Its Critics. *Brief*, vol. 59, p. 241-252, 1964; GARROW, David. J. Bad behavior makes big law: southern malfeasance and the expansion of federal judicial power, 1954–1968. *St. John's Law Review*, vol. 82, p. 1-38, 2007; MARSHALL, William P. Progressive Constitutionalism, Originalism, and the Significance of Landmark Decisions in Evaluating Constitutional Theory. *Ohio State Law Journal*, vol. 72, p. 1.251-1.276, 2011; SANDALOW, Terrance, op cit, p. 1.042; SOLOVE, Daniel J. The Darkest Domain: Deference, Judicial Review, and the Bill of Rights. *Iowa Law Review*, vol. 84, p. 941-1.023, 1999; WHITE, John Valery, op. cit. p. 331.

O tribunal estadual negou o pedido, ao fundamento de que as leis do estado da Florida permitiam a indicação de advogados para acusados "indigentes" apenas nos casos de crimes apenados com pena de morte.

Em face desta negativa, Clarence Gideon promoveu, então, sua própria defesa como leigo perante o júri, sendo, ao final, condenado à pena de cinco anos de prisão[438].

Ele, então, impetrou *habeas corpus* perante a Suprema Corte estadual, alegando que a condenação violara direitos previstos na Constituição Federal, na medida em a nomeação de defensor era garantida pelo *Bill of Rights* da Constituição Federal. Porém, a pretendida ordem de *habeas corpus* também fora denegada.

Já preso, Gideon recorreu à Suprema Corte, que admitiu o conhecimento do caso e lhe nomeou defensor para exposição escrita e oral perante o tribunal[439].

A decisão da Suprema Corte considerou que "o direito de um réu pobre em um julgamento criminal em ter assistência jurídica é um direito fundamental, essencial a um julgamento justo, e o julgamento e condenação do peticionário sem a assistência de um defensor violou a Décima Quarta Emenda"[440].

---

[438] Segundo se infere da opinião da Suprema Corte, "Ele fez um discurso inicial ao júri, inquiriu as testemunhas de acusação apresentou testemunhas em sua própria defesa, declinou de ser ouvido como testemunha e fez uma curta argumentação 'enfatizando a sua inocência em relação à acusação constante dos autos'". (372 U.S. 335 (1963). Tradução livre deste autor. No original: "*He made an opening statement to the jury, cross-examined the State's witnesses, presented witnesses in his own defense, declined to testify himself, and made a short argument 'emphasizing his innocence to the charge contained in the Information filed in this case.'*").

[439] O advogado nomeado para acompanhar o processo junto à Suprema Corte foi o renomado jurista Abe Fortas, que, posteriormente, veio a ser nomeado juiz da Suprema Corte.

[440] (372 U.S. 335 (1963). Tradução livre deste autor. No original: "*The right of an indigent defendant in a criminal trial to have the assistance of counsel is a fundamental right essential to a fair trial, and petitioner's trial and conviction without the assistance of counsel violated the Fourteenth Amendment.*". Vale ressaltar, de outro lado, que a Sexta Emenda à Constituição americana prevê textualmente o direito de acusados, em todos os processos criminais, de ter a assistência de um advogado. Esta Emenda, porém, ao contrário do que aparentemente sugere, não carreou aos Estados a obrigação positiva de prover tal assistência. Como recorda William P. Marshall, a Sexta Emenda foi editada em resposta a uma antiga regra da *common law* inglesa que proibia a atuação de advogado em favor de acusados de crimes graves (*felony*), de modo que esta Emenda não deu aos réus criminais o efetivo direito à assistência judiciária. Assim, o direito à indicação de advogado por órgãos judiciais sempre foi disposto em leis estaduais, nunca tendo sido tratado como direito constitucional federal. (Progressive Constitutionalism, Originalism, and the

Aponta-se haver ativismo em razão da construção, pela via jurisprudencial, de um direito fundamental não extraível dos termos da Constituição e que, por consequência, acarretou o respectivo dever de promoção, a cargo dos estados-membros.

Com efeito, em 1942, a Suprema Corte, resolvendo o caso *Betts v. Brady*[441], adotou, em matéria de defesa criminal, a doutrina das circunstâncias especiais *("special circumstances")*, segundo a qual os processos criminais no âmbito estadual não necessariamente precisariam se conformar às prescrições da Constituição Federal. Tal observância somente seria exigida se o processo criminal, em um caso particular, atentasse contra algum direito do acusado que, dada a sua tradição, poderia ser considerado fundamental. Desde então, o direito à indicação de profissional para exercer a defesa técnica em ações penais estaduais estava sujeito à consideração das "circunstâncias especiais", casuisticamente avaliadas em cada caso concreto[442].

Todavia, apesar dos fatos serem extremamente parecidos com os apreciados em *Betts*, *Gideon* significou a criação de um direito de estatura constitucional ao fundamento de que a assistência jurídica em nível estadual era compulsória, sob pena de violação do devido processo legal.

Os estudiosos norte-americanos analisados observam, neste particular, que a regra imposta pelo tribunal às autoridades estaduais foi fundamentada em uma cláusula aberta (o devido processo legal insculpido na Décima Quarta Emenda), da qual não se extraía claramente o dever dos Estados de financiar a defesa gratuita aos acusados. A inexistência deste dever, aliás, foi assentada na jurisprudência da própria Suprema Corte, ressalvada a ocorrência das "circunstâncias especiais" (*Betts v. Brady*).

O perfil criador da decisão se verifica, portanto, segundo a crítica doutrinária majoritária, na formulação de uma diretriz ampla, muito mais parecida com a regulação legislativa do que com a adjudicação jurisdicional[443].

Significance of Landmark Decisions in Evaluating Constitutional Theory. *Ohio State Law Journal*, vol. 72, p. 1.265, 2011). No mesmo sentido: LEWIS, Anthony. *A Trombeta de Gedeão*. Tradução de Beatriz Moreira Pinto Beraldo. Rio de Janeiro: Forense, 1966; SANDALOW, Terrance, op cit, p. 1.042 e SOLOVE, Daniel J. The Darkest Domain: Deference, Judicial Review, and the Bill of Rights. *Iowa Law Review*, vol. 84, p. 941-1.023, 1999.

[441] 316 U. S. 455 (1942).

[442] CRAIG, Walter Early. The U. S. Supreme Court – A Look At Its Critics. *Brief*, vol. 59, p. 250, 1964.

[443] ALLEN, Francis A. The judicial quest for penal justice: the Warren Court and the criminal cases. *University of Illinois Law Forum*, vol. 1975, p. 532, 1975.

Gideon implicou em criação judicial do direito, conforme acentua a doutrina, porque extrapolou a resolução do caso concreto: a Corte, em realidade, impôs nova regra cuja aplicabilidade não dependeria mais da aferição da maior ou menor justiça do julgamento do acusado. Para se alcançar essa conclusão abstrata, foi preciso estabelecer que a assistência judiciária reclamada constitui direito fundamental, decorrente da Décima Quarta Emenda, e oponível aos estados-membros.[444]

A decisão em *Gideon*, em suma, fez com a Corte estabelecesse o escopo preciso de direitos individuais, em uma hipótese cuja calibragem é matéria de política pública a ser dosada pelo legislador[445]. Neste sentido, a inovação jurídica proporcionada pelo julgado se insere em um contexto maior de reformas buscadas pela Corte Warren em matéria de processo penal[446].

Ademais, a *judicial legislation* propiciada por *Gideon* – por meio da criação de um novo direito fundamental – teria dois propósitos camuflados, que constituíam a tônica da Corte Warren: expandir a fiscalização judicial de processos criminais e expandir a autoridade do Judiciário federal como um todo em detrimento das autoridades estaduais[447].

Sob esta perspectiva, recai sobre o julgado a pecha de ativista, na medida em que a atuação legislativa da Corte acabou por criar um padrão nacional sobre assunto[448].

Vale ressaltar que a forma de decisão adotada em *Gideon v. Wainright* – ampla e genericamente aplicável a todos os casos – traz duas vantagens que podem justificar o ativismo da Corte neste caso. Em primeiro lugar, tais regras servem de guia para os tribunais inferiores, evitando incertezas sobre qual precedente seguir[449]. Além disso, a decisão passa a se aplicar a

---

[444] Ibidem, p. 532.
[445] ZIETLOW, Rebecca E. The Judicial Restraint of the Warren Court (and Why it Matters). *Ohio State Law Journal*, vol. 69, p. 270, 2008.
[446] WINTERS, Glenn R. The national movement toward legal and judicial reform. *Saint Louis University Law Journal*, vol. 13, p. 47, 1969.
[447] ALLEN, Francis, op. cit. e GARROW, David J, op. cit.
[448] A opinião emitida em *Gideon v. Wainright* "fez com que alguns poucos estados que ainda não previam legislativamente o dever de nomear advogados aos acusados se ajustassem às normas nacionais". (GARROW, David, op. cit., p. 24. Tradução livre deste autor. No original: "*It brought a small number of 'outlier' states into full compliance with national norms*").
[449] Francis Allen anota que "em 1963, quando Gideon chegou à Corte, os estados estavam ansiosos por mudança. Vinte e dois estados se apresentaram como amicus curiae, demandando que a Corte substituísse a regra de *Betts* por um requisito mais inteligível e categórico para

uma grande quantidade de processos nas instâncias inferiores, com efeito direto na redução dos casos levados à Suprema Corte[450].

O perfil normativo do julgado trouxe, porém, problemas não resolvidos pela Corte, tais como: a decisão se aplica a contravenções penais? Em que momento processual o direito assinalado passa a ser exigível? A conclusão vale também para os processos envolvendo adolescentes?[451]

Este cenário indica que, não obstante a correição moral e a justiça proporcionada, *Gideon v. Wainright* é considerado exemplo significativo de ativismo judicial na concepção de criação do direito pelo Judiciário.

---

a nomeação de advogados para acusados pobres em casos criminais graves." (op. cit., p. 533. Tradução livre deste autor. No original: *"in 1963, Gideon came before the Court, the states were eager for change. Twenty-two of them filed amicus briefs urging the Court to replace the* Betts *rule with the more intelligible categorical requirement of the appointment of counsel for indigent defendants in serious criminal cases"*).

[450] Allen, Francis, op. cit. p. 532.
[451] CRAIG, Walter Early, op. cit., p. 251.

Capítulo III – O Ativismo Judicial no Brasil

1. Origens e Fases do Ativismo Judicial

Ao contrário do cenário norte-americano, no Brasil há uma lacuna no estudo científico acerca da gênese do termo ativismo judicial. Com efeito, dentre as obras examinadas nesta dissertação, não se logrou encontrar algum estudo que se propusesse, precipuamente, a identificar a primeira ocorrência do termo na doutrina ou na jurisprudência nacional, à semelhança, e.g. do artigo de Keenan Kmiec já referenciado. Curiosamente, porém, o artigo de Keenan Kmiec e o pioneirismo de Arthur Schlesinger Jr. são fartamente citados pela doutrina brasileira[452], que, todavia, não se preocupou detidamente em localizar a primeira menção ao ativismo judicial no Brasil.

---

[452] BRANCO, Paulo Gustavo Gonet. Em busca de um conceito fugidio – o ativismo judicial. In: FELLET, André Luiz Fernandes; DE PAULA, Daniel Giotti; NOVELINO, Marcelo (orgs.). *As Novas Faces do Ativismo Judicial*. Salvador: Editora Juspodivm, 2013, p. 387-401; AHUALLI, Tânia Mara; SENA, Jaqueline. Ativismo judicial e as cláusulas gerais processuais no direito brasileiro. In: DIDIER JR., Fredie; NALINI, José Renato; Ramos, GLAUCO Gumerato; LEVY, Wilson (orgs.). *Ativismo Judicial e Garantismo Processual*. Salvador: Juspodivm, 2013, p. 338; NALINI, José Renato. Ativismo judicial, garantismo ou produtividade adequada? In: DIDIER JR., Fredie; NALINI, José Renato; Ramos, GLAUCO Gumerato; LEVY, Wilson (orgs.). *Ativismo Judicial e Garantismo Processual*. Salvador: Juspodivm, 2013, p. 385; CARDOSO, Oscar Valente. Ativismo judicial: conceitos e preconceitos. *Revista Dialética de Direito Processual*. São Paulo, n. 129. p. 76-77, dez. 2013; NUNES JUNIOR, Amandino Teixeira. Ativismo Judicial no Brasil: o caso da fidelidade partidária. *Revista de Informação Legislativa*, ano 51, n. 201, p. 97-128, jan./mar. 2014; CAMPOS, Carlos Alexandre de Azevedo. Moreira Alves v. Gilmar Mendes: e evolução das dimensões metodológica e processual do ativismo judicial do Supremo Tribunal Federal. In: FELLET, André Luiz Fernandes; DE PAULA, Daniel Giotti; NOVELINO, Marcelo (orgs.). *As Novas Faces do Ativismo Judicial*. Salvador: Editora Juspodivm, 2013, p. 547.

Em realidade, os estudos sobre o ativismo brasileiro que se propõem a traçar um escorço histórico do instituto sinalizam, grosso modo, uma origem bastante recente.

Neste sentido, sustenta-se que, "no Brasil, as discussões sobre o ativismo judicial tenham nascido após a promulgação da Carta Constitucional de 1988"[453]. Afirma-se, na mesma linha de raciocínio, que o ativismo somente despertou interesse no Brasil a partir da década de 2000[454]. Em suma, de forma quase unânime, a doutrina brasileira identifica a ocorrência de ativismo judicial somente após o processo de redemocratização, especialmente após a promulgação da Constituição de 1988[455].

Tais afirmações, respeitado o entendimento nelas externado, não parecem ser críveis, dada a longevidade do debate sobre a separação entre a política e o direito na literatura brasileira[456]. Não se mostra razoável, de fato, conceber que somente após a Constituição de 1988 é que surgiu um

[453] AHUALLI, Tânia Mara; SENA, Jaqueline. *Ativismo judicial...* cit., p. 337; TEIXEIRA, Anderson Vichinkeski. *Ativismo judicial...* cit. e FRAGALE FILHO, Roberto. Ativismo Judicial e Sujeitos Coletivos: A Ação das Associações de Magistrados. In: COUTINHO, Jacinto Nelson de Miranda; FRAGALE FILHO, Roberto e LOBÃO, Ronaldo (orgs.). *Constituição & Ativismo Judicial*. Rio de Janeiro: Lumen Juris, 2011, p. 361.

[454] DIMOULIS, Dimitri; LUNARDI, Soraya Gasparetto. Ativismo e autocontenção judicial no controle de constitucionalidade. In: FELLET, André Luiz Fernandes; DE PAULA, Daniel Giotti; NOVELINO, Marcelo (orgs.). *As Novas Faces do Ativismo Judicial*. Salvador: Editora Juspodivm, 2013, p. 459.

[455] SODRÉ, Habacuque Wellington . A politização do Poder Judiciário como fator de ativismo judicial: conceituação e casos. *Fórum Administrativo*, Belo Horizonte, ano 11, n. 128 , p. 05, out. 2011; KOERNER, Andrei. Ativismo Judicial? Jurisprudência constitucional e política no STF pós-88. *Novos Estudos*, n. 96, p. 70, 2013; SANTOS, Tiago Neiva. Ativismo judicial: Uma visão democrática sobre o aspecto político da jurisdição constitucional. *Revista de Informação Legislativa*, Brasília a. 44 n. 173, p. 280, jan./mar. 2007; RAMOS, Paulo Roberto Barbosa; OLIVEIRA JUNIOR, Jorge Ferraz de. Características do ativismo judicial nos Estados Unidos e no Brasil: Um breve histórico do ativismo judicial na Suprema Corte Norte-Americana e um paralelo com o recente ativismo judicial da Suprema Corte brasileira. *Revista de Informação Legislativa*, ano 51, n. 204, p. 26, out./dez. 2014.

[456] Vide: LESSA, Pedro. *Do Poder Judiciário*. Rio de Janeiro: Livraria Francisco Alves, 1915; NUNES, José de Castro. *Do Mandado de Segurança e outros meios de defesa do direito contra actos do Poder Publico*. São Paulo: Livraria Academica, 1937, p. 167; NUNES, José de Castro. *Teoria e Prática do Poder Judiciário*. Rio de Janeiro: Editora Forense, 1943; LEAL, Rogério Gesta. As responsabilidades políticas do ativismo judicial: aspectos teórico-práticos da experiência norte-americana e brasileira. In: LEAL, Mônica Clarissa Hennig; LEAL, Rogério Gesta (orgs.). *Ativismo judicial e déficits democráticos: algumas experiências latino-americanas e europeias*. Rio de Janeiro: Lumen Juris, 2011

fenômeno ligado, grosso modo, ao desbordamento do Poder Judiciário de seu papel institucional típico[457]. Talvez a conclusão que vincule a ocorrência de ativismo somente após a promulgação da Constituição vigente decorra da opção por estudar o papel do Judiciário somente após 1988, o que implica a perda da historicidade do problema[458].

De todo modo, os debates propiciados pelo ativismo estão há muito tempo presentes na doutrina constitucional brasileira, ainda que em momentos mais remotos não fosse utilizada, pelos estudiosos pátrios, a expressão "ativismo judicial".

A mesma lacuna se verifica no tocante à sistematização das fases mais ou menos ativistas do Poder Judiciário brasileiro.

Com efeito, o Capítulo II evidenciou que a evolução histórica do ativismo judicial americano é amplamente estudada, havendo claros marcos cronológicos que denotam a sucessão de suas fases. A propósito, as fases do ativismo da Suprema Corte americana são amplamente repercutidas na doutrina brasileira, como exposto no mesmo Capítulo.

Porém, são absolutamente escassos (beirando a inexistência) estudos sobre as fases pelas quais o ativismo judicial passou no Brasil[459]. Não há, propriamente, um interesse acadêmico específico sobre as mudanças pelas quais passou o ativismo judicial no Brasil.

---

[457] Recorrendo-se às expressões de Elival da Silva Ramos que traduzem uma ideia mais geral sobre ativismo judicial (cf. RAMOS, Elival da Silva. *Ativismo Judicial: parâmetros dogmáticos*. São Paulo: Saraiva, 2010, p. 308).

[458] "Esta lacuna pode ser compreendida pelo fato dos estudos sociológicos trabalharem com recortes temporais específicos como, por exemplo, os desenhos institucionais posteriores à promulgação da constituição brasileira de 1988. Desta forma são construídos estudos no qual (sic) as instituições são vistas como ausentes de historicidade." (VERONESE, Alexandre. A Judicialização da Política na América Latina: Panorama do Debate Teórico Contemporâneo. In: COUTINHO, Jacinto Nelson de Miranda; FRAGALE FILHO, Roberto; LOBÃO, Ronaldo (orgs.). Constituição & Ativismo Judicial. Rio de Janeiro: Lumen Juris, 2011, p. 398). Ademais, "Na ciência política brasileira, as pesquisas sobre o STF iniciaram-se nos anos 1990, quando se debatiam as reformas do Judiciário e do Estado e se criticava o modelo institucional." (KOERNER, Andrei. Ativismo Judicial? Jurisprudência constitucional e política no STF pós-88. *Novos Estudos*, n. 96, p. 74, 2013).

[459] Exceção deve ser feita ao artigo de Fausto Santos de Morais e André Karam Trindade, que contém um esboço de divisão cronológica do ativismo no Brasil (Ativismo judicial: as experiências norte-americana, alemã e brasileira. *Revista da Faculdade de Direito da UFPR*, Curitiba, n. 53, p. 75-76, 2011) e ao ensaio de Carlos Alexandre de Azevedo Campos (op. cit.).

Talvez a razão para isso esteja no fato de sequer se discutir ativismo no constitucionalismo pré-1988 (ao menos sob essa denominação). Ao contrário, como indicado acima, a doutrina brasileira parece ter "descoberto" o ativismo judicial somente após a vigência da Constituição de 1988.

Mesmo que alterado o foco de análise, para examinar a atividade somente do Supremo Tribunal Federal, também não se logrou encontrar estudo específico, que exponha as fases do ativismo da Corte, à semelhança das fartas pesquisas norte-americanas sobre a sua Suprema Corte.

É preciso ressalvar, neste particular, que a Suprema Corte norte-americana conta com um histórico muito mais longevo de independência e estabilidade institucional, se comparada com o Supremo Tribunal Federal. O Poder Judiciário brasileiro, por diversas razões e em inúmeros momentos históricos, atuou de forma mais submissa aos demais poderes, o que talvez prejudique o enfoque desvinculado dos percalços históricos. Não se pode olvidar, à evidência, da perenidade do ordenamento constitucional estadunidense, ao passo em que o direito constitucional brasileiro se vê diante de uma longa sucessão de rupturas de textos constitucionais.

Ainda neste sentido, o envolvimento político da Suprema Corte na formação inicial da federação americana também pode ser um fator para haver uma preocupação entre os americanos em examinar as fases do ativismo naquele país. Do mesmo modo, a maior controvérsia que o *judicial review* causou (e ainda causa) nos EUA também propicia estudos mais detidos sobre o *modus operandi* de julgar da Corte ao longo dos anos[460].

No que toca ao Supremo Tribunal Federal há, em geral, estudos que se debruçam sobre a história desta Corte e as suas relações com os demais poderes[461].

---

[460] Tanto que, ao contrário do cenário nacional, se encontram, na literatura norte-americana, obras destinadas à investigação dos bastidores da Suprema Corte e das implicações políticas da sua influência. Como exemplo, confira-se: ARMSTRONG, Scott; WOODWARD, Bob. *Por Detrás da Suprema Corte*. Tradução de Torrieri Guimarães. São Paulo: Saraiva S.A. Livreiros Editores, 1985.

[461] Cf, por exemplo, BALEEIRO, Aliomar. *O Supremo Tribunal Federal, Êsse Outro Desconhecido*. Rio de Janeiro: Forense, 1968; VALE, Osvaldo Trigueiro do. *O Supremo Tribunal Federal e a instabilidade político-institucional*. Rio de Janeiro: Editora Civilização Brasileira, 1976; OLIVEIRA, Fabiana Luci de. *Supremo Tribunal Federal: do autoritarismo à democracia*. Rio de Janeiro: Elsevier: FGV. 2012; PEIXOTO, Leonardo Scofano Damasceno. Supremo Tribunal Federal: Composição e indicação de seus ministros. São Paulo: Editora Método, 2012. Vide, ainda, a "Série Memória Jurisprudencial", coletânea de fascículos sobre a vida e obra dos Ministros

De fato, o histórico de alternância entre governos democráticos e autoritários vivenciado no Brasil configura terreno fértil para a análise meramente histórica do Tribunal, apreciando e dividindo os momentos em que esteve mais sujeito ao arbítrio do Executivo e do Legislativo daqueles outros em que pôde exercer suas funções institucionais de forma plena. No entanto, tal recorte, repita-se, é meramente histórico, não representando pesquisa consistente sobre a evolução da *jurisprudência* da Corte e a sua postura mais ou menos ativista[462].

Do mesmo modo, é possível encontrar, em muitas obras que cuidam do escorço histórico das Constituições brasileiras, menções às novas competências que foram sendo atribuídas ao STF ao longo do tempo[463], com os reflexos em matéria de judicialização da política ou mesmo politização da justiça por parte da Suprema Corte brasileira[464].

De qualquer maneira, não obstante a falta de produções específicas sobre as fases do ativismo brasileiro, a pesquisa doutrinária realizada permite identificar duas fases ativistas do Supremo Tribunal Federal, expostas a seguir.

---

do Supremo Tribunal Federal, expondo o histórico da Corte como um todo. Disponível em: <www.stf.jus.br>

[462] A única obra que contém alguma análise sobre as mudanças da jurisprudência do STF é a História do Supremo Tribunal Federal, de Lêda Boechat Rodrigues, em seus três volumes. Ainda assim, esta clássica obra trata muito mais de um viés histórico da Corte, não se prestando para servir como referência sobre as fases do ativismo do STF (RODRIGUES, Lêda Boechat. História do Supremo Tribunal Federal. Tomo I (1891-1898 – Defesa das Liberdades Civis), Tomo II (1899-1910 – Defesa do Federalismo) e Tomo III (1910-1926 – Doutrina Brasileira do *Habeas Corpus*). Rio de Janeiro: Editora Civilização Brasileira S.A., 1991).

[463] Confira-se, apenas a título exemplificativo: TELLES JUNIOR, Goffredo. *A Constituição, a Assembleia Nacional Constituinte e o Congresso Nacional*. São Paulo: Saraiva, 2014; RAMOS, Elival da Silva. *Controle de Constitucionalidade no Brasil*: perspectivas de evolução. São Paulo: Saraiva, 2010; SILVA, José Afonso da. *Curso de Direito Constitucional Positivo*, 33ª ed. São Paulo: Malheiros, 2010, p. 69-90 e TAVARES, André Ramos. *Curso de Direito Constitucional*. 11ª ed. São Paulo: Saraiva, 2013, p.75-115.

[464] Cf. VERÍSSIMO, Marcos Paulo. A Constituição de 1988, vinte anos depois: Suprema Corte e ativismo judicial "à brasileira". *Revista Direito GV*, São Paulo, n. 8, p. 407-440, 2008 e FERREIRA FILHO, Manoel Gonçalves. O Poder Judiciário na Constituição de 1988 – Judicialização da política e politização da Justiça. *Revista de Direito Administrativo*, n. 198 (out.-dez. 1994). Rio de Janeiro: Renovar, p. 1-17.

1.1 Primeira Fase: a República Velha e a Doutrina Brasileira do *Habeas Corpus*

Parte pequena da doutrina brasileira que se propõe a estudar o ativismo judicial identifica um primeiro estágio do ativismo judicial no país, ocorrido na República Velha, mais precisamente entre os anos de 1909 e 1926, sob a égide da Constituição de 1891[465].

Ainda, porém, que este primeiro estágio do ativismo brasileiro não conte com a devida repercussão doutrinária, o exame da postura adotada pelo Supremo Tribunal Federal naquela época demonstra que, de fato, se tratou da primeira fase ativista daquele Tribunal, confirmando a tese daqueles que apontam haver um primeiro período ativista neste momento.

De fato, neste estágio inicial, ocorreu um debate doutrinário e jurisprudencial candente, que pode ser erigido à condição de origem do ativismo judicial no Brasil: trata-se da chamada teoria brasileira do *habeas corpus*.

Desde a sua origem, no direito inglês, o instituto do *habeas corpus* sempre teve como função a de "proteger a liberdade individual, resguardar a liberdade de locomoção das prisões ou restricções injustas"[466]. A mesma finalidade é tradicional do direito norte-americano, sendo delineada desde a época dos artigos federalistas[467]. Porém, nem na Inglaterra, nem nos EUA – berços históricos da criação e desenvolvimento do instituto – jamais se concebeu a concessão de ordem de habeas corpus para a tutela de outros direitos que não a liberdade de locomoção[468].

---

[465] CAMARGO, Margarida Maria Lacombe. O Ativismo Judicial em Rui Barbosa. Revista da Faculdade de Direito da Universidade Católica de Petrópolis, vol. 1, p. 59-75, 1999. Analisando a teoria brasileira do *habeas corpus* (abaixo resumida), a autora assevera que "Por 'ativismo judicial' entendemos o papel criativo dos tribunais ao trazerem uma contribuição nova para o direito, decidindo sobre a singularidade do caso concreto, formando o precedente jurisprudencial, antecipando-se, muitas vezes, à formulação da própria lei. (...) Temos como ativismo judicial, portanto, a energia emanada dos tribunais no processo da criação do direito." (p. 68). Confira-se ainda: RAMOS, Elival da Silva. *Ativismo Judicial: parâmetros dogmáticos...* cit., p. 313; CONTINENTINO, Marcelo Casseb. Ativismo judicial: considerações críticas em torno do conceito no contexto brasileiro. *Interesse Público*, Belo Horizonte, ano 14, n. 72, p. 1-25, mar./abr. 2012; SILVA, Diogo Bacha e. Os contornos do ativismo judicial no Brasil: O fetiche do Judiciário brasileiro pelo controle dos demais poderes. Revista de Informação Legislativa, ano 50, n, 199, p. 175, jul./set. 2013.

[466] LESSA, Pedro, op. cit., p. 269.

[467] Ibidem, p. 269.

[468] Ibidem, p. 272.

Contudo, o art. 72, § 22, da Constituição de 1891, dispunha ser cabível o *habeas corpus* "sempre que o individuo soffrer ou se achar em iminente perigo de soffrer violencia, ou coacção, por ilegalidade, ou abuso de poder". Esta era, à evidência, uma redação bastante genérica e bastante generosa com relação ao cabimento deste instituto processual[469].

Assim é que o Supremo Tribunal Federal passou a adotar, a partir de 1909[470], um posicionamento que ampliava as hipóteses de cabimento do *habeas corpus*, estendendo-o a outros direitos, dependentes da liberdade de locomoção.

De fato, tendo em conta que o dispositivo constitucional não mencionava a liberdade de locomoção, coube ao Ministro Pedro Lessa – juntamente com o Ministro Enéas Galvão – liderar uma corrente moderada, que defendia o manejo do *habeas corpus* sempre que a liberdade de locomoção fosse o meio necessário para o exercício de outros direitos[471]. Operou-se uma verdadeira hipertrofia do instituto[472].

Pedro Lessa, portanto, reconhecia a hipótese de *habeas corpus* quando a liberdade de locomoção constituísse mero instrumento para o exercício de outros direitos:

> A liberdade individual é um direito fundamental, condição do exercício de um sem numero de direitos: para trabalhar, para cuidar de seus negócios, para tratar de sua saúde, para praticar os actos de seu culto religioso, par cultivar seu espirito, aprendendo qualquer sciencia, para se distrahir, para desenvolver seu sentimento, para tudo, em summa, precisa o homem da liberdade de locomoção, do direito de ir e vir. (...) Algumas vezes, entretanto, a illegalidade de que se queixa o paciente não importa a completa privação da liberdade individual. Limita-se a coacção illegal a ser vedada unicamente individual, *quando esta tem por fim proximo o exercicio de um determinado direito*. Não está o

---

[469] Pedro Lessa, inclusive, julgava a redação da Constituição de 1891 mais adiantada "que o preceito similar dos paizes mais cultos", referindo-se possivelmente à Inglaterra e aos Estados Unidos da América (ibidem, p. 286).
[470] FERREIRA FILHO, Manoel Gonçalves. *Curso de Direito Constitucional*. 38ª. ed. São Paulo: Saraiva, 2012. p. 347.
[471] "Era a consagração da medida processual de 1832 em instituto constitucional regulado em têrmos tão flexíveis que possibilitaram a sua extensão mais além dos limites clássicos britânicos." (BALEEIRO, Aliomar. *O Supremo Tribunal Federal, Êsse Outro Desconhecido*. Rio de Janeiro: Forense, 1968, p. 62).
[472] Ibidem, p. 63

paciente preso, nem detido, nem exilado, nem ameaçado de immediatamente o ser. Apenas o impedem de ir, por exemplo, a uma praça publica, onde se deve realizar uma reunião com intuitos políticos; a uma casa comercial, ou a uma fabrica, na qual é empregado; a uma repartição publica, onde tem de desempenhar uma função, ou promover um interesse; á casa em que reside, ao seu domicílio. (...) Pouco importa a especie de direitos que o paciente precisa ou deseja exercer. Seja-lhe necessaria a liberdade de locomoção para pôr em pratica um direito de ordem civil, ou de ordem commercial, ou de ordem constitucional, ou de ordem administrativa, deve ser-lhe concedido o *habeas-corpus*, sob a cláusula exclusiva de ser juridicamente indiscutível este último direito, o direito escopo[473].

O STF, portanto, expandiu o alcance do *habeas corpus* pela via da sua interpretação dada ao remédio constitucional[474].

O exame dos casos concretos em que aplicada tal teoria se presta para nela ratificar que esta foi a primeira manifestação do ativismo judicial no país, eis que a medida foi concedida para finalidades bastante extravagantes[475].

Dentre todas as aplicações vislumbradas e judicialmente determinadas por Lessa[476], cumpre destacar a concessão do remédio para garantir o exercício de função pública, nos termos do Acórdão n. 2990, de 25 de janeiro de 1911, que concedeu a ordem em favor do Conselho Municipal do Distrito Federal. Em suma, deferiu-se ordem de *habeas corpus* em favor

---

[473] LESSA, Pedro, op. cit, p. 284-286.
[474] Cf. RODRIGUES, Lêda Boechat. *História do Supremo Tribunal Federal.* Tomo III (1910-1926 – Doutrina brasileira do *habeas-corpus*). Rio de Janeiro: Editora Civilização Brasileira S.A, 1991.
[475] Aliomar Baleeiro arrola os seguintes casos nos quais se desenvolveu a teoria brasileira do *habeas corpus*: "assegurar a reintegração do funcionário, publicação de artigos jornalísticos lidos da tribuna parlamentar em período de estado de sítio, e até para que estudantes concluíssem o curso pelo regime anterior, a despeito de lei que os obrigava a nôvo currículo" (op. cit., p. 65).
[476] Vale registrar a enumeração feita pelo autor: "Para recolher á casa paterna o impubere transviado, para fazer um contracto ou um testamento, para receber um laudemio, ou para constituir uma hyphoteca; para exercitar a industria de transporte, ou para protestar uma letra; para ir votar, ou para desempenhar uma funcção politica electiva; para avaliar um predio e collectal-o, ou para proceder ao expurgo hygienico de qualquer habitação; se é necessário garantir a um individuo a liberdade de locomoção, porque uma ofensa, ou uma ameaça, a essa liberdade foi embaraço a que exercesse qualquer desses direitos, não lhe pode ser negado *habeas-corpus.*" (Lessa, Pedro, op. cit., p. 286-287).

de intendentes municipais do Distrito Federal (vereadores) que haviam sido eleitos e diplomados, mas que se encontravam impedidos de acessar o prédio que albergava as reuniões em virtude de decreto do Presidente da República. Ao tempo de Pedro Lessa, era comum esse tipo de litigância, que refletia pretensões bastante similares: o manejo do *habeas corpus* para

> dar posse a govêrno, ou a uma Assembléia, ou a uma Câmara Municipal, que se dizia eleita, quando outra era reconhecida pelo órgão competente. Em verdade, ambas provinham da fraude eleitoral, mas uma delas fôra proclamada eleita pelos órgãos legalmente investidos da atribuição de fazê-lo. A outra, oposição local bafejada pelo govêrno da República ou do Estado, pedia a um juiz a ordem de habeas corpus, ou o interdito, para ter o direito de entrar nos palácios do Legislativo e Executivo[477].

Cuida-se de decisão longamente justificada na obra célebre de Lessa, que se mostrava preocupado em rebater as críticas que recaíram sobre tal julgado, especialmente aquelas proferidas pelo Presidente da República[478].

Como se pode perceber, a criação da teoria brasileira do *habeas corpus* operou uma postura interpretativa mais elástica e robusta que contou, talvez de forma pioneira, com grande repercussão dentro e fora do mundo jurídico. É importante ressaltar que a ausência de remédios processuais adequados às situações vislumbradas por Pedro Lessa foi o catalisador da

---

[477] BALEEIRO, Aliomar, op. cit., p. 65. Interessante notar que, muito recentemente, o Supremo Tribunal Federal concedeu ordem de *habeas corpus* para desconstituir decisão da Corte Especial do STJ que determinou o afastamento de Conselheiro do Tribunal de Contas do Estado do Amapá das funções do seu cargo, bem como o impediu de entrar nas dependências do Tribunal e de utilizar de veículos e receber de vantagens decorrentes do efetivo exercício no cargo (tais como passagem aérea, diárias, ajuda de custo, telefone e quaisquer outros bens de propriedade da Corte de Contas), tudo até a apreciação da denúncia criminal. Neste caso, o Ministro Relator asseverou sua preocupação com o indevido alargamento das hipóteses de cabimento do *habeas corpus* e consignou não ser sua intenção fazer reviver a antiga doutrina brasileira do *habeas corpus*. Ainda assim, contudo, admitiu o cabimento do *writ* em razão da decretação de "medidas cautelares restritivas a direitos importantes, adotados em processo criminal, que merecem atenção por instâncias revisionais pela via mais expedita o possível". Nítida, portanto, a semelhança entre os fatos que motivaram a adoção da teoria brasileira n começo do século passado e aqueles suscitados neste recente precedente, até porque, neste último, tratava-se da pretensão de reintegração de funcionário público ao seu cargo pela via do *habeas corpus*. (*Habeas Corpus nº 121.089/AP*. Segunda Turma. Relator: Min. Gilmar Mendes. j. 16 de dezembro de 2014. DJ 17 de março de 2015).

[478] LESSA, Pedro, op. cit., especialmente págs. 288, 309, 338 e 345.

teoria brasileira. Tanto é assim que os impactos e divergências apontadas sobre tal doutrina ensejaram a criação do mandado de segurança, por meio da Reforma Constitucional de 1926.

De todo modo, ainda que superada pelo advento do mandado de segurança, a doutrina brasileira do *habeas corpus* deixou como legado um período de efervescência na práxis do Supremo Tribunal Federal, que repercute até os dias de hoje. Aliás, Castro Nunes aduziu que "theoria brasileira do habeas corpus" foi

> o facto de maior significação em toda a nossa vida judiciária, comparavel a certos respeitos ás duas maiores creações jurisprudenciaes conhecidas – o *détournement du pouvoir*, pelo Conselho de Estado, e a revelação do poder, omisso no texto americano, de declarar inconstitucinonaes as leis do Congresso, derivado por construcção pela Côrte Suprema dos Estados Unidos[479]

Com muito menos destaque, porém, o Supremo Tribunal se valeu, no mesmo período, de uma interpretação bastante ampliada dos interditos possessórios (ação de reintegração e interdito proibitório) para fazer cessar perigo iminente de violação ou para restabelecer o *status quo ante* (quando já configurada lesão) a direitos outros bastante distintos dos direitos possessórios. Entendeu-se que a evolução destes mecanismos lhes conferiam cabimento para o amparo não só de direitos reais como, também, de direitos pessoais. Admitia-se, então, a tutela possessória para a defesa do direito de cobrar um tributo ou mesmo do direito de exercer certo cargo público[480]. Como exemplo, vale citar que o STF naquele mesmo momento histórico decidiu "ampliar o interdicto prohibitorio e a manutenção da posse á defesa dos contribuintes contra a cobrança de alguns impostos illegaes"[481], porém, aqui, com respaldo legal, já que a Lei n. 3.185, de 1904 previu os interditos possessórios como mecanismo de defesa dos contribuintes de impostos interestaduais e intermunicipais.

A doutrina brasileira do *habeas corpus*, portanto, constitui um importante marco de uma jurisprudência criativa, que, em alguma medida, veiculou a intenção da Corte de sanar problemas concretos decorrentes da ausência

---

[479] *Do Mandado de Segurança e outros meios de defesa do direito contra actos do Poder Publico.* São Paulo: Livraria Academica, 1937, p. 3-4.
[480] BALEEIRO, Aliomar, op. cit., p. 77.
[481] NUNES, José de Castro. *Do Mandado de Segurança...* cit, p. 8.

de mecanismo processual idôneo ao combate de atos coatores de outros direitos que não a liberdade de locomoção. Não se pode deixar de apontar, portanto, o papel criador do Judiciário, que se revelou pela adoção desta teoria[482].

Tem-se, aqui, o exercício nada tímido da função judicial, que optou por aplicar um texto constitucional muito aberto (eis que não vinculava o *habeas corpus* à proteção da liberdade de locomoção) a situações historicamente não atreladas à figura do *habeas corpus*[483].

Trata-se, enfim, de postura judicial que denota a primeira grande fase ativista do Poder Judiciário nacional, ocorrida há mais de um século atrás.

1.2 Segunda Fase: a Redemocratização e a Atuação Judicial pós-1988

A doutrina brasileira que trata do ativismo judicial salienta que em épocas de governos autoritários, o Supremo Tribunal Federal não atuou de forma ativista. Sustenta-se que, em períodos de exceção ou de pouca abertura democrática, o STF agia como órgão essencialmente técnico, sem qualquer avanço na proteção das liberdades individuais, como que se estivesse "rendido" às arbitrariedades estatais[484]. Identifica-se como fator que contribuiu para esta postura passiva o antigo monopólio do Procurador-Geral da República para a propositura de ação direta de inconstitucionalidade, deflagrando com exclusividade aquelas decisões que poderiam representar pautas mais políticas ou ativas da Corte[485].

---

[482] Cf. CAMARGO, Margarida Maria Lacombe, op. cit.

[483] Elival da Silva Ramos salienta que a doutrina brasileira do *habeas corpus* revela o limite tênue que divide a "ousadia e criatividade no exercício da função jurisdicional, indispensáveis à rápida adaptação do sistema jurídico diante de novas necessidades sociais, e o insidioso descaminho do ativismo judicial" (*Ativismo Judicial...* cit, p. 313).

[484] CONTINENTINO, Marcelo Casseb. *Ativismo judicial: considerações críticas em torno do conceito no contexto brasileiro..* cit. p. 2: "é possível reconhecer, mesmo precipitadamente, que o poder judiciário, em especial o Supremo Tribunal Federal, em tais momentos cruciais, não foi o baluarte das liberdades, mas um órgão preponderantemente técnico e legalista, o que, diante do sistema de direito posto, um direito de exceção e opressor, terminou por acarretar sua rendição frente ao império da força e da arbitrariedade estatal.".

[485] KOERNER, Andrei. *Ativismo Judicial? Jurisprudência constitucional e política no STF pós-88...* cit, p. 80: "O monopólio do Procurador-Geral da República – um cargo de confiança do presidente da República – para o acesso a ações constitucionais originárias no STF permitia controlar a agenda e bloquear questões impertinentes.".

A sucessão de governos autoritários a partir da Revolução de 1930, segundo se infere da pesquisa doutrinária realizada, inviabilizou a produção de decisões ativistas pelo Supremo Tribunal Federal[486].

Assim, após a primeira fase ativista – que ocorreu justamente antes da Revolução de 1930 – o STF só veio a interferir de modo mais ativo na vida política nacional a partir do processo de redemocratização iniciado em 1985 e institucionalizado a partir da Constituição vigente.

Neste contexto, é somente a partir da promulgação da Constituição de 1988 que se inicia a segunda fase ativista do STF, conforme amplamente sustentado pelos estudos que tratam do ativismo judicial no país[487].

Segundo a doutrina que analisa o tema, este segundo momento ativista tem um início mais tímido, compreendido da vigência da Constituição até os anos de 2003-2004[488].

No entanto, a partir de 2003 (quando se inicia uma rápida e significativa reforma da composição da Corte, com a nomeação dos Ministros Cezar Peluso, Ayres Britto, e Joaquim Barbosa) e, sobretudo, a partir da

---

[486] Paulo Roberto Barbosa Ramos e Jorge Ferraz de Oliveira Junior afirmam: "Não se fala em ativismo judicial em regimes ditatoriais" (*Características do ativismo judicial nos Estados Unidos e no Brasil: Um breve histórico do ativismo judicial na Suprema Corte Norte-Americana e um paralelo com o recente ativismo judicial da Suprema Corte brasileira...* cit., p. 40).

[487] MACHADO, Felipe; CATTONI, Marcelo (coords.). *Constituição e Processo: entre o direito e a política*. Belo Horizonte, Editora Fórum, 2011; NUNES JUNIOR, Amandino Teixeira. *Ativismo Judicial no Brasil: o caso da fidelidade partidária...* cit.; SODRÉ, Habacuque Wellington, op. cit., p. 05; KOERNER, Andrei. *Ativismo Judicial? Jurisprudência constitucional e política no STF pós-88...* cit., p. 70 ("Ele [o ativismo] foi incorporado ao debate brasileiro após 1988, inicialmente como parte da problemática da judicialização da política e mais recentemente nas discussões jurídicas sobre o Supremo Tribunal Federal (STF)).".

[488] KOERNER, Andrei. *Ativismo Judicial? Jurisprudência constitucional e política no STF pós-88...* cit., p. 81: "No governo Sarney e nos dois mandatos de Fernando Henrique mantiveram-se no STF ministros nomeados pelos militares e a maioria dos novos integrantes eram alinhados ao liberalismo institucional. Assim, até o início do governo Lula, apenas três ministros – Sepúlveda Pertence, Maurício Corrêa e Nelson Jobim – haviam participado ativamente da luta pela democratização". Carlos Alexandre de Azevedo Campos acentua que a maior passividade do STF observada nos primeiros anos de vigência da Constituição de 1988 foi "decorrência do próprio perfil moderado da grande maioria destes juízes que, tendo sido nomeada e atuado durante a ditadura militar, acabou assimilando uma cultura de passividade judicial, comportamento mais adequado à sobrevivência institucional durante os períodos de autoritarismo governamental." (op. cit., p. 544).

promulgação da Emenda Constitucional n. 45/2004, a segunda fase do ativismo do STF ingressa em um estágio mais agudo[489].

Esta mudança na composição parece ter alterado o perfil dos julgadores, eis que Ministros nomeados ainda durante o regime militar se aposentaram, dando espaço a novos juízes que abandonaram a feição contida anteriormente observada[490]. Assim, as nomeações a partir de 2003, juntamente com a edição da Emenda Constitucional n. 45/2004, são considerados os marcos iniciais desta segunda fase ativista do STF[491].

Em linhas gerais, este segundo momento ativista, especialmente no seu momento mais agudo, é caracterizado doutrinariamente pelo avanço do STF em temas tradicionalmente afetos aos outros poderes. A doutrina majoritária analisada identifica a ocorrência de ativismo nos casos em que o Judiciário como um todo, capitaneado pelo STF, atuou em prol da concretização de direitos fundamentais, com destaque para os direitos sociais[492].

---

[489] SANTOS, Tiago Neiva. *Ativismo judicial: Uma visão democrática sobre o aspecto político da jurisdição constitucional...* cit., p. 280. Andrei Koerner afirma que "A agenda reformista do governo encontrava repercussão na atuação positiva do STF nesses campos. Ao promover a efetivação da Constituição, concretizando os princípios da Constituição de 1988 não realizados por omissão do legislador, os ministros do STF reforçaram seus apoios políticos e sociais. Assim, conformou-se um novo regime jurisprudencial articulado com o regime governamental promocional do governo Lula." (*Ativismo Judicial? Jurisprudência constitucional e política no STF pós-88...* cit. p. 83). Confira-se, ainda: GARAU, Marilha Gabriela Reverendo; MULATINHO, Juliana Pessoa Mulatinho; REIS, Ana Beatriz Oliveira. Ativismo judicial e democracia: a atuação do STF e o exercício da cidadania no Brasil. *Revista Brasileira de Políticas Públicas*, vol. 5, p. 192-206, 2015.

[490] RAMOS, Paulo Roberto Barbosa; OLIVEIRA JUNIOR, Jorge Ferraz de. *Características do ativismo judicial nos Estados Unidos e no Brasil: Um breve histórico do ativismo judicial na Suprema Corte Norte-Americana e um paralelo com o recente ativismo judicial da Suprema Corte brasileira...* cit. p. 26.

[491] Cf. CAMPOS, Carlos Alexandre de Azevedo, op. cit., p. 544; MORAIS, Fausto Santos de; TRINDADE, André Karam, op.cit. "No novo desenho de funcionamento do STF – seja o decorrente da sua reconfiguração a partir da Emenda Constitucional 45 seja o advindo da mudança de composição da corte a partir de 2003 – é possível afirmar a clara presença de uma dinâmica ativista." (VALLE, Vanice Regina Lírio do (org.). *Ativismo jurisdicional e o Supremo Tribunal Federal: laboratório de análise jurisprudencial do STF*. Curitiba: Juruá, 2012, p. 136).

[492] RAMOS, Elival da Silva. *Ativismo Judicial: parâmetros dogmáticos...* cit; CONTINENTINO, Marcelo Casseb. *Ativismo judicial: considerações críticas em torno do conceito no contexto brasileiro...* cit., p. 02 e 09; NOBRE JUNIOR, Edilson Pereira. Ativismo judicial: Possibilidade e limites. *Revista Trimestral de Direito Público*. Belo Horizonte, ano 2011, n. 55, p. 12, jul./set. 2011; SODRÉ, Habacuque Wellington, op. cit., p. 05-06; BARBOZA, Estefânia Maria de Queiroz. Judicialização da política: um fenômeno jurídico ou político? *Revista de Direito Administrativo*

Em síntese, a característica ativista deste segundo momento se extrai da participação do STF na consecução de políticas públicas.

Ademais, a doutrina nacional majoritária caracteriza o ativismo verificado após a Constituição de 1988 como produto da inércia do Poder Público em efetivar direitos e políticas públicas[493] e do suposto desprestígio

    e Constitucional. Belo Horizonte, ano 10, n. 39, p. 1-14, jan./mar. 2010; HERANI, Renato Gugliano. O poder judicial de constitucionalidade – Entre o ativismo e a contenção Renato Gugliano. *Revista Brasileira de Estudos Constitucionais – RBEC*, Belo Horizonte, ano 7, n. 27, p. 633, set./dez. 2013; VALLE, Vanice Regina Lírio do (org.), op. cit. p. 63; CARDOSO, Oscar Valente, op. cit.; MAIA NETO, Helvécio de Brito. Hermenêutica constitucional ou ativismo judicial? Breves considerações sobre as recentes decisões proferidas pelo Supremo Tribunal Federal. *Revista da ESMAPE*, Recife, v.18. n. 37, t.2. p. 159-93. jan./jun. 2013; BRANCO, Paulo Gustavo Gonet. *Em busca de um conceito fugidio – o ativismo judicial...* cit., p. 397; COELHO, Inocêncio Mártires. Ativismo Judicial ou Criação Judicial do Direito? In: FELLET, André Luiz Fernandes; DE PAULA, Daniel Giotti; NOVELINO, Marcelo (orgs.). *As Novas Faces do Ativismo Judicial*. Salvador: Editora Juspodivm, 2013, p. 477; BARROSO, Luís Roberto. Da falta de efetividade à judicialização excessiva: direito à saúde, fornecimento gratuito de medicamentos e parâmetros para a atuação judicial. In: MOREIRA, Eduardo Ribeiro; PUGLIESI, Marcio. *20 Anos da Constituição brasileira*. São Paulo: Saraiva, 2009; RESSUREIÇÃO, Lucas Marques Luz da. A Defensoria Pública na concretização dos direitos sociais pela via do ativismo judicial. 2ª ed. São Paulo: Editora Baraúna, 2015; PEREZ, Carlos Alberto Navarro. Relação entre o ativismo judicial e a atuação deficiente do Poder Legislativo: altruísmo a desserviço da democracia. *Revista de Direito Constitucional e Internacional*, ano 20, vol. 78, p. 115-149, jan./mar. 2012; GARAU, Marilha Gabriela Reverendo; MULATINHO, Juliana Pessoa Mulatinho; REIS, Ana Beatriz Oliveira, op. cit. Anderson Vichinkeski Teixeira chega a aduzir que "Um juiz ativista, em sentido positivo, atua na busca da proteção dos direitos fundamentais e da garantia da supremacia da Constituição, assumindo uma postura concretizadora quando diante da abstração de princípios constitucionais, como dignidade da pessoa humana, proteção ao menor, assistência aos desamparados, etc. A realização da Constituição passa pela atividade intelectual de interpretar/aplicar conceitos e categorias jurídicas de elevado grau de generalidade e abstração, mesmo que para tanto seja necessário abraçar competências institucionais que ordinariamente tocam a outros Poderes. O problema com essa sorte de postura seria estarmos substituindo a vontade do soberano que criou a lei e a Constituição pela vontade do intérprete. (...) Não se fala aqui em ativismo judicial nocivo, no qual o juiz ultrapassa os limites entre racionalidade jurídica e racionalidade política, valendo-se somente dessa última. Intepretar limitado pela mens legis (sentido da lei) e pela mens legislatoris (vontade do legislador) não impede que ao juiz seja necessário fazer uma construção hermenêutica para poder solucionar o caso concreto. (...) Falamos aqui em ativismo judicial como atuação contra as omissões dos demais Poderes" (op. cit., p. 48-49).

[493]   Cf. SANTOS, Tiago Neiva. *Ativismo judicial: Uma visão democrática sobre o aspecto político da jurisdição constitucional...* cit., p. 273-274; RECK, Janriê Rodrigues; VICENTE, Jacson Bacin. Ativismo judicial: uma forma de controle social? *Revista Brasileira de Direito – IMED*, vol. 8, n. 1, p. 125-140, jan./jun. 2012; GARAU, Marilha Gabriela Reverendo; MULATINHO, Juliana

dos poderes políticos observado na ordem constitucional vigente[494]. Além disso, o ativismo é, de modo geral, contextualizado juntamente com o tema das omissões inconstitucionais do legislador[495].

Segundo a doutrina pesquisada, nesta segunda fase ativista, o Supremo Tribunal Federal incidiu em ativismo judicial ao apreciar as seguintes questões: abstrativização do controle difuso (ou teoria da transcendência

---

Pessoa Mulatinho; REIS, Ana Beatriz Oliveira, op. cit.; BARBOSA, Daniella Dutra de Almeida; TEIXEIRA, João Paulo Allain. O Supremo Tribunal Federal e o novo desenho jurisdicional brasileiro. *Revista de Informação Legislativa*, Brasília, ano 47, n. 186, p. 129-139, abr./jun. 2010; RAMOS, Paulo Roberto Barbosa; OLIVEIRA JUNIOR, Jorge Ferraz de. *Características do ativismo judicial nos Estados Unidos e no Brasil: Um breve histórico do ativismo judicial na Suprema Corte Norte-Americana e um paralelo com o recente ativismo judicial da Suprema Corte brasileira...* cit., p. 39: "ativismo pressupõe certa inatividade dos Poderes Legislativo e Executivo".

[494] SANTOS, Tiago Neiva. *Ativismo judicial: Uma visão democrática sobre o aspecto político da jurisdição constitucional...* cit.., p. 273: "A ineficácia dessa representação política dos anseios do povo pode gerar a necessidade de uma maior atuação dos outros Poderes, no sentido de resguardar a harmonia entre eles. Como o Poder Judiciário possui a capacidade de, tanto em concreto quanto em abstrato, controlar os atos advindos do Poder Legislativo, deve ele, tal qual todos os outros Poderes, primar pelo funcionamento coerente das instituições do Estado". CARVALHO, Maria Carolina. Constitucionalização do direito, judicialização e ativismo judicial. *Revista da Procuradoria Geral do Estado de São Paulo*. São Paulo. n. 76. p. 179, jul./dez. 2012: "Em geral, o ativismo ocorre em situações de retração do Poder legislativo, de um descompasso entre a sociedade civil e a classe política, impedindo que as questões sociais sejam resolvidas de maneira efetiva.". CAMPOS, Carlos Alexandre de Azevedo, op. cit, p. 543: "O cenário institucional brasileiro tem sido caracterizado nos últimos anos por um Executivo forte e centralizador, um Legislativo em constante crise funcional e de representatividade e um Judiciário, especialmente o STF, com protagonismo continuamente em ascensão.". Confira-se, ainda: GARAU, Marilha Gabriela Reverendo; MULATINHO, Juliana Pessoa Mulatinho; REIS, Ana Beatriz Oliveira, op. cit.

[495] Cf. KOERNER, Andrei. *Ativismo Judicial? Jurisprudência constitucional e política no STF pós-88...* cit., p. 73. Para o autor, o ativismo "seria fenômeno em que, diante de necessidades novas criadas pela insuficiência, a inadequação da lei e a inoperância dos outros poderes do Estado, o intérprete se coloca como protagonista". Ainda: GARAU, Marilha Gabriela Reverendo; MULATINHO, Juliana Pessoa Mulatinho; REIS, Ana Beatriz Oliveira, op. cit.;RECK, Janriê Rodrigues; VICENTE, Jacson Bacin, op. cit.; PEREZ, Carlos Alberto Navarro. *Relação entre o ativismo judicial e a atuação deficiente do Poder Legislativo: altruísmo a desserviço da democracia...* cit.; BARBOSA, Daniella Dutra de Almeida; TEIXEIRA, João Paulo Allain, op. cit.; NUNES JUNIOR, Amandino Teixeira. *Ativismo Judicial no Brasil: o caso da fidelidade partidária...* cit. Segundo o autor, o TSE e STF, no caso da fidelidade partidária, disciplinaram matéria de grande apelo social, diante da omissão do legislativo (p. 123).

dos motivos determinantes – Reclamação n. 4.335)[496], perda do mandato parlamentar por infidelidade partidária[497], verticalização das coligações

[496] STRECK, Lenio Luiz; LIMA, Martonio Mont'Alverne Barreto e OLIVEIRA, Marcelo Andrade Cattoni de. A nova perspectiva do Supremo Tribunal Federal sobre o controle difuso: mutação constitucional e limites da legitimidade da jurisdição constitucional. *Revista do Programa de Mestrado em Ciência Jurídica da Fundinopi*, Jacarezinho, n. 19, p. 64, 2008; NERY JUNIOR, Nelson; ABBOUD, Georges. Ativismo judicial como conceito natimorto para consolidação do Estado Democrático de Direito: as razões pelas quais a justiça não pode ser medida pela vontade de alguém. In: DIDIER JR., Fredie; NALINI, José Renato; RAMOS, Glauco Gumerato; LEVY, Wilson (orgs.). Ativismo Judicial e Garantismo Processual. Salvador: Juspodivm, 2013, p. 525-546; TASSINARI, Clarissa. *Ativismo judicial: uma análise da atuação Judiciário nas experiências brasileira e norte-americana*. Dissertação (mestrado) – Universidade do Vale do Rio dos Sinos – Unisinos. Programa de Pós-Graduação, 2012, p. 111-113; LIMA, Flávia Santiago; LEITE, Glauco Salomão, A decisão vinculante no controle difuso de constitucionalidade e suas repercussões institucionais. *Revista do Instituto de Hermenêutica Jurídica – RIHJ*, Belo Horizonte, ano 12, n. 16, p. 93-113, jul./dez. 2014.; VALLE, Vanice Regina Lírio do (org.), op. cit.; MAIA NETO, Helvécio de Brito, op. cit.; VIEIRA, Oscar Vilhena. Supremocracia. Revista *Direito GV*, São Paulo, n. 8, p. 441-463, 2008; SÁ, Mariana Oliveira de; BONFIM, Vinícius Silva. A atuação do Supremo Tribunal Federal frente aos fenômenos da judicialização da política e do ativismo judicial. *Revista Brasileira de Políticas Públicas*, vol. 5, p. 170-190, 2015; MEDEIROS, Orione Dantas de. A influência do realismo judicial no julgamento da reclamação constitucional 4335-5/AC: rejeição da mutação constitucional prevista no art. 52, x da CF/88. *Revista Data Venia – Universidade Estadual da Paraíba*, vol. 6, n. 8, p. 30-63, 2012; VERÍSSIMO, Marcos Paulo, op. cit. p. 431; BARROSO, Luís Roberto. *Constituição, democracia e supremacia judicial: direito e política no Brasil contemporâneo*... cit., p. 31-32; CAMPOS, Carlos Alexandre de Azevedo, op. cit., p. 586; PIRES, Thiago Magalhães. Pós-positivismo sem trauma: o possível e o indesejável no reencontro do direito com a moral. In: FELLET, André Luiz Fernandes; DE PAULA, Daniel Giotti; NOVELINO, Marcelo (orgs.). As Novas Faces do Ativismo Judicial. Salvador: Editora Juspodivm, 2013, p. 54.

[497] RAMOS, Elival da Silva. *Ativismo Judicial: parâmetros dogmáticos*... cit; NOBRE JUNIOR, Edilson Pereira. *Ativismo judicial: Possibilidade e limites*... cit. p. 11-12; KOERNER, Andrei. *Ativismo Judicial? Jurisprudência constitucional e política no STF pós-88*... cit., p. 84; RAMOS, Paulo Roberto Barbosa; OLIVEIRA JUNIOR, Jorge Ferraz de., op. cit., p. 37-38; CARVALHO, Maria Carolina, op. cit., p. 186; MARTINS, Ives Gandra da Silva. O ativismo judicial e a ordem constitucional. *Revista Brasileira de Direito Constitucional – RBDC*, n. 18, p. 23-38, jul./dez. 2011; BARROSO, Luís Roberto. Judicialização, Ativismo Judicial e Legitimidade Democrática. In: COUTINHO, Jacinto Nelson de Miranda; FRAGALE FILHO, Roberto; LOBÃO, Ronaldo (orgs.). *Constituição & Ativismo Judicial*. Rio de Janeiro: Lumen Juris, 2011, p. 280; NUNES, Luiz Roberto. Ativismo judicial. *Revista do Tribunal Regional do Trabalho da 15ª Região*, n. 38, p. 71-72, 2011; MAIA NETO, Helvécio de Brito, op. cit.; VIEIRA, José Ribas. Verso e reverso: a judicialização da política e o ativismo judicial no Brasil. *Revista Estação Científica*, Juiz de Fora, Volume 1, n.04, p. 44-57, out./ nov. 2009; BALESTERO, Gabriela Soares. A fidelidade partidária no atual contexto brasileiro: um estudo sobre o ativismo judiciário. *Revista da Faculdade*

partidárias (ADI n. 2.626 e n. 2.628)[498] e súmula vinculante sobre nepotismo (súmula vinculante n. 13)[499].

Há, ainda, outras decisões importantes do Supremo Tribunal Federal neste período, com grande repercussão social e política, que são mencionadas em alguns estudos em meio ao tema do ativismo judicial, não sendo, porém, apontadas de forma clara e contundente como exemplos de atuações ativistas do STF[500].

---

de Direito do Sul de Minas, Pouso Alegre, vol. 25, n. 2, p. 23-42, jul./dez. 2009; COELHO, Inocêncio Mártires. *Ativismo Judicial ou Criação Judicial do Direito?*... cit., p. 481; CAMPOS, Carlos Alexandre de Azevedo, op. cit., p. 560; MELLO, Patrícia Perrone Campos. *Interferências extrajurídicas sobre o processo decisório do Supremo Tribunal Federal.* In: FELLET, André Luiz Fernandes; DE PAULA, Daniel Giotti; NOVELINO, Marcelo (orgs.). *As Novas Faces do Ativismo Judicial.* Salvador: Editora Juspodivm, 2013, p. 378.

[498] KOERNER, Andrei. *Ativismo Judicial? Jurisprudência constitucional e política no STF pós-88...* cit., p. 84; BARROSO, Luís Roberto. *Judicialização, Ativismo Judicial e Legitimidade Democrática...* cit., p. 280; CAGGIANO, Monica Herman Salem. A emergência do Poder Judiciário como contraponto ao bloco monocolor Legislativo/Executivo. In: MORAES, Alexandre de (coord.). Os 20 Anos da Constituição da República Federativa do Brasil. São Paulo: Atlas, 2009, p. 99-123); DECOMAIN, Pedro Roberto. Eleições (comentários à Lei n. 9.504/1997). 2ª. ed. São Paulo: Dialética, 2004, p. 34-35; VELLOSO, Carlos Mário da Silva; AGRA, Walber de Moura. *Elementos de Direito Eleitoral.* 4ª ed. São Paulo: Saraiva, 2014, p. 136; CAMPOS, Carlos Alexandre de Azevedo, op. cit., p. 564.

[499] RAMOS, Elival da Silva. *Ativismo judicial: parâmetros dogmáticos...* cit.; RAMOS, Paulo Roberto Barbosa; OLIVEIRA JUNIOR, Jorge Ferraz de., op. cit., p. 37; CARVALHO, Maria Carolina, op. cit.; RAMOS, Adriana Monteiro. Da falta de normatividade constitucional à judicialização e ao ativismo judicial. *Revista de Direitos Fundamentais & Democracia*, vol. 7, n. 7, p. 232-246, jan./jun. 2010; BARROSO, Luís Roberto. Constituição, democracia e supremacia judicial: direito e política no Brasil contemporâneo. *Revista da Faculdade de Direito – UERJ*, v. 2, n. 21, p. 1-50, jan./jun. 2012; SLAIBI FILHO, Nagib. Notas às Súmulas Vinculantes Administrativas. *Revista da EMERJ*. Rio de Janeiro, n. 47, v. 12, p. 58-60, 2009; DE PAULA Daniel Giotti. Ainda existe separação de poderes? A invasão da política pelo direito no contexto do ativismo judicial e da judicialização da política. In: FELLET, André Luiz Fernandes; DE PAULA, Daniel Giotti; NOVELINO, Marcelo (orgs.). *As Novas Faces do Ativismo Judicial.* Salvador: Editora Juspodivm, 2013, p. 271-312; MELLO, Patrícia Perrone Campos. *Interferências extrajurídicas sobre o processo decisório do Supremo Tribunal Federal...* cit., p. 378; PEREZ, Carlos Alberto Navarro. *Relação entre o ativismo judicial e a atuação deficiente do Poder Legislativo: altruísmo a desserviço da democracia...* cit.

[500] Trata-se das decisões dadas nos casos envolvendo municípios putativos (ADO 3.682 e ADI 2.240 – NOBRE JUNIOR, Edilson Pereira. *Ativismo judicial: Possibilidade e limites...* cit. p. 14; HERANI, Renato Gugliano, op. cit., p. 642; VALLE, Vanice Regina Lírio do (org.), op. cit., p. 63); a chamada "cláusula de barreira" (ADI 1.3521/DF – GARAU, Marilha Gabriela Reverendo; MULATINHO, Juliana Pessoa Mulatinho; REIS, Ana Beatriz Oliveira, op. cit.;

Além dos casos específicos, de maior repercussão, acima relacionados, são também acusadas de ativistas as decisões que envolvem a judicialização de prestações de saúde e de educação. Neste particular, a doutrina examinada não indica, de forma sistematizada e aprofundada, um ou alguns precedentes específicos, limitando-se a enunciar alguns casos, em meio à explicitação geral de que há ativismo nas interferências judiciais nas políticas públicas de saúde[501] e educação[502].

VIEIRA, José Ribas. *Verso e reverso: a judicialização da política e o ativismo judicial no Brasil...* cit.; SILVA, Alexandre Garrido da. Minimalismo, democracia e *expertise*: o Supremo Tribunal Federal diante de questões políticas e científicas complexas. *Revista de Direito do Estado*, n. 12, 2008); aposentadoria especial de servidores públicos (MI 721 – VALLE, Vanice Regina Lírio do (org.), op. cit. p. 57); número de vereadores municipais (caso Mira Estrela – RE 197.917 – VALLE, Vanice Regina Lírio do (org.), op. cit. p. 69; CARVALHO, Maria Carolina, op. cit., p. 186. Excetua-se a obra de Elival da Silva Ramos, que trata de forma mais profunda do tema: *Ativismo Judicial: parâmetros dogmáticos....* cit., p. 241-243); pesquisa com células-tronco embrionárias (ADI 3.510 – HERANI, Renato Gugliano, op. cit.); interrupção da gravidez de feto anencefálo (ADPF 54 – HERANI, Renato Gugliano, op. cit., p. 639-640; RAMOS, Paulo Roberto Barbosa; OLIVEIRA JUNIOR, Jorge Ferraz de., op. cit. p. 38; MARTINS, Ives Gandra da Silva. *O ativismo judicial e a ordem constitucional...* cit., p. 33; MAIA NETO, Helvécio de Brito, op. cit.); reconhecimento da união homoafetiva (ADI 4.277 e ADPF 132 – RAMOS, Paulo Roberto Barbosa; OLIVEIRA JUNIOR, Jorge Ferraz de., op. cit. p. 38; RECK, Janriê Rodrigues; VICENTE, Jacson Bacin, op. cit.; MARTINS, Ives Gandra da Silva. *O ativismo judicial e a ordem constitucional...* cit. p. 30; MAIA NETO, Helvécio de Brito, op cit.) e adoção da tese concretista geral quanto aos efeitos do mandado de injunção (mandados de injunção n. 670, 708 e 712 – NOBRE JUNIOR, Edilson Pereira. *Ativismo judicial: Possibilidade e limites...* cit. p. 13; VALLE, Vanice Regina Lírio do (org.), op. cit. p. 57-62; CONTINENTINO, Marcelo Casseb. *Ativismo judicial: Proposta para uma discussão conceitual...* cit., p. 147-148; CARVALHO, Maria Carolina, op. cit., p. 182; MARTINS, Ives Gandra da Silva. *O ativismo judicial e a ordem constitucional...* cit. p. 37; NUNES, Luiz Roberto, op. cit., p. 71-72; MAIA NETO, Helvécio de Brito, op. cit.).

[501] MACHADO, Felipe; CATTONI, Marcelo (coords.). *Constituição e Processo: entre o direito e a política...* cit.; SODRÉ, Habacuque Wellington, op. cit., p. 09; SANTOS, Tiago Neiva, op. cit., p. 274; RAMOS, Paulo Roberto Barbosa; OLIVEIRA JUNIOR, Jorge Ferraz de., op. cit., p. 37; CARVALHO, Maria Carolina, op. cit., p. 179; NUNES, Luiz Roberto, op. cit. p. 72; CAMPOS, Carlos Alexandre de Azevedo, op. cit., p. 562. As decisões esparsamente indicadas como ativistas são as seguintes: Suspensões de Tutela Antecipada n. 175, 211 e 278; ADPF 45; RE 271.286-AgR./RS; AI 238.328-AgR; RE 195.192; RE 393.175-AgR; AI 486.816-AgR.

[502] SODRÉ, Habacuque Wellington, op. cit., p. 09; SANTOS, Tiago Neiva, op. cit., p. 274; RAMOS, Paulo Roberto Barbosa; OLIVEIRA JUNIOR, Jorge Ferraz de., op. cit., p. 37; CAMPOS, Carlos Alexandre de Azevedo, op. cit., p. 562. Foi possível verificar menção ao ativismo relacionado aos seguintes casos: RE nº 464.143/SP; RE 472.707/SP; RE 410.715-AgR/SP; RE 595.595 e ADPF 45. Exceção deve ser feita à obra de Elival da Silva Ramos, que se propõe

No entanto, como já referido na Introdução deste trabalho, a produção doutrinária brasileira não costuma apontar de forma aprofundada os porquês considera certo precedente como ativista. Os textos que se propõem a examinar o ativismo no país, mormente no Supremo Tribunal Federal, limitam-se a apontar casos em que se reputa ter havido ativismo, sem qualquer discussão de fundo a respeito dos julgados.

2. Análise dos Critérios Definidores do Ativismo Judicial Brasileiro

2.1 Julgamento Orientado pelo Resultado (*Result-Oriented Judging*)

2.1.1 Nepotismo – Súmula Vinculante n. 13 e Ação Declaratória de Constitucionalidade n. 12

O processo de edição da súmula vinculante n. 13, pelo Supremo Tribunal Federal, é considerado exemplo de ativismo judicial por veicular julgamento orientado pelo resultado, segundo o levantamento bibliográfico que embasa a presente dissertação[503].

a analisar de forma mais profunda o ativismo em matéria de implementação de direitos sociais (*Ativismo Judicial: parâmetros dogmáticos...* cit., p. 264-267).
[503] RAMOS, Elival da Silva. *Ativismo Judicial: parâmetros dogmáticos...* cit., p. 256-264; RAMOS, Paulo Roberto Barbosa; OLIVEIRA JUNIOR, Jorge Ferraz de., op. cit., p. 37; CARVALHO, Maria Carolina, op. cit.; RAMOS, Adriana Monteiro, op. cit.; BARROSO, Luís Roberto. *Constituição, democracia e supremacia judicial: direito e política no Brasil contemporâneo...* cit.; SLAIBI FILHO, Nagib. *Notas às Súmulas Vinculantes Administrativas....* cit. p. 58-60; DE PAULA Daniel Giotti. *Ainda existe separação de poderes?...* cit.; MELLO, Patrícia Perrone Campos. *Interferências extrajurídicas sobre o processo decisório do Supremo Tribunal Federal...* cit., p. 378; RODRIGUES, João Gaspar. Nepotismo no serviço público brasileiro e a SV 13. Revista de Informação Legislativa, Brasília, ano 49, n. 196, p. 205-220, out./dez. 2012; GOMES, Luiz Flavio. *Nepotismo: o STF pode legislar?* Teresina: Jus Navigandi, ano 12, n. 1902, 15 set. 2008. Disponível em: <http://egov.ufsc.br/portal/sites/default/files/anexos/20168-20169-1-PB.pdf> . Acesso em: 1º set. 2015. Cumpre ressalvar, porém, entendimento segundo o qual o ativismo observado neste caso ocorreu unicamente na concepção da criação judicial do direito: CONTINENTINO, Marcelo Casseb. *Ativismo judicial: considerações críticas em torno do conceito no contexto brasileiro...* cit.; PEREZ, Carlos Alberto Navarro. *Relação entre o ativismo judicial e a atuação deficiente do Poder Legislativo: altruísmo a desserviço da democracia...* cit; BARBOSA, Daniella Dutra de Almeida; TEIXEIRA, João Paulo Allain. O Supremo Tribunal Federal e o novo desenho jurisdicional brasileiro. *Revista de Informação Legislativa*, Brasília, ano 47, n. 186, p. 129-139, abr./jun. 2010; ARAÚJO, José Carlos Evangelista de. Jurisdição constitucional e vedação ao nepotismo no

Eis o teor do verbete:

> A nomeação de *cônjuge, companheiro ou parente em linha reta, colateral ou por afinidade, até o terceiro grau, inclusive,* da autoridade nomeante ou de servidor da mesma pessoa jurídica investido em cargo de direção, chefia ou assessoramento, para o exercício de cargo em comissão ou de confiança ou, ainda, de função gratificada na administração pública direta e indireta em qualquer dos Poderes da União, dos Estados, do Distrito Federal e dos Municípios, compreendido o ajuste mediante designações recíprocas, viola a Constituição Federal.
> (sem destaque no original)

Tal súmula decorreu, em grande medida, do julgamento de procedência da ação declaratória de constitucionalidade n. 12/DF[504], proposta pela Associação dos Magistrados Brasileiros – AMB, com o objetivo de ver declarada a compatibilidade constitucional da Resolução n. 07/2005 do Conselho Nacional de Justiça – CNJ. Referida Resolução, vigente até hoje, instituiu a disciplina para o exercício de cargos, empregos e funções por parentes, cônjuges e companheiros de magistrados e de servidores investidos em cargos de direção e assessoramento, no âmbito dos órgãos do Poder Judiciário.

Em decisão unânime, o Supremo Tribunal julgou procedente a ação para o fim de declarar constitucional a Resolução n. 07/2005 do CNJ[505].

Sumariamente, as conclusões jurídicas alcançadas nesta ação foram as seguintes: (i) O CNJ detém competência para zelar pela observância do art. 37 da Constituição (CF, art. 103-B, § 4º, II); (ii) o nepotismo ofende os princípios constitucionais da impessoalidade e da moralidade; (iii) para além da legalidade estrita, a noção mais ampla de juridicidade vincula o

---

âmbito da Constituição Federal de 1988. *Revista de Informação Legislativa*, Brasília, ano 50, n. 200, p. 103-136, out./dez. 2013.

[504] BRASIL. Supremo Tribunal Federal. *Ação Declaratória de Constitucionalidade n. 12/DF.* Pleno. Relator: Min. Carlos Britto. Brasília, 20 de agosto de 2008. DJ data: 18 de dezembro de 2009, Disponível em: <http://stf.jus.br/portal/jurisprudencia/listarJurisprudencia.asp?s1=%28A DC%24%2ESCLA%2E+E+12%2ENUME%2E%29+OU+%28ADC%2EACMS%2E+ADJ2+1 2%2EACMS%2E%29&base=baseAcordaos&url=http://tinyurl.com/b7m6wys>. Acesso em 1º set. 2015.

[505] O Tribunal, ainda, deu interpretação conforme à Constituição para incluir a função de chefia no substantivo "direção", constante dos incisos II, III, IV, V do artigo 2º da Resolução.

Poder Público aos ditames expressamente indicados na Constituição ou dela extraíves.

Assim, a Corte entendeu que o CNJ regulamentou adequadamente, no âmbito do Poder Judiciário, os princípios arrolados no art. 37 da Constituição Federal.

O feito foi decidido na sessão plenária ocorrida em 20 de agosto de 2008. Na mesma sessão foram iniciados os debates que redundaram na edição da súmula vinculante n. 13, ora examinada.

Os debates travados naquela oportunidade[506] denotam os vícios do julgamento orientado pelo resultado, que fazem com a doutrina nacional examinada neste trabalho entenda ter havido ativismo neste caso.

De fato, a pesquisa realizada dá conta de que a formação desta súmula vinculante refletiu a vontade política do STF de compensar a inação do legislador em sanar o nepotismo, conduta que há muito vinha sendo observada no Poder Público[507].

Aponta-se, também, a inércia do Legislativo e do Executivo em editarem normas capazes de debelar a prática imoral do nepotismo, sendo que a interposição legislativa neste caso se mostrava necessária ante a inexistência de expressa norma constitucional a vedar tal conduta[508].

O vício ativista neste caso está relacionado à manifestação de vontade do Judiciário, em virtude da "retração do Legislativo", que passava por "uma crise de funcionalidade e de representatividade". Assim, diante do "vácuo de poder, fruto da dificuldade de o Congresso Nacional formar maiorias consistentes e legislar, a Corte Suprema tem produzido decisões que podem ser reputadas ativistas", tais como a ora comentada[509].

A acusação está – e este é o ponto destacado pelos estudiosos – na definição de graus de parentesco na súmula vinculante n. 13, produzindo

---

[506] Disponíveis em: <http://www.stf.jus.br/arquivo/cms/jurisprudenciaSumulaVinculante/anexo/SUV_11_12_13__Debates.pdf>. Acesso em 1º set. 2015.
[507] RAMOS, Paulo Roberto Barbosa; OLIVEIRA JUNIOR, Jorge Ferraz de., op. cit., p. 37.
[508] RAMOS, Adriana Monteiro. *Da falta de normatividade constitucional à judicialização e ao ativismo judicial...* cit., p. 241.
[509] BARROSO, Luís Roberto. *Constituição, democracia e supremacia judicial: direito e política no Brasil contemporâneo...* cit., p. 33. Todas as citações deste parágrafo correspondem à presente referência.

preceito que alcança todos os demais órgãos do Poder Judiciário e a Administração Pública de toda a federação[510].

A proposta inicial de súmula, da lavra do Min. Ricardo Lewandowski, apresentada no dia 20 de agosto de 2008, continha a seguinte redação: "A proibição do nepotismo na Administração Pública, direta e indireta, em qualquer dos Poderes da União, dos Estados, do Distrito Federal e dos Municípios, independe de lei, decorrendo diretamente dos princípios contidos no artigo 37, caput, da Constituição Federal".

Veja-se que a proposta original pondera adequadamente as conclusões havidas na ADC n. 12 com o instituto da súmula vinculante: cristalizava-se entendimento do STF acerca do fundamento constitucional para a proibição do nepotismo, dispensando a exigência de lei em sentido estrito para a sua observância. Tais eram justamente os temas discutidos na ADC n. 12 e as razões determinantes para o seu desfecho.

Porém, nesta mesma sessão em que se discutia a redação da súmula vinculante, alguns Ministros já manifestaram a intenção de, por meio da proposta do verbete sumular, espraiar o fino ajuste da Resolução do CNJ ("por cônjuge, companheiro ou parente em linha reta, colateral ou por afinidade, até o terceiro grau, inclusive, dos respectivos membros ou juízes vinculados") para os demais Poderes e entes da Federação[511].

Ocorre que, não obstante as preocupações externadas pelo Ministro Menezes Direito[512], o assunto foi definitivamente resolvido na sessão do

---

[510] "Geram discussões os próprios parâmetros utilizados: por que a restrição à nomeação encerra-se com o parentesco de 3º grau? Por que os agentes políticos podem nomear parentes, sem incorrer na prática de nepotismo? Por que os servidores efetivos poderiam ser nomeados por parentes?" (DE PAULA Daniel Giotti. *Ainda existe separação de poderes?*... cit., p. 290).

[511] Logo no início da assentada, assim se cogitou de incluir, no verbete vinculante, a definição dos graus de parentesco:
"O EXCELENTÍSSIMO SENHOR MINISTRO MARCO AURÉLIO – Até o 3º grau: tio/sobrinho.
O EXCELENTÍSSIMO SENHOR MINISTRO GILMAR MENDES (PRESIDENTE) – Na resolução do Conselho foi até o 3º grau.
O EXCELENTÍSSIMO SENHOR MINISTRO MARCO AURÉLIO - Vamos manter uma certa harmonia. Acho que é bom.
A EXCELENTÍSSIMA SENHORA MINISTRA CÁRMEN LÚCIA - A legislação dos Estados em geral estabelece até o 3º grau."

[512] Já na sessão do dia 20 de agosto de 2008, o Min. Menezes Direito manifestou a sua preocupação com o desvirtuamento da súmula com o alcance da decisão da ADC n. 12:

dia seguinte (21 de agosto de 2008), que se iniciou e findou sem maiores ponderações acerca do alerta lançado no dia anterior.

O estudo dos debates que motivaram a redação da súmula vinculante n. 13 ratifica, portanto, as críticas doutrinárias sobre este caso, revelando, ainda, um claro descompasso entre o que restou decidido no seu principal precedente (ADC n. 12) e o seu texto final.

Enquanto a ADC n. 12 se limitava a chancelar uma certa regulação dada pelo CNJ, a súmula vinculante n. 13 foi muito mais além: reflete ela a vontade e a posição do STF quanto aos delineamentos do nepotismo.

Observa-se que a inconstitucionalidade da nomeação de parentes em linha reta ou colateral até o terceiro grau (inclusive) foi decretada ao se analisar a Resolução n. 07/2005 do CNJ que, por óbvio, se aplica somente ao Poder Judiciário.

Todavia, ao editar o verbete sumular, o STF fez valer a sua opção valorativa para todos os Poderes da União, Estados, Distrito Federal e Municípios. Como visto, esta circunstância foi bem percebida no início da discussão pelo Min. Menezes Direito, porém não houve qualquer refutação expressa a seu respeito.

Ante o nítido descompasso entre a premissa (ADC n. 12) e a conclusão (súmula vinculante n. 13), a posição valorativa do Supremo sobre a matéria é ressaltada como justificativa para a redação dada ao verbete. E, nas passagens acima colacionadas, percebe-se mesmo o caráter volitivo dos

"O EXCELENTÍSSIMO SENHOR MINISTRO MENEZES DIREITO - Tenho a sensação de que nós não podemos descer a tanto detalhe, não podemos regular."
(...)
"O EXCELENTÍSSIMO SENHOR MINISTRO MENEZES DIREITO - Ministro Celso, deixe eu, talvez agora, se for possível, concluir o raciocínio que tinha iniciado e que, graças a Deus, foi bem interrompido pelo Ministro Peluso. Tenho a impressão de que estamos aprovando uma súmula que, do ponto de vista constitucional, é uma tese. Qual é a tese do ponto de vista constitucional? É dizer que o nepotismo está dentro da cabeça do artigo 37, ou seja, dentro do princípio da moralidade, e que ele independe de lei formal, ele decorre diretamente da Constituição. Então me parece que, do ponto de vista até do conteúdo da súmula, a expressão "nepotismo" tem mais força, e nós escapamos dessa discussão, que não é pertinente, a meu ver, pelo menos agora, de dizer parentesco até que grau, se aplica o Código Civil, se não aplica."
(...)
"O EXCELENTÍSSIMO SENHOR MINISTRO MENEZES DIREITO - Pode acontecer, Ministro Gilmar, e isso não é impossível, que haja uma lei, por exemplo, estadual que seja mais rigorosa que a resolução do Conselho, e essa lei nem por isso seria inconstitucional."

membros do Tribunal, deliberando sobre a redação de verbete vinculante que retratasse o ideário da Corte sobre nepotismo e seus limites.

Ademais, os ministros do Supremo não desconheciam a existência de leis de diversos entes federativos que já regulavam o nepotismo, muitas vezes de forma mais rigorosa do que aquela vislumbrada pelo CNJ e aderida pela Suprema Corte[513].

Em suma, o processo de formação da súmula vinculante n. 13 denota a prevalência da posição assumida pela Corte nesta matéria, que, ao fim e ao cabo, foi imposta aos demais Poderes e entes federativos, desconsiderando-se a ponderação legal que poderia ser realizada por outros atores políticos competentes[514].

A crítica doutrinária que pende sobre este caso, assim, considera o fato de o STF externar a opinião particular de seus membros sobre assunto que deveria ser regulado pelo Legislativo. Diz-se, ainda, que a inércia em afastar o incômodo causado pelo nepotismo propiciou que o Supremo Tribunal se substituísse na vontade política do legislador[515], expondo claramente as

---

[513] É o que constou dos debates que encerraram a sessão do dia 20 de agosto de 2008: "O EXCELENTÍSSIMO SENHOR MINISTRO GILMAR MENDES (PRESIDENTE) – E vamos também tentar resolver a questão trazida pelo Ministro Carlos Alberto no concernente à compatibilização dessa regra com uma eventual disciplina constante de lei estadual ou municipal.
O EXCELENTÍSSIMO SENHOR MINISTRO RICARDO LEWANDOWSKI – Há inclusive a disciplina da Lei Federal nº 8.112, que diz o seguinte: "VIII – manter sob sua chefia imediata, em cargo ou função de confiança, cônjuge, companheiro ou parente até o segundo grau civil;"
O EXCELENTÍSSIMO SENHOR MINISTRO CARLOS BRITTO - Essa está boa.
O EXCELENTÍSSIMO SENHOR MINISTRO RICARDO LEWANDOWSKI – É a definição da lei federal.
O EXCELENTÍSSIMO SENHOR MINISTRO MENEZES DIREITO - O fato de decorrer diretamente da Constituição não invalida a possibilidade de legislação específica sobre o tema.
O EXCELENTÍSSIMO SENHOR MINISTRO GILMAR MENDES (PRESIDENTE) – A partir de hoje trabalharemos no texto definitivo desta súmula, se for assim entendido."
[514] Luiz Flávio Gomes, a respeito deste caso, entendeu ter havido uma "hipermoralização do direito", o que, para ele, significa "priorizar as regras morais sobre o direito positivado." (*Nepotismo: o STF pode legislar?* Teresina: Jus Navigandi, ano 12, n. 1902, 15 set. 2008. Disponível em: <http://egov.ufsc.br/portal/sites/default/files/anexos/20168-20169-1-PB.pdf> . Acesso em: 1º set. 2015).
[515] A propósito do processo de criação da Súmula Vinculante em apreço, Luís Roberto Barroso consignou: "Nesse ambiente, é possível estabelecer uma correlação entre Judiciário e opinião pública e afirmar que, quando haja desencontro de posições, a tendência é no sentido de o

suas convicções sobre o ajuste fino da vedação, o que alcançou a definição dos graus de parentesco.

Como se pode perceber, as opções declinadas na súmula vinculante n. 13 decorreram muito mais da vontade dos julgadores do que da aplicação lógica dos precedentes invocados, preservando o intuito de fixar um limite objetivo a partir do qual não se considera haver nepotismo.

2.1.2 Verticalização das Coligações – Consulta TSE n. 715 e Resolução n. 20.993 do TSE

A doutrina brasileira examinada nesta dissertação aponta ter ocorrido ativismo sob a concepção do julgamento orientado pelo resultado na tentativa de imposição, pelo Judiciário, da chamada "verticalização das coligações"[516].

O estopim deste movimento do Poder Judiciário em prol da criação da regra da verticalização foi a resposta dada pelo Tribunal Superior Eleitoral à Consulta n. 715[517]. O entendimento fixado nesta consulta motivou a edição da Resolução n. 20.993, de 26 de fevereiro de 2002, que, por sua vez, gerou a Instrução n. 55 – Classe 12ª/ DF, da relatoria do. Min Fernando Neves.

Escapa ao propósito desta pesquisa o estudo aprofundado e analítico do instituto da coligação partidária, importando o exame dos motivos externados

---

Judiciário se alinhar ao sentimento social" (*Constituição, democracia e supremacia judicial: direito e política no Brasil contemporâneo...* cit., p. 39-40).

[516] KOERNER, Andrei. *Ativismo Judicial? Jurisprudência constitucional e política no STF pós-88...* cit., p. 84; BARROSO, Luís Roberto. *Judicialização, Ativismo Judicial e Legitimidade Democrática...* cit., p. 280; CAGGIANO, Monica Herman Salem. A emergência do Poder Judiciário como contraponto ao bloco monocolor Legislativo/Executivo. In: MORAES, Alexandre de (coord.). *Os 20 Anos da Constituição da República Federativa do Brasil.* São Paulo: Atlas, 2009, p. 99-123); DECOMAIN, Pedro Roberto. *Eleições (comentários à Lei n. 9.504/1997).* 2ª. ed. São Paulo: Dialética, 2004, p. 34-35; VELLOSO, Carlos Mário da Silva; AGRA, Walber de Moura. *Elementos de Direito Eleitoral.* 4ª ed. São Paulo: Saraiva, 2014, p. 136; CAMPOS, Carlos Alexandre de Azevedo, op. cit., p. 564; OLIVEIRA, Emerson Ademir Borges de. Técnicas de Controle de Constitucionalidade e Ativismo Judicial na Efetivação da Democracia: Notas Introdutórias. DPU n. 44, p. 175-189, mar./abr. 2012; GARAU, Marilha Gabriela Reverendo; MULATINHO, Juliana Pessoa Mulatinho; REIS, Ana Beatriz Oliveira. Ativismo judicial e democracia: a atuação do STF e o exercício da cidadania no Brasil. *Revista Brasileira de Políticas Públicas*, vol. 5, p. 192-206, 2015.

[517] BRASIL. Tribunal Superior Eleitoral. *Consulta n. 715 – Classe 5ª/DF.* Pleno. Relator: Min. Garcia Vieira. Brasília, 26 de fevereiro de 2002.

pelo TSE na resposta à mencionada Consulta n. 715 que, em última análise, introduziram a obrigatoriedade da verticalização de coligações[518].

Sob este recorte, a resposta dada pela maioria do TSE à Consulta n. 715, em linhas gerais, estatuiu que a matriz das coligações que os partidos venham a realizar para as eleições presidenciais deve, necessariamente, ser repetida nas eleições para os cargos de governador e vice-governador, senador, deputado federal e deputado estadual ou distrital.

Grosso modo, tal foi o entendimento que restou cristalizado no art. 4º, § 1º, da Resolução TSE n. 20.993, com a seguinte redação:

> Os partidos políticos que lançarem, isoladamente ou em coligação, candidato/a à eleição de presidente da República não poderão formar coligações para eleição de governador/a de Estado ou do Distrito Federal, senador/a, deputado/a federal e deputado/a estadual ou distrital com partido político que tenha, isoladamente ou em aliança diversa, lançado candidato/a à eleição presidencial.

A Consulta foi decidida, nestas balizas, pela maioria do Tribunal, ficando vencidos os Ministros Sepúlveda Pertence e Sálvio de Figueiredo Teixeira, bem como o Procurador Geral Eleitoral.

Contextualizada a questão, cumpre ressaltar os indícios de *result-oriented judging* apontados pela doutrina nesta decisão.

Em primeiro lugar, grande parte do raciocínio desenvolvido pela maioria julgadora alcançou a conclusão de que o art. 6º, da Lei 9.504/97 (que estabelece normas gerais para as eleições) exige simetria e consistência entre as coligações nacional e estaduais. E, ainda, concluiu-se que o paradigma para a definição das coligações seria a opção dos partidos no nível nacional (vide p. 26 da decisão). Eis o enunciado do art. 6º, da Lei 9.504/97, essencial à decisão do caso e à caracterização do ativismo:

> Art. 6º É facultado aos partidos políticos, *dentro da mesma circunscrição*, celebrar coligações para eleição majoritária, proporcional, ou para ambas, podendo, neste último caso, formar-se mais de uma coligação para a eleição proporcional dentre os partidos que integram a coligação para o pleito majoritário.
> (sem destaque no original)

---

[518] Para uma retrospectiva histórica do instituto das coligações no direito brasileiro, confira: CAGGIANO, Monica Herman Salem. Coligações partidárias: verticalizar ou não-verticalizar?. *Revista da Faculdade de Direito da Universidade de São Paulo*, São Paulo, v. 100, p. 202, jan./dez. 2005.

Decidiu-se que

> Quando houver eleições gerais (nacional e estaduais), como é o caso do próximo pleito, a circunscrição maior, necessariamente, abrange e engloba as circunscrições menores, acarretando a necessidade de coerência entre as coligações formadas num e noutro dos planos.[519]
> (...)
> a circunscrição para a eleição presidencial, que corresponde ao País todo, contém as circunscrições para as eleições estaduais (cada Estado forma uma, segundo já visto)[520]

O entendimento de que o conceito de circunscrição é moldado pelo fato de os pleitos nacional e estaduais ocorrerem simultaneamente revela uma conclusão controvertida[521].

Com efeito, o conceito de circunscrição é dado pelo art. 86, do Código Eleitoral (Lei n. 4.737/65):

> Art. 86. Nas eleições presidenciais, a circunscrição serão País; nas eleições federais e estaduais, o Estado; e nas municipais, o respectivo município. (sic)

Assim, como registrou o voto vencido do Min. Sepúlveda Pertence, "A circunscrição da eleição presidencial é o país; a das eleições federais e estaduais, os estados; e a das eleições municipais, os municípios".

À vista do conceito de circunscrição vazado no art. 86, do Código Eleitoral, é duvidoso afirmar que o mandamento legal do art. 6º, da Lei 9.504/97, imponha a verticalização, eis que este último dispositivo apenas estabelece o regime jurídico das coligações *dentro de uma mesma circunscrição*. Isto porque a circunscrição para a eleição presidencial (o país inteiro) não traz

---

[519] Trecho do voto da Min. Ellen Gracie.
[520] Trecho do voto do Min. Nelson Jobim.
[521] O Min. Sepúlveda Pertence, em seu voto dissidente, acentuou que "A circunstância de a eleição presidencial – que tem por circunscrição todo o País –, realizar-se na mesma data das eleições federais e estaduais na circunscrição de cada Estado (L. 9.504/97, art. 1º, parág único, I) – é acidental e não afeta a recíproca independência jurídica das respectivas circunscrições, nem dá margem ao raciocínio, de sabor geográfico, de que o território do País compreende os territórios das unidades federadas." (p. 09 da decisão). No mesmo sentido foi o voto vencido do Min. Sálvio de Figueiredo Teixeira (p. 41 da decisão).

nenhum efeito para as possíveis coligações nas eleições federais e estaduais, sujeitas à circunscrição de um determinado Estado[522].

A literatura especializada analisada também criticou a corrente majoritária no TSE, registrando que a correta interpretação conjugada do art. 6º, da Lei Lei 9.504/97 com o art. 86, do Código Eleitoral explicita apenas as faculdades e vedações para se formarem coligações dentro de uma mesma circunscrição, não induzindo à verticalização.[523]

Assim, se a verticalização fosse mesmo consequência necessária do art. 6º, da Lei 9.504/97, o registro das candidaturas a presidente deveria preceder ao das demais circunscrições, o que não é exigido por lei, como bem ressaltou o Min. Sepúlveda Pertence.

Portanto, tem-se que a maioria do TSE, ao responder a Consulta n. 715, firmou a convicção no sentido de que "Quem é adversário em uma eleição nacional não pode ser aliado em outra, regional, incluída na circunscrição da primeira" (trecho do voto do Min. Fernando Neves – p. 38), convicção esta que, ao que parece, conforme anotam os analistas, não resulta da lei e nem da tradição do direito eleitoral brasileiro[524].

De outro lado, também se denota ativismo pela insistência dos votos majoritários em afirmar que não estavam a formular regra eleitoral nova, crítica que vinha pesando sobre o TSE. Para sustentar esta posição, a maioria invocou resposta a consulta anterior (Consulta n. 382/98), cuja aplicabilidade ao caso era bastante duvidosa[525].

Este contexto indica que a decisão do TSE contemplou muito mais as pré-compreensões pessoais dos julgadores acerca de qual seria o modelo mais adequado à democracia partidária brasileira. Elucida o caráter pedagógico que se quis emprestar à conclusão pelo seguinte excerto do voto da Min. Ellen Gracie:

---

[522] V. VELLOSO, Carlos Mário da Silva; AGRA, Walber de Moura. *Elementos de Direito Eleitoral...* p. 136.

[523] Cf. DECOMAIN, Pedro Roberto. *Eleições (comentários à Lei n. 9.504/1997)...* cit., p. 34-35: "Não existe obrigatoriedade de que os partidos coligados para concorrerem junto à eleição presidencial celebrem nos Estados coligações idênticas para os demais cargos em disputa naquela eleição.".

[524] CAMPOS, Carlos Alexandre de Azevedo, op. cit., p. 564. O autor afirma que, neste caso, o Tribunal deixou de dar aos órgãos majoritários o benefício da dúvida quanto ao juízo de validade do ordenamento posto.

[525] O voto vencido do Ministro Sepúlveda Pertence, ao contrário da maioria, invocava a mesma Consulta anterior (n. 382/98) em abono à tese minoritária por ele defendida.

Mais ainda reforça esta minha convicção o fato de que, ao cidadão-eleitor, esta interpretação sinaliza no sentido da coerência partidária e no da consistência ideológica das agremiações e das alianças que se venham a formar, com inegável aperfeiçoamento do sistema político-partidário.

Ao Min. Sepúlveda Pertence não escapou a função tutelar a que se investiu a corte eleitoral, ao projetar (e tentar convencer) qual seria a melhor solução para as reconhecidas mazelas do sistema de coligações. Ele consignou que a competência normativa do TSE (Código Eleitoral, art. 23 inciso IX) não autoriza o Tribunal a substituir a opção do legislador pela opção dos seus juízes. Para ele, trata-se de poder normativo secundário, destinado a regulamentar a lei, havendo, pois, um dever de fidelidade por parte do TSE à Constituição (págs. 6-7 da decisão).

Em suma, como frisado por Monica Herman Salem Caggiano, a Consulta n. 715 e a Resolução n. 20.993, que lhe sucedeu, estabeleceram uma grave restrição a direitos por meio de mero regulamento, atentou contra a autonomia partidária e contra o princípio da legalidade estrita[526] e, por fim, retirou do eleitor um leque muito mais amplo de escolhas políticas[527].

A celeuma causada pela verticalização das coligações não se encerrou no âmbito do TSE, na medida em que o Supremo Tribunal Federal logo foi instado a se pronunciar sobre o tema, em duas ações diretas de inconstitucionalidade, movidas por partidos políticos, que pleiteavam a declaração de inconstitucionalidade do § 1º, do art. 4º, da Instrução n. 55, aprovada pela já citada Resolução TSE n. 20.993/2002. Trata-se das ações diretas de inconstitucionalidade n. 2.626[528] e 2.628[529].

---

[526] Cabe lembrar que, nos termos do art. 22, inciso I, da Constituição Federal, é da competência privativa da União a legislação sobre a disciplina do processo eleitoral.

[527] CAGGIANO, Monica Herman, *Coligações partidárias...* cit., p. 202.

[528] BRASIL. Supremo Tribunal Federal. *Ação Direta de Inconstitucionalidade n. 2.626-7/ DF*. Pleno. Relator: Min. Sydney Sanches. Redatora para acórdão: Min. Ellen Gracie. Brasília, 18 de abril de 2002. DJ data: 05 de março de 2004, Disponível em: < http://stf.jus.br/portal/jurisprudencia/listarJurisprudencia.asp?s1=%28ADI%24%2ESCLA%2E+E+2626%2ENUME%2E%29+OU+%28ADI%2EACMS%2E+ADJ2+2626%2EACMS%2E%29&base=baseAcordaos&url=http://tinyurl.com/pm67lwx>. Acesso em 04 set. 2015.

[529] BRASIL. Supremo Tribunal Federal. *Ação Direta de Inconstitucionalidade n. 2.628-3/ DF*. Pleno. Relator: Min. Sydney Sanches. Redatora para acórdão: Min. Ellen Gracie. Brasília, 18 de abril de 2002. DJ data: 05 de março de 2004, Disponível em: < http://stf.jus.br/portal/jurisprudencia/listarJurisprudencia.asp?s1=%28ADI%24%2ESCLA%2E+E+2628%2ENU

Também na esfera da Suprema Corte se pode observar a vontade política dos juízes no processo decisório.

Tais ações diretas não foram conhecidas, eis que, por sete votos a quatro, se considerou que a Resolução e a Instrução impugnadas eram atos normativos infralegais (atos normativos secundários), insuscetíveis, portanto, de sujeição ao controle abstrato perante o STF. Segundo a maioria que se formou, haveria violação meramente reflexa à Constituição Federal.

No julgamento, infere-se que a decisão por não conhecer as ações revestiu a vontade da maioria do Tribunal em manter a solução adotada pelo TSE, mesmo diante de vários precedentes que autorizavam a admissão de ação direta em face de Resolução normativa do Tribunal Superior Eleitoral, em matérias análogas à apreciada na Resolução n. 20.993/2002. De fato, apontaram-se inúmeras ações de controle abstrato propostas em face de Resoluções do TSE, todas elas conhecidas nos seus méritos, por terem sido reconhecidas como atos normativos e autônomos[530].

De outro lado, à semelhança do que ocorreu na Suprema Corte americana em *Marbury v. Madison*, não havia, nas ações diretas n. 2.626 e 2.628, necessidade de tecer qualquer consideração sobre o mérito, posto que se deliberou por não conhecer das ações. Todavia, mesmo afastando o cabimento do controle abstrato e concentrado, a maioria, na linha do voto da Ministra Ellen Gracie, que abriu a dissidência, fez consignar que Constituição Federal não veda interpretação dada pelo TSE sobre a matéria. Observa-se, neste particular, que não só a Ministra Ellen Gracie, como também o Ministro Nelson Jobim, elaboraram extensos votos de mérito para, ao final, decidir pelo não conhecimento das ações diretas.

Em outras palavras, o STF, de modo não convencional (e até mesmo desnecessário) assentou, em *obiter dictum* (incluído na ementa) que não há dispositivo na Constituição Federal que se ocupe particularmente das coligações partidárias, de modo que interpretação do TSE se mostra plausível. Este pronunciamento, de todo dispensável em face do acolhimento da preliminar de não conhecimento, reforça a intenção da Corte em consolidar a sua particular posição a respeito do tema. Elucida a hipótese o simples fato de, no julgamento destas ações, o plenário ter debatido as críticas que

ME%2E%29+OU+%28ADI%2EACMS%2E+ADJ2+2628%2EACMS%2E%29&base=baseAcordaos&url=http://tinyurl.com/pu5oj3g>. Acesso em 04 set. 2015.
[530] v. p. 549-550, voto do Sydney Sanches, relator originário.

pesavam sobre o Poder Judiciário sobre a "reforma eleitoral" que vinha sendo elaborada pelo Tribunal Superior Eleitoral e pelo Supremo Tribunal Federal[531]. Aliás, as críticas doutrinárias que pesam sobre a postura do Judiciário nestes casos consignam sempre a intenção dos juízes em colocar em marcha a desejada reforma política e eleitoral, que permanecia inerte no seio dos demais poderes[532].

Ante a negativa de seguimento das ações diretas n. 2.626 e 2.628, o Congresso Nacional promulgou, em 08 de março de 2006, a Emenda Constitucional n. 52 para explicitar aquilo que já parecia ser inerente ao sistema: a inexigibilidade de coerência entre coligações. Foi uma clara reação parlamentar às decisões do TSE e do STF, que conferiu nova redação ao art. 17, § 1º, da Constituição Federal, para o fim de superar a posição manifestada pelos tribunais superiores:

> § 1º É assegurada aos partidos políticos autonomia para definir sua estrutura interna, organização e funcionamento e para adotar os critérios de escolha e o regime de suas coligações eleitorais, sem obrigatoriedade de vinculação entre as candidaturas em âmbito nacional, estadual, distrital ou municipal, devendo seus estatutos estabelecer normas de disciplina e fidelidade partidária.

Como se pode perceber, a EC n. 52/2006 apenas explicitou a amplitude da ação partidária, afastando o "artifício" da verticalização, que foi imposto ao arrepio do princípio da legalidade[533].

Não obstante, o Conselho Federal a Ordem dos Advogados do Brasil – CFOAB moveu a ação direta de inconstitucionalidade n. 3.685[534] contra a

---

[531] Confira-se, a propósito, a seguinte passagem do voto do Min. Relator Sydney Sanches: "Aliás, o Exmo. Sr. Presidente da República, a mais alta autoridade da Nação, quando tomou conhecimento da norma em questão, chegou a dizer, no exterior, segundo a Imprensa: *'começou a reforma política no Brasil'*. Reforma que, tão esperada e desejada, deveria, obviamente, ter tido curso no Congresso Nacional – e não no Tribunal Superior Eleitoral –, por mais respeitável e respeitada que seja aquela Corte" (p. 580).
[532] BARROSO, Luís Roberto. *Judicialização, Ativismo Judicial e Legitimidade Democrática*... cit., p. 280; CAGGIANO, Monica Herman Salem. *A emergência do Poder Judiciário como contraponto ao bloco monocolor Legislativo/Executivo*... cit., p. 99-123.
[533] CAGGIANO, Monica Herman Salem. *Coligações partidárias: verticalizar ou não-verticalizar?*... cit., p. 205.
[534] BRASIL. Supremo Tribunal Federal. *Ação Direta de Inconstitucionalidade n. 3.685-3/ DF*. Pleno. Relator: Min. Ellen Gracie. Brasília, 22 de março de 2006. DJ data: 10 de agosto de 2006, Disponível em: < http://stf.jus.br/portal/jurisprudencia/listarJurisprudencia.asp?s1

o art. 2º da EC 52/2006, que assim dispunha: "Art. 2º Esta Emenda Constitucional entra em vigor na data de sua publicação, aplicando-se às eleições que ocorrerão no ano de 2002".

Afastada a absurda interpretação retroativa deste dispositivo, pela qual a regra ter-se-ia aplicado ao pleito ocorrido 4 (quatro) anos antes[535], discutia-se a aplicação ou não da Emenda 52 às eleições gerais de 2006 que se realizariam em cerca de 7 (sete) meses a contar do julgamento desta ação direta.

O STF, por maioria, reconheceu a inconstitucionalidade desta regra temporal, considerando a ofensa ao princípio da anterioridade eleitoral, insculpido no art. 16, da Constituição. Determinou-se, em consequência, que a modificação operada pela EC n. 52/2006 somente seria aplicada às eleições que ocorressem após um ano de vigência da Emenda, alcançando, portanto, somente as eleições gerais de 2010.

Assim, por força desta decisão, a imposição da verticalização das coligações teve de ser mantida também nas eleições gerais de 2006.

Em face de tudo isto, a doutrina examinada afirma que o Tribunal Superior Eleitoral pretendeu mesmo conferir efeito moralizador a uma situação político-estrutural considerada deficiente, que, porém, é admitida pelo ordenamento jurídico brasileiro[536].

Assim, não obstante as justas críticas que se podem lançar sobre a ampla liberdade de coligação, sobretudo sob o enfoque da ciência politica, o fato é que o direito brasileiro optou, de forma democrática, por um determinado molde – mais amplo – para as coligações partidárias[537].

=%28ADI%24%2ESCLA%2E+E+3685%2ENUME%2E%29+OU+%28ADI%2EACMS%2E +ADJ2+3685%2EACMS%2E%29&base=baseAcordaos&url=http://tinyurl.com/cek84hs>. Acesso em 04 set. 2015.

[535] Convém notar que o art. 2º da Emenda se vale de verbo conjugado no futuro do presente ("ocorrerão") para se referir a evento ocorrido 4 (quatro) anos antes.

[536] Não se está aqui a chancelar as reconhecidas práticas partidárias espúrias cotidianamente praticadas no País, visando alcançar o poder em prejuízo da coerência ideológica. Contudo, essa posição particular – e sempre será uma posição particular qualquer – parece não ser a mesma contemplada pela Constituição (mesmo antes da EC 52/2006) e pela legislação, que, ademais, apresentam o mérito de ampliar as possibilidades de escolha do eleitor. Confira-se, a respeito: CAGGIANO, Monica Herman. *Coligações partidárias: verticalizar ou não-verticalizar?*... cit.

[537] Em um exercício dialético, é possível identificar outras vantagens da verticalização, tais como o incremento da fidelidade partidária e da coerência ideológica dos partidos, afastando alianças que venham a ocorrer para o fim único de se alcançar maior tempo de exposição nos

Portanto, ainda que haja alguma disfunção no sistema eleitoral-partidário, a opinião acadêmica analisada sustenta que não compete ao Judiciário sanar o problema político, por meio da imposição de sua opinião particular sobre o melhor modo de organização do sistema partidário.

Deste modo, na esteira da doutrina acima anotada, a Consulta n. 715 deflagrou uma série de decisões judiciais que revelaram a concepção moral-política particular de órgãos judiciais, que acabaram por impor uma certa opinião sobre o sistema eleitoral, partindo da premissa que criticava a não verticalização[538]. O *result-oriented judging* se revela, por fim, também no fato de os votos dados nas ações diretas n. 2.626 e 2.628 falarem abertamente sobre a discussão de uma verdadeira "reforma eleitoral" pela via do Tribunal Superior Eleitoral.

2.2 Criação Judicial do Direito

2.2.1 A Teoria da Transcendência dos Motivos Determinantes – a Reclamação n. 4.335/AC

As teses inovadoras, que, porém, restaram vencidas, veiculadas no julgamento da Reclamação n. 4.335[539] são consideradas pela doutrina brasileira majoritária examinada um caso que evidencia a criação judicial do direito[540].

---

meios de comunicação, etc. Não se nega, pois, as vantagens político-sistêmicas da verticalização, mas não é dado fazer valer a uma determinada vontade particular quando a Constituição e as leis parecem ter se inclinado por opção diversa.

[538] Monica Hermann Salem Caggiano fala em "efeito desejado pelos idealizadores da verticalização" (*Coligações partidárias: verticalizar ou não-verticalizar?...* cit., p. 204).

[539] BRASIL. Supremo Tribunal Federal. *Reclamação n. 4.335-5/AC*. Pleno. Relator: Min. Gilmar Mendes. Brasília, 20 de março de 2014. DJ data: 22 de outubro de 2014, Disponível em: < http://stf.jus.br/portal/jurisprudencia/listarJurisprudencia.asp?s1=%28Rcl%24%2ESCLA%2E+E+4335%2ENUME%2E%29+OU+%28Rcl%2EACMS%2E+ADJ2+4335%2EACMS%2E%29&base=baseAcordaos&url=http://tinyurl.com/baopvsa>. Acesso em 05 set. 2015.

[540] STRECK, Lenio Luiz; LIMA, Martonio Mont'Alverne Barreto e OLIVEIRA, Marcelo Andrade Cattoni de, op. cit., p. 64; NERY JUNIOR, Nelson; ABBOUD, Georges. *Ativismo judicial como conceito natimorto para consolidação do Estado Democrático de Direito: as razões pelas quais a justiça não pode ser medida pela vontade de alguém...* cit.; TASSINARI, Clarissa, op. cit., p. 111-113; LIMA, Flávia Santiago; LEITE, Glauco Salomão, A decisão vinculante no controle difuso de constitucionalidade e suas repercussões institucionais. *Revista do Instituto de Hermenêutica Jurídica – RIHJ*, Belo Horizonte, ano 12, n. 16, p. 93-113, jul./dez. 2014.; VALLE,

Cuida-se de reclamação promovida pela Defensoria Pública do Estado do Acre em face de decisão do juízo da execução penal de Rio Branco/AC, que indeferiu o pedido de progressão de regime para dez sentenciados. Sustentou a Defensoria Pública daquele estado que a decisão impugnada violara o quanto decidido no HC 82.959/SP, no qual o STF proclamou a inconstitucionalidade do art. 2º, § 1º, da Lei 8.072/90 (Lei de Crimes Hediondos) que, em sua redação originária, impunha o cumprimento da pena em regime integralmente fechado aos condenados pelos crimes nela definidos.

Toda a celeuma e repercussão causada pela Reclamação n. 4.335 estavam centradas na admissibilidade do instituto, uma vez que a reclamação, prevista no art. 102, inciso I, alínea "l", da Constituição, se presta para garantir a autoridade das decisões que tenham efeito vinculante e eficácia *erga omnes*, especialmente aquelas proferidas no controle concentrado de constitucionalidade[541].

A jurisprudência do STF deu uma conformação mais ampla à legitimidade para a reclamação, autorizando a que qualquer pessoa possa movê-la, ainda que não tenha sido parte no processo originário, caso se sentisse prejudicada por desrespeito a decisão vinculante anterior[542].

Vanice Regina Lírio do (org.), op. cit.; MAIA NETO, Helvécio de Brito, op. cit.; VIEIRA, Oscar Vilhena, op. cit.; SÁ, Mariana Oliveira de; Vinícius Silva BONFIM, Vinícius Silva. A atuação do Supremo Tribunal Federal frente aos fenômenos da judicialização da política e do ativismo judicial. *Revista Brasileira de Políticas Públicas*, vol. 5, p. 170-190, 2015; MEDEIROS, Orione Dantas de. A influência do realismo judicial no julgamento da reclamação constitucional 4335-5/AC: rejeição da mutação constitucional prevista no art. 52, x da CF/88. *Revista Data Venia – Universidade Estadual da Paraíba*, vol. 6, n. 8, p. 30-63, 2012; VERÍSSIMO, Marcos Paulo, op. cit. p. 431; BARROSO, Luís Roberto. *Constituição, democracia e supremacia judicial: direito e política no Brasil contemporâneo...* cit., p. 31-32; CAMPOS, Carlos Alexandre de Azevedo, op. cit., p. 586; PIRES, Thiago Magalhães. Pós-positivismo sem trauma: o possível e o indesejável no reencontro do direito com a moral. In: FELLET, André Luiz Fernandes; DE PAULA, Daniel Giotti; NOVELINO, Marcelo (orgs.). As Novas Faces do Ativismo Judicial. Salvador: Editora Juspodivm, 2013, p. 54; ZAMARIAN, Lívia Pitelli; NUNES JR., Vidal Serrano. Súmulas vinculantes: solução para a adequada abstrativização do controle difuso de constitucionalidade? *Scientia Iuris*, Londrina, vol. 16, n. 1, p.113-136, jul.2012.

[541] Cf. LEAL, Roger Stiefelmann. A incorporação das súmulas vinculantes à jurisdição constitucional brasileira: alcance e efetividade em face do regime legal da repercussão geral e da proposta de revisão jurisprudencial sobre a interpretação do art. 52, X, da Constituição. *Revista de Direito Administrativo*, Rio de Janeiro, v. 261, p. 185, set./dez. 2012.

[542] Roger Stiefelmann Leal, apreciando a evolução da jurisprudência quanto à legitimidade da reclamação, assevera que o Supremo Tribunal Federal fixou o entendimento de que "qualquer

De outro lado, como é cediço, o controle difuso de constitucionalidade brasileiro ostenta efeito somente entre as partes em um dado processo subjetivo. Deste modo, a competência dada ao Senado pelo art. 52, inciso X, da Constituição sempre foi concebida como um mecanismo para coletivizar a decisão de inconstitucionalidade proferida de forma incidental[543].

Isto decorre da tradição americana herdada pelo controle de constitucionalidade brasileiro[544]. Ressalva-se, porém, que, no sistema norte-americano, dispensa-se qualquer mecanismo político análogo à Resolução do Senado brasileiro, uma vez que o controle difuso praticado pelo Judiciário daquele país conta com a regra do *stare decisis*, que confere maior deferência às decisões das cortes superiores. Trata-se, em suma, da regra do precedente vertical, já analisado no Capítulo I, item 2.2.2.

No entanto, este cenário clássico, que distingue claramente o alcance das decisões proferidas no controle incidental daquelas dadas no controle principal, esteve perto de uma virada copernicana, ante a tentativa de aproximação entre os modelos difuso e concentrado que, em última análise, consagrava a chamada abstrativização do controle difuso.

Tal movimento, que pretendia uma revisão sobre o significado e alcance do art. 52, inciso X, da Constituição, foi deflagrado pelos votos dos Ministros Gilmar Mendes e Eros Grau na reclamação em análise. Apesar destes dois votos não terem sido decisivos para o julgamento do caso, cumpre examinar a essência do raciocínio formulado pelos Ministros Gilmar Mendes e Eros Grau, por serem apontados pela doutrina majoritária pesquisada como manifestação de criação judicial do direito.

O voto do Ministro Gilmar Mendes, relator da Reclamação n. 4.335, retoma, inicialmente, todo o histórico da evolução do papel do Senado nas declarações de inconstitucionalidade. Reconhece o magistrado que

---

prejudicado em razão da inobservância do efeito vinculante é parte legítima para propor reclamação perante o Supremo Tribunal Federal para garantia de decisão proferida em controle principal de constitucionalidade, inclusive contra autoridade que não tenha participado da elaboração do ato declarado inconstitucional. O efeito vinculante acabou por restabelecer, na prática, a força da eficácia *erga omnes*. (*O Efeito Vinculante na Jurisdição Constitucional*. São Paulo: Saraiva, 2006, p. 167).

[543] Cf. FERREIRA FILHO, Manoel Gonçalves. *Curso de Direito Constitucional*. 38ª. ed. São Paulo: Saraiva, 2012, p. 65-67.

[544] Cf. RAMOS, Elival da Silva. *Controle de Constitucionalidade no Brasil: perspectivas de evolução*. São Paulo: Saraiva, 2010, p. 183-188 e MENDES, Gilmar Ferreira. *Controle abstrato de constitucionalidade: ADI, ADC e ADO: comentários à Lei n. 9.868/99*. São Paulo: Saraiva, 2012, p. 23-26

as Constituições brasileiras de 1934, 1946 e 1967/1969 davam ao Senado a prerrogativa de ampliar o alcance das decisões de inconstitucionalidade do STF, estendendo os efeitos proferidos em um caso concreto[545]. A Constituição de 1988 manteve a Resolução fundada no art. 52, inciso X como mecanismo para conferir eficácia *erga omnes* às decisões que possuíam apenas efeitos *inter partes*[546].

No entanto, o relator afirmava a engenhosidade deste instrumento, eis que a declaração de inconstitucionalidade sempre foi retroativa, de modo a lhe parecer estranho que o Senado suspendesse, apenas com efeitos *ex nunc*, a eficácia de uma lei declarada inconstitucional.

Questionava o Ministro, neste particular, que, se o STF pode anular uma lei com eficácia *erga omnes*, porque a decisão de inconstitucionalidade proferida no controle incidental valeria somente entre as partes? Entendia ele que tal conclusão somente se justificaria em um fundamento histórico, que preservava a separação de poderes nos moldes da época em que criado.

Um argumento central no voto é a crítica à função (des)constitutiva do Senado, que suspende a eficácia da lei de forma prospectiva. Nos termos deste voto, essa eficácia desconstitutiva da Resolução fere o princípio da nulidade da lei inconstitucional, dado que o Senado suspende a eficácia sem retroagir à gênese da lei. Assim, por coerência, se se sustenta que a lei é nula desde o seu início, o único significado possível da Resolução do Senado seria o mero efeito de dar publicidade à decisão do STF.

A partir deste ponto fundamental, aduz o Ministro outros argumentos para a sua tese.

Entre eles, há a ponderação no sentido de que a Constituição de 1988 reduziu o significado do controle incidental ao ampliar a legitimação para a ação direta no art. 103[547].

Em seguida, passou-se ao exame das mudanças legislativas, que reforçaram o papel da jurisprudência do STF (e.g.: concessão, por lei, de efeitos *erga omnes* à ADPF e as regras do Código de Processo Civil e da Lei n. 8.038/90 que atribuem poderes ao relator para julgamento monocrático

---

[545] Afirmou o Ministro Gilmar Mendes, a propósito do papel do Senado Federal: "Cuida-se de ato político que empresta eficácia *erga omnes* à decisão do Supremo Tribunal proferida em caso concreto" (p. 25 do acórdão).

[546] Conforme p. 40 do acórdão. Cf, ainda, FERREIRA FILHO, Manoel Gonçalves. *Curso...* cit., p. 40.

[547] Conforme p. 34 do acórdão.

quando decisão recorrida estiver em confronto com jurisprudência do Supremo). Esses seriam casos em que o legislador parece ter admitido a extensão dos efeitos de uma decisão do STF, ainda que em controle incidental. Diante de tal panorama normativo, cogita-se de um efeito transcendente das decisões prolatadas em casos concretos.

Em conclusão, afirmou o Ministro relator ter havido mutação constitucional sobre o art. 52, inciso X, ante a comprovação – segundo a ótica proposta por ele – da força normativa das decisões proferidas no controle difuso[548]. Em decorrência, concluiu-se que a decisão do juízo reclamado desrespeitou a "eficácia *erga omnes* que deve ser atribuída à decisão deste Supremo Tribunal Federal, no HC 82.959, que declarou a inconstitucionalidade artigo 2º, § 1º, Lei n. 8.072/90". Com base nestes fundamentos, o relator julgou procedente a reclamação para o fim de cassar as decisões do juízo reclamado, determinando a análise dos requisitos da progressão de pena.

De outra parte, o voto do Ministro Eros Grau aderiu à tese introduzida pelo Ministro Gilmar Mendes, ao retomar a distinção entre texto (marcado pela rigidez) e norma (marcada pela elasticidade), afirmando que a norma só é alcançada depois do processo de interpretação. A interpretação, neste sentido, dá margem à criatividade judicial, adequando a segurança do texto às modificações sociais[549].

Assim, o Min. Eros Grau recorda que na mutação constitucional não se altera só a norma, mas o próprio enunciado normativo.

No mais, este voto também corrobora a tese segundo a qual compreensão primitiva da Resolução prevista no inciso X, do art. 52 é obsoleta e que a proposta de mutação deve ser acolhida nos termos do voto do relator[550].

---

[548] Conforme p. 55 do acórdão. Confira-se, em sede doutrinária: MENDES, Gilmar Ferreira. O papel do Senado Federal no controle de constitucionalidade: um caso clássico de mutação constitucional. *Revista de Informação Legislativa*, Brasília, ano 41, n. 162, p. 149-168, abr./jun. 2004.

[549] Para o Ministro Eros Grau, esta discussão se reflete na dicotomia existente entre "dimensão constitucional textual" e "dimensão constitucional normativa", a última só se produzindo após a interpretação judicial.

[550] Cabe, desde logo, trazer uma crítica doutrinária a essa passagem da decisão: "De que modo se chega a conclusão de que 'um texto constitucional é obsoleto'? E de que modo é possível afirmar que, 'por ser obsoleto', o Supremo Tribunal Federal pode se substituir ao processo constituinte derivado, único que poderia substituir o texto 'obsoleto'? A tradição não residiria exatamente no fato de termos adotado – e ratificado em 1988 – o sistema misto

Os debates continuaram com a dissidência aberta pelo Ministro Sepúlveda Pertence[551], à qual aderiu, parcialmente, o Ministro Joaquim Barbosa[552].

Após quase seis anos, sobreveio o voto-vista do Ministro Ricardo Lewandowski[553] e, na sessão ocorrida em 20 de março de 2014, o caso finalmente foi decidido, nos termos do voto-vista do Ministro Teori Zavascki, que conheceu da reclamação e a julgou procedente. Os demais integrantes da Corte aderiram ao voto do Ministro Teori Zavascki, restando vencidos aqueles que não conheciam do remédio ou que o julgavam improcedente.

O voto do Ministro Teori Zavascki, no entanto, não consagrou a teoria da abstrativização do controle difuso, rechaçando a proposta de mutação constitucional sobre o art. 52, inciso X, da Constituição.

Em linhas gerais, salientou ele a aproximação da cultura do *civil law* ao *stare decisis* da *common law*, ao reconhecer força expansiva de certas decisões de tribunais superiores[554].

Para demonstrar a eficácia expansiva que vem marcando sobretudo as decisões do Supremo Tribunal Federal, foi apontada a evolução da cultura de valorização dos precedentes[555], pela qual muitas decisões passaram a ter efeitos *ultra partes* (ações coletivas, mandado de segurança coletivo, e mandado de injunção no perfil normativo-concretizador, que o STF lhe deu nos mandados de injunção n. 670, 708 e 712). Apontou o Min. Teori

---

de controle de constitucionalidade? A tradição não estaria inserida na própria exigência de remessa ao Senado, buscando, assim, trazer para o debate – acerca da (in)validade de um texto normativo – o Poder Legislativo, único que pode tratar do âmbito da vigência, providência necessária para dar efeito *erga omnes* à decisão que julgou uma causa que não tinha uma tese, mas, sim, uma questão prejudicial?" (STRECK, Lenio Luiz; LIMA, Martonio Mont'Alverne Barreto e OLIVEIRA, Marcelo Andrade Cattoni de., op. cit., p. 64).

[551] Julgou a reclamação improcedente, mas concedeu o *habeas corpus* de ofício.
[552] Não conheceu da reclamação, mas também deferiu de ofício a ordem postulada.
[553] Que não conhecia da reclamação, concedendo, porém, o *habeas corpus* de ofício.
[554] Sobre a alardeada similitude entre o *stare decisis* e a eficácia *erga omnes* e a efetiva distinção entre os institutos, confira-se: LEAL, Roger Stiefelmann. A convergência dos sistemas de controle de constitucionalidade: aspectos processuais e institucionais. *Revista de Direito Constitucional e Internacional*, São Paulo, ano 14, vol. 57, p. 67-68, out./dez. 2006).
[555] Ver, a propósito, LEAL, Roger Stiefelmann. A incorporação das súmulas vinculantes à jurisdição constitucional brasileira: alcance e efetividade em face do regime legal da repercussão geral e da proposta de revisão jurisprudencial sobre a interpretação do art. 52, X, da Constituição. *Revista de Direito Administrativo*, Rio de Janeiro, v. 261, p. 185, set./dez. 2012.

Zavascki, ainda, o advento da súmula vinculante e da repercussão geral como expressões desta força expansiva[556].

Neste contexto, sustentou ele que o STF deu eficácia *ultra partes* ao HC 82.959, invocado pela Defensoria Pública como decisão a ter a sua autoridade preservada na Reclamação n. 4.335.

Contudo, a despeito da construção relativa à chamada eficácia expansiva, o Min. Teori Zavascki aduziu não ser admissível o instituto da reclamação para garantir a eficácia de todas estas decisões com eficácia expansiva, sob pena de converter o STF em corte executiva, "suprimindo instâncias locais e atraindo competências próprias das instâncias ordinárias"[557].

Assim, sem negar a força expansiva, manteve-se a jurisprudência que só admite reclamação pela parte na relação processual em que foi proferida a decisão cuja eficácia se almeja preservar[558].

Em suma, filiando-se ao voto do Min. Teori Zavascki, a maioria do Tribunal, acabou por conhecer e deferir a reclamação para garantir a autoridade da súmula vinculante n. 26, editada após a propositura da reclamação, mas que, em realidade, consolidava o entendimento externado no HC 82.959. Admitiu-se o conhecimento da reclamação com base em súmula posterior ao ajuizamento da medida, com fundamento no disposto no art. 462, do Código de Processo Civil[559].

Exposto o caso e os fundamentos nele debatidos, é possível verificar que a tese da abstrativização do controle difuso que norteou o início do julgamento – veiculada pelos votos dos Ministros Gilmar Mendes e Eros

---

[556] Sobre as sucessivas reformas constitucionais e legais que conduziram a mudanças no perfil do Judiciário, confira: AMARAL JÚNIOR, José Levi Mello do. Processo constitucional no Brasil: nova composição do STF e mutação constitucional, *Revista de Direito Constitucional e Internacional*, São Paulo, ano 14, vol. 57, p. 100-108, out./dez. 2006.

[557] Página 168 do acórdão.

[558] Vale transcrever o seguinte excerto do voto-vista do Min. Teori: "A legitimação ativa mais ampla somente será cabível nas hipóteses expressamente previstas na Constituição ou em lei ou de atribuição de efeitos vinculantes *erga omnes* – notadamente contra atos ofensivos a decisões tomadas em ações de controle concentrado de constitucionalidade e a súmulas vinculantes, em que se admite legitimação ativa mais ampla" (p. 168-169 do acórdão).

[559] "Art. 462. Se, depois da propositura da ação, algum fato constitutivo, modificativo ou extintivo do direito influir no julgamento da lide, caberá ao juiz tomá-lo em consideração, de ofício ou a requerimento da parte, no momento de proferir a sentença." O curioso raciocínio empreendido pela Corte não escapou da arguta observação do Ministro Marco Aurélio que, em debate, anotando que reclamação foi proposta antes da SV 26, indagou se foi apontada como desrespeitada pelo autor "por premonição" (p. 194 do acórdão).

Grau – configura ativismo judicial por implicar em criação judicial do direito, segundo o levantamento bibliográfico que embasa esta dissertação.

Tal tentativa de abstrativização do controle difuso sofre, em primeiro lugar, a crítica doutrinária de fazer migrar o papel do STF de legislador negativo para poder constituinte reformador, na medida em que se suprime uma competência privativa do Senado, em ofensa à separação de poderes[560].

De outra parte, Marcos Paulo Veríssimo salienta que o ativismo observado neste caso ocorre em meio ao cenário que impele o STF a moldar um "*stare decisis* brasileiro"[561].

Outro indício de criação judicial do direito decorre do caráter contramajoritário dos votos analisados, uma vez que a pretensa vinculação de precedentes do controle difuso já fora rejeitado pelos órgãos políticos majoritários, que rechaçaram propostas de emendas constitucionais com tal teor[562].

Por fim, afirma-se que o ativismo praticado pelo Supremo Tribunal neste precedente foi exemplo do impulso natural de autopreservação da corte, frente aos outros atores políticos[563].

---

[560] Oscar Vilhena Vieira sustentou, a propósito deste caso, que "Independentemente de nossa posição sobre o acerto ou erro do Supremo Tribunal Federal no julgamento desses casos, o que parece claro é que o Tribunal passou a se enxergar como dotado de poder constituinte reformador, ainda que a promoção das mudanças constitucionais não se dê com a alteração explícita do texto da Constituição." (op. cit. p. 456).

[561] "Essa não é uma nova compreensão que nasce desvinculada do cenário descrito neste artigo, de forte distorção do sistema difuso no período posterior a 1988, gerada pela multiplicação de processos em face da ausência de filtros, do crescimento no exercício das competências de controle de constitucionalidade, e da ausência, em contrapartida, de efeito vinculante para as decisões incidentais de inconstitucionalidade proferidas pelo STF" (A Constituição de 1988, vinte anos depois: Suprema Corte e ativismo judicial "à brasileira". *Revista Direito GV*, São Paulo, n. 8, p. 431, 2008.

[562] "A solução proposta nos votos dos Ministros Gilmar Mendes e Eros Grau coloca, evidentemente, na pauta de debates, uma importante questão de democracia, ligada àquilo que se chama na literatura norte-americana de 'objeção contra-majoritária'. Isso porque a mudança proposta por tais votos no sistema de vinculação próprio ao controle difuso já foi, em inúmeras oportunidades, cogitada pelo legislador constituinte original e derivado, mas restou sempre superada no decorrer do processo legislativo, como ressalta o próprio voto do relator, ao fazer referências à Constituinte de 1946 e ao processo de elaboração da Emenda 16/1965" (ibidem, p. 431).

[563] BARROSO, Luís Roberto. *Constituição, democracia e supremacia judicial: direito e política no Brasil contemporâneo*... cit., p. 31-32. Carlos Alexandre de Azevedo Campos entende que o

Com efeito, a proposta de revisão do sentido e significado do art. 52, inciso X, da Constituição ultrapassa os limites costumeiramente reconhecidos à mutação constitucional, a saber, (i) as possibilidades semânticas do relato da norma e (ii) a preservação dos princípios fundamentais que dão identidade à Constituição[564]. Não obstante o brilhantismo dos votos e o propósito de racionalidade neles subjacente, a reformulação do sentido da Resolução do Senado Federal esbarra na literalidade do dispositivo constitucional, além de ampliar o papel positivo da Corte Suprema brasileira para além dos casos expressamente admitidos pela Constituição, como, por exemplo, a feição normativa que se extrai das decisões declaradas nas ações do controle concentrado[565]. Nestas ações, é preciso lembrar, foi o próprio constituinte que atribuiu eficácia *erga omnes* e efeito vinculante.

De outro vértice, há a clara saudação à eficácia *erga omnes* própria do controle abstrato, que é invocada para se criticar a natureza substancial da decisão do Senado (desconstitutiva com efeitos *ex nunc*). E é a partir desta crítica que se inova no ordenamento constitucional ao se tentar assemelhar o controle difuso e concentrado.

Sem prejuízo, há outra circunstância que denota a criação judicial do direito constitucional no caso. É que a mutação vislumbrada não decorre das diferenças ontológicas entre os dois tipos de controle (eficácia *inter partes* e *erga omnes*). A proposta de mutação, ao contrário, é fruto da pretensa violação ao princípio da nulidade da lei decorrente da natureza desconstitutiva da Resolução do Senado. De fato, os votos apontam que a regra da retroatividade da decisão judicial que declara a inconstitucionalidade é ofendida ao se atribuir ao Senado a competência para sustar, a partir de então, a eficácia da lei.

Contudo, abstraído o fato de ter sido esta a opção literal do constituinte, os votos, para justificar a aproximação entre o controle difuso e o

---

acolhimento da teoria da transcendência dos motivos determinantes "conduziria ao exercício pela Corte de poderes político-normativos muito mais expressivos" e, portanto, "significaria uma evolução extremada do ativismo judicial da Corte." (op. cit. p. 586).

[564] BARROSO, Luís Roberto. *Curso de Direito Constitucional Contemporâneo: os conceitos fundamentais e a construção do novo modelo*. São Paulo, Saraiva, 2009, p. 127.

[565] V. NERY JUNIOR, Nelson; ABBOUD, Georges. *Ativismo judicial como conceito natimorto para consolidação do Estado Democrático de Direito: as razões pelas quais a justiça não pode ser medida pela vontade de alguém...* cit., p. 530-531.

concentrado, dão maior preponderância a uma consequência do modelo do que à própria natureza essencial do instituto da Resolução do art. 52, inciso X[566].

Ademais, a criação judicial se infere também de uma consequência da mutação vislumbrada pelos Ministros Gilmar Mendes e Eros Grau: caso alterado o significado da tarefa do Senado, tornar-se-ia sem sentido o instituto da súmula vinculante.

De fato, antes mesmo do fim do julgamento da Reclamação n. 4.335, Roger Stiefelmann Leal já alertava que:

> Tais diferenças permitem vislumbrar que a eventual prevalência da proposta de revisão jurisprudencial sobre a competência do Senado Federal esvaziaria em grau mais elevado o instituto da súmula vinculante, pois o efeito vinculante da decisão proferida em sede de controle concreto alcançaria, na prática, os mesmos órgãos e autoridades discriminados no art. 103-A da Constituição.[567]

Todavia, é preciso saudar o voto do Ministro Teori Zavascki, na medida em que se atentou para os paradoxos decorrentes da aceitação da eficácia *erga omnes* e do efeito vinculante nas decisões proferidas em sede de controle incidental, na linha do alerta feito por Roger Stiefelmann Leal em âmbito doutrinário[568].

Essas são, em suma, as circunstâncias consideradas pela literatura nacional examinada ao afirmar que a proposta de mutação constitucional constante da Reclamação n. 4.335 caracteriza criação judicial do Direito.

---

[566] Tudo indica que o STF pendeu para o princípio da nulidade da lei, reduzindo o papel do Senado Federal nesta análise. A propósito, para parte da doutrina, a decisão do Supremo "significa, por fim, retirar do processo de controle difuso qualquer possibilidade de chancela dos representantes do povo deste referido processo, o que não parece ser sequer sugerido pela Constituição da República de 1988." (STRECK, Lenio Luiz; LIMA, Martonio Mont'Alverne Barreto e OLIVEIRA, Marcelo Andrade Cattoni de. op. cit., p. 50).
[567] *A incorporação das súmulas vinculantes à jurisdição constitucional brasileira...* cit., p. 194. No mesmo sentido: MEDEIROS, Orione Dantas de, op. cit. O autor aproxima esta crítica ao realismo jurídico, nos seguintes termos: "Desse modo, estar-se-ia admitindo um argumento decisionista radical do Realismo Judicial, de que o direito – é (será) aquilo que a vontade do poder quer que seja; neste caso específico, representado pela Corte Suprema." (p. 60).
[568] *A incorporação das súmulas vinculantes à jurisdição constitucional brasileira...* cit.

2.2.2 Fidelidade Partidária – a Consulta TSE n. 1.398, os Mandados de Segurança n. 26.602, 26.603 e 26.604 e a Resolução n. 26.610/2007 do TSE

A maioria da doutrina brasileira pesquisada aponta haver ativismo por parte do Tribunal Superior Eleitoral e do Supremo Tribunal Federal nos atos que concluíram pela existência de um dever de fidelidade partidária, que, desobedecido, acarretaria a perda do mandato[569].

É necessário, inicialmente, contextualizar a questão.

A fidelidade partidária, de início, foi considerada um resquício autoritário, incompatível com o processo de redemocratização observado em 1985-1988[570], tanto que as normas que tratavam da fidelidade partidária já haviam sido revogadas pela Emenda Constitucional n. 25/1985[571].

---

[569] RAMOS, Elival da Silva. *Ativismo Judicial: parâmetros dogmáticos*. São Paulo: Saraiva, 2010, p. 245-256; NOBRE JUNIOR, Edilson Pereira. *Ativismo judicial: Possibilidade e limites...* cit., p. 11-12; KOERNER, Andrei. *Ativismo Judicial? Jurisprudência constitucional e política no STF pós-88...*cit., p. 84; RAMOS, Paulo Roberto Barbosa; OLIVEIRA JUNIOR, Jorge Ferraz de., op. cit., p. 37-38; CARVALHO, Maria Carolina, op. cit., p. 186; MARTINS, Ives Gandra da Silva. *O ativismo judicial e a ordem constitucional...* cit., p. 23-38; NUNES, Luiz Roberto, op. cit., p. 71-72; MAIA NETO, Helvécio de Brito, op. cit.; VIEIRA, José Ribas. *Verso e reverso: a judicialização da política e o ativismo judicial no Brasil...* cit.; BALESTERO, Gabriela Soares, op. cit.; BARROSO, Luís Roberto. *Judicialização, Ativismo Judicial e Legitimidade Democrática...* cit., p. 280; COELHO, Inocêncio Mártires. *Ativismo Judicial ou Criação Judicial do Direito?...* cit., p. 481; CAMPOS, Carlos Alexandre de Azevedo, op. cit., p. 560; MELLO, Patrícia Perrone Campos. *Interferências extrajurídicas sobre o processo decisório do Supremo Tribunal Federal...* cit., p. 378; VIEIRA, José Ribas; CAMARGO, Margarida Maria Lacombe; SILVA, Alexandre Garrido da. *O Supremo Tribunal Federal como arquiteto institucional...* cit.; SILVA, Alexandre Garrido da., op. cit. Minimalismo, democracia e expertise: o Supremo Tribunal Federal diante de questões políticas e científicas complexas. *Revista de Direito do Estado*, n. 12, 2008; BARBOSA, Daniella Dutra de Almeida; TEIXEIRA, João Paulo Allain, op. cit.

[570] A regra da fidelidade partidária constava do art. 152, parágrafo único, da Emenda Constitucional n. 1/1969, nos seguintes termos: "Parágrafo único. Perderá o mandato no Senado Federal, na Câmara dos Deputados, nas Assembléias Legislativas e nas Câmaras Municipais quem, por atitudes ou pelo voto, se opuser às diretrizes legitimamente estabelecidas pelos órgãos de direção partidária ou deixar o partido sob cuja legenda foi eleito. A perda do mandato será decretada pela Justiça Eleitoral, mediante representação do partido, assegurado o direito de ampla defesa.". Confira-se ainda: NOBRE JUNIOR, Edilson Pereira. *Ativismo judicial: Possibilidade e limites...* cit., p. 11-12.

[571] A Emenda Constitucional n. 25/1985 revogou o inciso V, do art. 35, da Emenda Constitucional n. 1/1969, que assim dispunha: "Art. 35. Perderá o mandato o deputado ou senador:

Tanto o Tribunal Superior Eleitoral quanto o Supremo Tribunal entendiam pela inaplicabilidade do chamado princípio da fidelidade partidária[572], de modo que, e.g., um suplente poderia regularmente assumir o cargo representando a legenda sob a qual se encontra filiado, ainda que tenha mudado de partido após a eleição e antes da assunção, "mesmo que com isso se diminua a representação de outro [partido], integrante da mesma coligação, mas respeitado o princípio da votação majoritária e a vontade do eleitor"[573].

Esta convicção começou a mudar a partir do julgamento, pelo TSE, das Consultas n. 1.398/2007 e n. 1.407/2007 e da edição, pela mesma Corte, da Resolução n. 22.610/2007. Sobrevieram, nesse meio tempo, decisões do Supremo Tribunal Federal que ratificaram o reconhecimento do princípio da fidelidade partidária. O ponto de atenção, para os fins desta dissertação, deve se ater, sobretudo, às condicionantes criadas por tribunais judiciais que, segundo os apontamentos doutrinários[574], avançaram ao campo da criação judicial do direito ao disciplinar, em caráter legislativo, temas como as hipóteses de justa causa para a desfiliação sem perda do mandato, regulamentação do processo de perda do cargo e datas-marco a partir das quais a opção por se retirar de um partido implicaria perda do mandato.

Cumpre, pois, examinar tais decisões, reputadas como expressão de criação judicial do direito na implantação e operacionalização do instituto da fidelidade partidária no direito brasileiro.

(...) V – que praticar atos de infidelidade partidária, segundo o previsto no parágrafo único do artigo 152.".

[572] MS n. 23.405-9, rel. Min. Gilmar Mendes, j. 22.03.2004, DJ 23.04.2004 e MS 20.927-5, rel. Min. Moreira Alves, j. 11.10.1989, DJ 15.04.1994. Neste último precedente, restou assim compreendido o tema: "em nosso sistema constitucional atual, não se exige qualquer modalidade de fidelidade partidária para os eleitos, após a diplomação, ainda quando não se tenha empossado como deputado.".

[573] Vide, também, a Resolução TSE n. 13.605/1987. Na Resolução n. 15.135/89, o TSE assentou que "Inexistente no nosso sistema jurídico a perda de mandato por infidelidade partidária, não mais decorrem quaisquer 'prejuízos', muito menos perda de mandato, para o filiado que, detentor de cargo eletivo, deixa o Partido sob cuja legenda foi eleito a fim de transferir-se para outro.".

[574] BALESTERO, Gabriela Soares, op. cit.; BARROSO, Luís Roberto. *Judicialização, Ativismo Judicial e Legitimidade Democrática...* cit., p. 280; NUNES JUNIOR, Amandino Teixeira. *Ativismo Judicial no Brasil: o caso da fidelidade partidária...* cit..

Ao responder a Consulta n. 1.398[575], proposta pelo Partido da Frente Liberal – PFL, o TSE firmou o entendimento de que o mandatário eleito em sistema proporcional deve se manter fiel ao partido pelo qual alcançou o sucesso eleitoral, sob pena de perda do mandato. Consolidou-se, assim, a noção de que o mandato proporcional pertence ao partido, e não ao candidato eleito[576].

Sustentou-se, em primeiro lugar, que a representação proporcional exige, de per si, a vinculação do mandato ao partido, sendo irrelevante o fato de não existir nenhum texto expresso a respeito. Considerou-se, ainda, que os tempos atuais, marcados pela normatividade dos princípios, imporia a conclusão de que a saída do partido implicaria a perda do mandato.

Assim, por seis votos a um, vencido o Min. Marcelo Ribeiro, foi instituída a fidelidade partidária no país em relação aos cargos providos por eleição proporcional.

Em função do pronunciamento exarado pelo TSE na resposta à Consulta n. 1.398, partidos políticos impetraram mandados de segurança no STF visando obter a posse de suplentes – integrantes de seus quadros – em virtude da desfiliação de deputados eleitos pelas legendas nas últimas eleições. Em todos eles, invocava-se o quanto decidido na mencionada Consulta que, ao fim e ao cabo, impôs a regra de fidelidade partidária. Apontavam-se como coatores os atos do Presidente da Câmara dos Deputados que negaram pedidos administrativos formulados por cada um dos impetrantes, no sentido de declarar vagos os cargos de deputados que haviam mudado de partido durante a legislatura. Sustentava-se, para tanto, o direito líquido e certo dos partidos políticos em conservar para si as vagas obtidas por meio do sistema proporcional.

---

[575] BRASIL. Tribunal Superior Eleitoral. *Consulta n. 1.398 – Classe 5ª/DF*. Pleno. Relator: Min. Cesar Asfor Rocha. Brasília, 27 de março de 2007, DJ 08.05.2007, p. 143.

[576] Calha registrar que a resposta dada pelo TSE à Consulta n. 1.398 também pode ser qualificada de ativista pela ótica do *result-oriented judging*, conforme se infere do seguinte trecho do Relator: "Não tenho dificuldade em perceber que razões de ordem jurídica e, sobretudo, razões de ordem moral, inquinam a higidez dessa movimentação, a que a Justiça Eleitoral não pode dar abono, se instada a se manifestar a respeito da legitimidade de absorção do mandato eletivo por outra corrente partidária, que não recebeu sufrágios populares para o preenchimento daquela vaga." No entanto, os autores que comentam este caso vislumbram de forma consistente a criação judicial do direito, razão pela qual sua apreciação foi alocada nesta oportunidade.

Trata-se dos mandados de segurança n. 26.602[577], 26.603[578] e 26.604[579], todos julgados na sessão do dia 04 de outubro de 2007.

É no julgamento destes casos e na resposta à Consulta n. 1.398 que as opiniões acadêmicas vislumbram a ocorrência da criação judicial do direito.

Com efeito, a Consulta n. 1.398 se valeu da tese dos princípios implícitos para extrair a regra da fidelidade da Constituição brasileira, superando o entendimento corrente sobre a matéria, que negava tal dever.

No entanto, como bem observou o voto vencido do Min. Marcelo Ribeiro, causa estranheza "o fato de a Constituição estar prestes a completar dezenove anos e esta ser a primeira vez que se proclama que há a aludida perda do mandato. Ou seja, demorou-se um pouco para se perceber esse princípio" (p. 56 da decisão). Ademais, recordando do histórico legislativo do instituto da fidelidade partidária, o Min. Marcelo Ribeiro salientou a impropriedade de se invocar princípios implícitos "quando a matéria foi tratada expressamente na Constituição anterior e a alusão à perda de mandato, de modo claro, foi retirada da atual Constituição" (p. 60 da decisão).

Para além desta circunstância, a criação judicial do direito decorre, sobretudo, da fixação de um rol de exceções, nas quais o mandatário pode deixar o partido pelo qual foi eleito sem que isso caracterize infidelidade partidária[580]. Em que pese a racionalidade inerente à previsão de exceções,

---

[577] BRASIL. Supremo Tribunal Federal. *Mandado de Segurança n. 26.602-3/DF.* Pleno. Relator: Min. Eros Grau. Brasília, 04 de outubro de 2007. DJ data: 17 de outubro de 2008, Disponível em: < http://stf.jus.br/portal/jurisprudencia/listarJurisprudencia.asp?s1=%28MS%24%2ESCLA%2E+E+26602%2ENUME%2E%29+OU+%28MS%2EACMS%2E+ADJ2+26602%2EACMS%2E%29&base=baseAcordaos&url=http://tinyurl.com/blyxesx>. Acesso em 19 set. 2015.

[578] BRASIL. Supremo Tribunal Federal. *Mandado de Segurança n. 26.603-1/DF.* Pleno. Relator: Min. Celso de Mello. Brasília, 04 de outubro de 2007. DJ data: 19 de outubro de 2008, Disponível em: < http://stf.jus.br/portal/jurisprudencia/listarJurisprudencia.asp?s1=%28MS%24%2ESCLA%2E+E+26603%2ENUME%2E%29+OU+%28MS%2EACMS%2E+ADJ2+26603%2EACMS%2E%29&base=baseAcordaos&url=http://tinyurl.com/ph4ugft>. Acesso em 19 set. 2015.

[579] BRASIL. Supremo Tribunal Federal. *Mandado de Segurança n. 26.604-0/DF.* Pleno. Relator: Min. Carmen Lúcia. Brasília, 04 de outubro de 2007. DJ data: 03 de outubro de 2008, Disponível em: < http://stf.jus.br/portal/jurisprudencia/listarJurisprudencia.asp?s1=%28MS%24%2ESCLA%2E+E+26604%2ENUME%2E%29+OU+%28MS%2EACMS%2E+ADJ2+26604%2EACMS%2E%29&base=baseAcordaos&url=http://tinyurl.com/l2oedl9>. Acesso em 19 set. 2015.

[580] Veja-se a seguinte passagem do voto do Min. Cezar Peluso (p. 32 da decisão): "Algumas **exceções** devem, contudo, ser asseguradas em homenagem à própria necessidade de resguardo da relação eleitor-representante e dos princípios constitucionais da liberdade de associação e de pensamento. São elas, v.g., a existência de **mudança significativa de orientação programática**

o fato é que elas decorreram unicamente do arbítrio judicial[581]. Cuida-se, de fato, de opção política que teria desfecho mais legítimo se subordinada à aprovação parlamentar, conforme ressaltado pela doutrina[582].

Cumpre acrescentar, neste particular, as incontáveis possibilidades e circunstâncias inerentes à criação da sistemática da fidelidade partidária, tais como o tempo de filiação, o tempo decorrido do mandato até a "infidelidade", a especificação dos motivos caracterizadores ou não da perseguição, etc. Estes são aspectos que bem poderiam ser normatizados, revelando que não se está aqui diante de mera interpretação de tese jurídica. À míngua de qualquer disposição sobre o assunto, qualquer regulamentação judicial fatalmente incidiria – como de fato incidiu – em criação judicial do direito.

De outro vértice, nos mandados de segurança acima relacionados (n. 26.602, 26.603 e 26.604), o Supremo Tribunal Federal referendou a existência da chamada fidelidade partidária e, ainda, foi além na atividade normativa.

Com efeito, a essência comum na fundamentação dos três feitos denota que a Corte Suprema passou a exigir a permanência do parlamentar no partido pelo qual se elegeu como condição indeclinável para o exercício do mandato.

Além desta premissa, por si só de duvidosa legitimidade[583], cumpre destacar três pontos reveladores do ativismo judicial.

---

do partido, hipótese em que, por razão intuitiva, estará o candidato eleito autorizado a desfiliar-se ou transferir-se de partido, conservando o mandato. O mesmo pode dizer-se, *mutatis mutandis*, em caso de comprovada **perseguição** política dentro do partido que abandonou.". Tal circunstância é objeto de atenção da doutrina que estuda o ativismo judicial, conforme texto que segue.
[581] Cf. NOBRE JUNIOR, Edilson Pereira. Ativismo judicial: Possibilidade e limites... cit., p. 11-12.
[582] Ibidem, p. 12.
[583] Assim, como ocorreu com a Consulta n. 1.398, não se nega, outrossim, que tais mandados de segurança tenham incidido em ativismo sob a concepção do *result-oriented judging*, apesar desta concepção ser menos explorada pela doutrina neste caso da fidelidade partidária. Assim, como frisado anteriormente, a concepção doutrinária que se mostra mais evidente é a da criação judicial do direito, segundo os aportes bibliográficos que embasam esta dissertação. A título de evidência do *result-oriented judging*, confira-se o seguinte excerto da ementa do mandado de segurança n. 26.603: "A ruptura dos vínculos de caráter partidário e de índole popular, provocada por atos de infidelidade do representante eleito (infidelidade ao partido e infidelidade ao povo), subverte o sentido das instituições, ofende o senso de responsabilidade política, traduz gesto de deslealdade para com as agremiações partidárias de origem, compromete o modelo de representação popular e fraude, de modo acintoso e reprovável, a

Em primeiro lugar, nos três casos entendeu-se que o instituto da fidelidade partidária passaria a ser exigível a partir de 27 de março de 2007, data do advento da resposta do TSE à Consulta n. 1.398. Em realidade, a Corte Suprema definiu o termo inicial do seu novo entendimento sobre o tema, coincidente com a data em que o TSE resolveu a Consulta n. 1.398. Trata-se, como se vê, de típica fórmula legislativa de início de vigência de leis e atos normativos[584].

Em segundo lugar, restou estabelecido que as situações específicas, nas quais o abandono da legenda não acarretaria perda do mandato deveriam ser apreciadas e definidas pelo Tribunal Superior Eleitoral.

Por fim, vislumbrou o Supremo Tribunal a necessidade de um procedimento capaz de aferir as causas da infidelidade partidária ou, ao reverso, as justificativas para a conservação do mandato pelo congressista. Admitiu o STF, para este fim, que o TSE editasse Resolução regulamentadora, cogitando da aplicação analógica dos arts. 3º a 7º, da Lei Complementar n. 64/90[585].

Todos estes elementos nas decisões proferidas nos mandados de segurança em comento demonstram que o STF se viu diante da contingência de atuar à semelhança do legislador, posto que a o direito positivo não contemplava o dever de fidelidade partidária.

Posteriormente, no dia 16 de outubro de 2007, o Tribunal Superior Eleitoral estendeu a regra da fidelidade partidária aos cargos compostos pelo sistema majoritário, ao decidir a Consulta n. 1.407.

As respostas a estas duas Consultas (n. 1.398 e n. 1.407) ensejaram a edição da Resolução n. 22.610, de 25 de outubro de 2007[586].

Tal Resolução, editada em atenção ao decidido pelo STF nos mandados de segurança acima comentados, encerrou o processo normativo a que se debruçou o Judiciário brasileiro no tocante à fidelidade partidária.

---

vontade soberana dos cidadãos eleitores, introduzindo fatores de desestabilização na prática do poder e gerando, como imediato efeito perverso, a deformação da ética de governo, com projeção vulneradora sobre a própria razão de ser e os fins visados pelo sistema eleitoral proporcional, tal como previsto e consagrado pela Constituição da República.".

[584] Confira-se: RAMOS, Elival da Silva, op. cit., p. 255-256.

[585] Sobre aspectos procedimentais fixados pelo Tribunal Superior Eleitoral, veja-se: YARSHELL, Flávio Luiz. Breves reflexões sobre a legitimação ativa nas demandas cujo objeto é perda de mandato por infidelidade partidária. In: MORAES, Alexandre de (coord.). *Os 20 Anos da Constituição da República Federativa do Brasil*. São Paulo: Atlas, 2009, p. 591-605.

[586] BRASIL. Tribunal Superior Eleitoral. *Resolução n. 22.610*. Pleno. Relator: Min. Cezar Peluso. Brasília, 25 de outubro de 2007, DJ 30.10.2007.

Atendendo às emanações da Suprema Corte, o Tribunal Superior Eleitoral regulamentou, por Resolução, o processo de perda de cargo eletivo, bem como de justificação de desfiliação partidária. A fim de dar concretude à tese da fidelidade partidária, o TSE estabeleceu (i) as hipóteses de justa causa para a desfiliação partidária (art. 1º, § 1º[587]) e (ii) todo o rito procedimental e competências jurisdicionais para o pedido de desfiliação deduzido por partidos políticos bem como para o pedido de justificativa do parlamentar que se desfiliou.

Este contexto é registrado pela doutrina como sintoma de que o Poder Judiciário inovou no ordenamento jurídico-constitucional em dois graus distintos: em um primeiro momento, construiu, pela via da interpretação (Consulta n. 1.398), o dever de fidelidade partidária e, após, disciplinou aspectos claramente políticos acerca deste instituto, com destaque para as hipóteses de justa causa[588].

De fato, observa-se da doutrina pesquisada que, neste particular, a Resolução 22.610 do TSE inovou não somente na ordem legal, mas no próprio ordenamento constitucional. É certo que o caráter normativo das Resoluções dos tribunais eleitorais confere a tais instrumentos a posição hierárquica igual à das leis ordinárias federais. No entanto, no presente caso, o TSE e o STF atuaram como legisladores positivos em matéria reservada à Constituição, nos termos do seu art. 55[589] e, além disso, houve indevida inserção em campo reservado ao legislador ordinário, eis que disciplinado tema de direito processual civil eleitoral[590], como visto acima.

---

[587] "§ 1º – Considera-se justa causa:
I) incorporação ou fusão do partido;
II) criação de novo partido;
III) mudança substancial ou desvio reiterado do programa partidário;
IV) grave discriminação pessoal."

[588] Oscar Vilhena Vieira acentua que "O fato de se estar estabelecendo mais uma hipótese de perda de mandado parlamentar, evidentemente, cria um problema institucional sério: a decisão tomada pelos dois tribunais é decorrência de um processo de interpretação constitucional ou tem ela caráter legislativo (no caso específico: de natureza constitucional)? (...) Este certamente é um passo muito grande, no sentido de conferir poderes legislativos, eventualmente de reforma constitucional, ao Tribunal." (op. cit., p. 455). No mesmo sentido: CARVALHO, Maria Carolina, op. cit., p. 186.

[589] Cf. NUNES JUNIOR, Amandino Teixeira. *Ativismo Judicial no Brasil: o caso da fidelidade partidária...* cit., p. 121-122, jan./mar. 2014; NOBRE JUNIOR, Edilson Pereira. *Ativismo judicial: Possibilidade e limites...* cit., p. 11-12 e CAMPOS, Carlos Alexandre de Azevedo, op. cit., p. 560.

[590] Ibidem, p. 123.

A despeito do resultado talvez politicamente mais adequado/racional[591] e socialmente mais desejado[592], não se pode ignorar que o desbordamento do Poder Judiciário de seus limites institucionais pode, sob o ponto de vista democrático, causar danos ainda maiores à tessitura social e ao arranjo político-institucional do país[593].

Por tais motivos, os textos pesquisados neste trabalho entendem que tanto o Tribunal Superior Eleitoral quanto o Supremo Tribunal Federal adentraram ao campo da criação judicial do direito, incidindo, sob esta concepção, em ativismo judicial[594].

[591] Cf. VIEIRA, José Ribas; CAMARGO, Margarida Maria Lacombe; SILVA, Alexandre Garrido da. O Supremo Tribunal Federal como arquiteto institucional: a judicialização da política e o ativismo judicial. Versus: *Revista de Ciências Sociais Aplicadas do CCJE*, v. 2, p. 74-85, 2009. O próprio Min. Gilmar Mendes, em sede doutrinária, expôs seu pensamento acerca do assunto, deixando transparecer, por via oblíqua, o vício ora em apreço: "Recentemente, o país mergulhou numa das maiores crises éticas e políticas de sua história republicana, crise esta que revelou algumas das graves mazelas do sistema política-partidário brasileiro, e que torna imperiosa a sua imediata revisão. De tudo o que foi revelado, tem-se como extremamente grave o aparelhamento das estruturas estatais para fins político-partidários e a apropriação de recursos públicos para o financiamento de partidos políticos. A crise tornou evidente, para todos, a necessidade de que fossem revistas as regras então vigentes quanto à fidelidade partidária." Fidelidade partidária na jurisprudência do Supremo Tribunal Federal. In: MENDES, Gilmar Ferreira; BRANCO, Paulo Gustavo Gonet; VALE, André Rufino do (orgs.). *A jurisprudência do STF nos 20 anos da Constituição*. São Paulo: Saraiva, 2010, p. 122).

[592] Cf. BALESTERO, Gabriela Soares, op. cit.. A autora anota que o ativismo acima explicitado retirou a neutralidade necessária dos órgãos judiciais envolvidos, posto que passaram a atuar como atores políticos ao implementarem a reforma política e eleitoral.

[593] "Não entrarei aqui no mérito político da decisão. Se esta beneficiou ou não a organização do sistema político-partidário brasileiro. Mas apenas destacar o fato jurídico de que a decisão dos tribunais (TSE e STF) criou uma nova categoria de perda de mandado parlamentar, distinta daquelas hipóteses previstas no artigo 55, da Constituição Federal, que, como o próprio Ministro Celso de Mello reconheceu, constituem '*numerus clausus*'." (VIEIRA, Oscar Vilhena, op. cit., p. 455).

[594] Em recente entrevista ao jornal Folha de São Paulo, o Min. Gilmar Mendes, ao responder indagação sobre sua preferência ao parlamentarismo (em contraposição ao presidencialismo), afirmou, expressamente: "Chegamos hoje a um quadro de comprometimento da governabilidade e precisamos reagir. Temos que ver qual é o modelo, a saída. *Veja que fizemos tentativas de intervenção judicial com a questão da fidelidade partidária*, com a questão do financiamento. A prova de que chegamos ao fundo do poço é o estado de não governabilidade que nos encontramos." (sem destaque no original). O trecho destacado revela, fora dos autos dos processos judiciais, a manifesta intenção de criar direito novo. (MENDES, Gilmar Ferreira. TSE está apto a julgar cassação, diz Gilmar Mendes. *Folha de São Paulo*, São Paulo, 08 nov. 2015. Disponível em: http://www1.folha.uol.com.br/poder/2015/11/1703500-tse-esta-apto-a-julgar-cassacao-diz-gilmar-mendes.shtml. Acesso em 08 nov. 2015).

Capítulo IV – Comparando os Ativismos

1. Perfil Doutrinário Atual sobre a Postura Ativista Americana e Brasileira: Liberais e Conservadores

Arthur Schlesinger Jr., no já estudado artigo publicado na Revista Fortune, em 1947[595], ao cunhar a expressão *"judicial activism"*, vinculou o setor ativista da Suprema Corte aos denominados liberais, enquanto que os juízes autocomedidos estariam mais próximos dos chamados conservadores.

Arthur Schlesinger inaugurou, portanto, uma histórica relação que tem sido feita entre o ativismo judicial e as posturas políticas que se albergam sob as alcunhas "liberais" e "conservadores"[596].

De início, cabe observar que tais rótulos (liberais e conservadores) retratam inclinações político-ideológicas próprias do cenário político estadunidense[597].

---

[595] SCHLESINGER JR., Arthur M. *The Supreme Court: 1947.* Fortune Magazine, vol. XXXV, n. 1, jan. 1947.

[596] Cf. CROSS, Frank B.; LINDQUIST, Stefanie A. The Scientific Study of Judicial Activism. *Minnesota Law Review*, n. 91, p. 1.752-1.784, 2006; GINSBURG, Ruth Bader. Inviting judicial activism: "liberal" or "conservative" technique? *Georgia Law Review*, vol. 15, n. 3, p. 539-558, 1981; GARNETT, Richard. Debate: Judicial Activism and its critics. *University of Pennsylvania Law Review*, Vol. 155, p. 117, 2006; KECK, Thomas M. Activism and Restraint on the Rehnquist Court: Timing, Sequence, and Conjuncture in Constitutional Development. *Polity*, vol. XXXV, n. 1, p. 121-152, 2002.

[597] Não faz parte do escopo desta pesquisa uma abordagem profunda das realidades políticas brasileira e norte-americana. No entanto, para os propósitos que inspiram esta dissertação, são necessárias algumas breves considerações sobre as pautas políticas que movem liberais e conservadores. Para um aprofundamento sobre o liberalismo político, econômico e social nos Estados Unidos, confira-se: ALTERMAN, Eric; MATTSON, Kevin. *The Cause: the fight for American liberalism from Franklin Roosevelt to Barack Obama.* New York: Penguin Books, 2013. Para uma visão mais ampla sobre liberalismo e direitos sociais, confira-se: ATRIA, Fernando. Existem direitos sociais? *Revista do Ministério Público do Rio Grande do Sul*, Porto Alegre, Livraria

Naquele país, um liberal estaria no espectro político mais próximo possível ao alinhamento de esquerda. Por consequência, os valores liberais, nos Estados Unidos, são mais benevolentes com a intervenção estatal na economia[598]. De outro vértice, os liberais tendem a defender os direitos humanos positivados na esfera internacional. Posicionam-se favoravelmente ao direito ao aborto, ao casamento entre pessoas do mesmo sexo, à legalização da maconha, à mitigação do porte de armas, à garantia do acesso à saúde pública e à contenção das mudanças climáticas[599].

Os conservadores americanos, por seu turno, representam o espectro político de direita, defendendo pautas como o Estado mínimo e, via de regra, adotam posições diametralmente opostas às dos liberais com relação às questões acima indicadas[600].

Obviamente, existem setores em que pautas liberais e conservadoras se tocam e se fundem, até porque, como é natural, é extremamente difícil verificar modelos puros (absolutos) de cada um destes alinhamentos.

No Brasil, porém, os significados desta mesma dicotomia são diferentes e, se aplicados os conceitos norte-americanos, certamente equívocos poderão ser produzidos.

Isto porque a doutrina brasileira não costuma distinguir entre "liberais" e "conservadores", prevalecendo ainda hoje em dia a dicotomia "direita" e "esquerda", valendo apenas lembrar a existência do Partido Liberal e do Partido Conservador à época do Império[601].

---

do Advogado, n. 56, p. 9-46, set-dez/2005. Confira-se, ainda: ACKERMAN, Bruce A. *Social Justice in the Liberal State*. New Haven: Yale University Press, 1980.

[598] SCHWARTZ, Bernard. *Direito Constitucional Americano*. Tradução de Carlos Nayfeld. Rio de Janeiro: Editora Forense, 1966, p. 258.

[599] MARSHALL, William P. Conservatives and the sevens sins of judicial activism. *University of Colorado Law Review*, vol. 73, p. 101-140, 2002; SCHWARTZ, Bernard. *Direito Constitucional Americano...* cit.; CHACRA, Gustavo. Veja a diferença entre ser liberal nos EUA e ser liberal no Brasil. *Estadão Blogs*. Nova York, 18 fev. 2014. Disponível em <http://internacional.estadao.com.br/blogs/gustavo-chacra/se-voce-e-liberal-no-brasil-voce-seria-liberal-nos-eua-nao-voce-seria-conservador/>. Acesso em: 27 set. 2015.

[600] MARSHALL, William P. *Conservatives and the sevens sins of judicial activism...* cit. p. 101-140; SCHWARTZ, Bernard. *Direito Constitucional Americano...* cit. e CHACRA, Gustavo. *Veja a diferença entre ser liberal nos EUA e ser liberal no Brasil...* cit.

[601] Paulo Bonavides anota que "Os liberais do Império exprimiam na sociedade do tempo os interesses urbanos da burguesia comercial, o idealismo dos bacharéis, o reformismo progressista das classes sem compromissos diretos com a escravidão e o feudo. Os conservadores, pelo contrário, formavam o partido da ordem, o núcleo das elites satisfeitas e reacionárias,

Ademais, o jargão político brasileiro atual designa por "liberais" os setores à direita, claramente engajados, e.g. na não intervenção estatal[602]. Sob este aspecto, é evidente que os rótulos de "liberal" no Brasil e nos Estados Unidos significam coisas bastante diversas entre si. E, ainda, a pauta política dos conservadores americanos pode, em alguma medida, ecoar tanto entre a direita quanto entre a esquerda brasileiras, tornando ainda mais distantes as qualificações políticas que se observam nos autores brasileiros e nos norte-americanos.

Feitas tais considerações – e voltando a Arthur Schesinger Jr. – a expressão ativismo judicial, em seus primórdios, costumava ser o marco divisor entre juízes liberais (ativistas) e juízes conservadores (autocomedidos).

Richard Garnett, a propósito, salienta que esta é a "classificação padrão do 'ativismo judicial'" norte-americano, ou seja, liberais são ativistas e conservadores possuem maior deferência aos poderes políticos[603].

Contudo, a análise levada a efeito no Capítulo II demonstra que, ao menos na doutrina norte-americana, não existe uma relação causal entre ativismo judicial e quaisquer alinhamentos político-ideológicos.

Tomando os casos mais recorrentemente tachados de ativistas pela literatura estadunidense, é possível verificar que posturas tanto conservadoras quanto liberais são abertamente vinculadas às concepções de ativismo judicial, a teor da seguinte lista, extraída do Capítulo II:

a) *Brown v. Board of Education* (liberal);
b) *Lochner v. New York* (conservador);
c) *Dred Scott v. Sandford* (conservador);
d) *Miranda v. Arizona* (liberal);
e) *Gideon v. Wainwright* (liberal);
f) *Wards Cove Packing Co., Inc. v. Atonio* (conservador);
g) *Seminole Tribe v. Florida* (conservador);

---

a fortaleza dos grupos econômicos mais poderosos da época, os da lavoura e pecuária, compreendendo plantadores de cana-de-açúcar, cafeicultores e criadores de gado." (*Ciência Política*. 22ª ed. São Paulo: Malheiros, 2015, p. 407).

[602] Este jargão se observa não só no Brasil, mas em toda a América Latina: ATRIA, Fernando. Existem direitos sociais? *Revista do Ministério Público do Rio Grande do Sul*, Porto Alegre, Livraria do Advogado, n. 56, p. 9-46, set-dez/2005.

[603] GARNETT, Richard, op. cit., p. 117, 2006. Tradução livre deste autor. No original: "*standard account of 'judicial activism'*".

h) *Adkins v. Children's Hospital of the District of Columbia* (conservador);
i) *Wolff Packing Co. v. Court of Industrial Relations* (conservador);
j) *Mapp v. Ohio* (liberal);
k) *Escobedo v. Illinois* (liberal);
l) *Adair v. United States* (conservador);
m) *Coppage v. Kansas* (conservador);
n) *Baker v. Carr* (liberal);
o) *Reynolds v. Sims* (liberal);
p) *Smyth v. Ames* (conservador);
q) *Tyson and Bros v. Banton* (conservador);
r) *New State Ice Co. v. Liebmann* (conservador);
s) *New York Times v. Sullivan* (liberal).

À mesma conclusão se chega ainda que por outro enfoque. O perfil dúplice da doutrina norte-americana sobre o ativismo (liberal ou conservador) se observa pela alternância de fases ativistas mais liberais e mais conservadoras.

Sob esse ângulo de análise, tem-se que, de um lado, a Era Lochner é repleta de precedentes reputados ativistas que veiculam posições conservadoras. Casos como *Adkins v. Children's Hospital of the District of Columbia, Adair v. United States, Coppage v. Kansas, Smyth v. Ames, Wolff Packing Co. v. Court of Industrial Relations, Tyson and Bros v. Banton* e *New State Ice Co. v. Liebmann*, doutrinariamente considerados ativistas, prestigiaram, sob o pálio do devido processo legal, a liberdade de contratar e o direito de propriedade, rechaçando a intervenção estatal em matéria econômica.

Lochner v. New York, neste contexto, é símbolo de uma visão conservadora, pautada na liberdade de contratar e produto do tempo em que a Suprema Corte sistematicamente se voltava contra as políticas econômicas do *New Deal*. Sob o ponto de vista político, a feição não intervencionista do julgado representa o mais perfeito ideário conservador.

De outro vértice, porém, a literatura americana reconhece na Corte Warren um período em que as decisões consideradas ativistas ostentam um perfil ideológico liberal. Neste período, julgamentos envolvendo questões como a segregação racial, direitos de acusados criminais, liberdade de manifestação, de imprensa e de religião foram classificados de ativistas a despeito da matriz liberal dos julgados, alinhados sobretudo à defesa de liberdades civis.

Portanto, a análise dos principais precedentes acusados de ativismo pela literatura estadunidense exprime que o ativismo judicial se opera tanto em bases liberais quanto em bases conservadoras, circunstância que é francamente exposta pela doutrina norte-americana[604].

Estas ponderações revelam que o perfil doutrinário do ativismo judicial estadunidense pode ser tanto liberal quanto conservador, não havendo identidade ou mesmo relação acadêmica entre ativistas e liberais.

---

[604] EASTERBROOK, Frank H. Do Liberals and Conservatives differ in Judicial Activism?. *Colorado Law Review*, n. 73, p. 1.401-1.416, 2002; GINSBURG, Ruth Bader. Inviting judicial activism: "liberal" or "conservative" technique? Georgia Law Review, vol. 15, n. 3, p. 539-558, 1981; KATYAL, Neal K. Rethinking Legal Conservatism. Harvard Journal of Law & Public Policy, vol. 36, p. 949-953, 2013; MARSHALL, William P. Conservatives and the sevens sins of judicial activism. *University of Colorado Law Review*, vol. 73, p. 101-140, 2002; STONE, Geoffrey R. Citizens United and Conservative Judicial Activism. University of Illinois Law Review, vol 2012, p. 485-500, 2012; WHITEHOUSE, Sheldon. Conservative Judicial Activism: The Politicization of the Supreme Court Under Chief Justice Roberts. *Harvard Law & Policy Review*, n. 9, p. 195-210, 2015; YOUNG, Ernest A. Judicial Activism and Conservative Politics, *University of Colorado Law Review*, Volume 73, N. 4, p. 1.139-1.216, 2002; KECK, Thomas M. Activism and Restraint on the Rehnquist Court: Timing, Sequence, and Conjuncture in Constitutional Development. *Polity*, vol. XXXV, n. 1, p. 121-152, 2002. Cf, ainda, MALTZ, Earl. Brown v. Board of Education and "Originalism". In: GEORGE, Robert P. (editor). *Great Cases in Constitutional Law*. New Jersey: Princeton University Press, 2000, p. 141-142: "Muitos conservadores atacaram não somente a conclusões substantivas da jurisprudência pós-*Brown*, mas também a legitimidade do ativismo judicial que não era baseado no entendimento original [da Constituição]. Liberais, de outro lado – ignorando as lições da era pré-1937 – passaram a ver na Corte ativista uma poderosa aliada; assim, o originalismo se tornou o anátema da ideologia liberal". Tradução livre deste autor. No original: *"Many conservatives attacked not only the substantive conclusions of post-*Brown *jurisprudence, but also the legitimacy of judicial activism that was not founded on the original understanding. Liberals, on the other hand – ignoring the lessons of the pre-1937 Lochner era – increasingly saw an unconstrained Court as a reliable political ally; thus, originalism became anathema in liberal ideology."*. Stephen Smith, por seu turno, assim se posiciona, sintetizando o ponto: "Juízes conservadores não mais do que juízes liberais podem ser culpados de ativismo dependendo de quão bem os resultados por eles alcançados se conectam com o texto escrito ou com precedentes ou com os meios por eles utilizados. Independentemente se a Corte 'expande' ou 'retrai' direitos e se a decisão se inclina politicamente à esquerda ou à direita, uma definição unitária de ativismo deve ser aplicada uniformemente.". Tradução livre deste autor. No original: *"Conservative judges no less than liberal judges may be guilty of activism depending either on how well the results they reach mesh with authoritative written texts and prior precedent, or on the means by which they reached them. Regardless of whether the Court is 'expanding' or 'contracting' rights, or whether the decision tilts to the left or the right politically, a unitary definition of activism should be applied uniformly."* (Taking Lessons from the Left?: Judicial Activism on the Right. *The Georgetown Journal of Law & Public Policy*, Volume 1 (inaugural), p. 80, 2002-2003).

Cumpre examinar, agora, o perfil doutrinário sobre o ativismo praticado no Brasil.

Como salientado acima, o debate político brasileiro contemporâneo parece estar mais distante da cisão entre liberais e conservadores. Porém, à míngua de critérios mais sólidos – e considerando inclusive a insuficiência, para este fim, da dicotomia direita-esquerda – parece prudente adotar a mesma abordagem americana, enfocando o ativismo brasileiro conforme haja um perfil mais liberal ou mais conservador.

O cotejo do rol de casos mais frequentemente apontados como ativistas pela doutrina nacional examinada dá conta de uma clara preponderância do perfil liberal no ativismo praticado pelo Judiciário brasileiro, o que se infere das decisões proferidas em casos que envolviam pesquisa com abstrativização do controle difuso (ou teoria da transcendência dos motivos determinantes – Reclamação n. 4.335), perda do mandato parlamentar por infidelidade partidária, municípios putativos (ADO 3.682 e ADI 2.240), verticalização das coligações partidárias (ADI n. 2.626 e n. 2.628), aposentadoria especial de servidores públicos (MI 721), número de vereadores municipais (caso Mira Estrela – RE 197.917) e súmula vinculante sobre nepotismo (súmula vinculante n. 13).

Encarada a questão sob o prisma histórico, confirma-se o ativismo judicial ostenta, para a literatura majoritária pesquisada, um perfil ideológico liberal.

Além das decisões acima relacionadas, todas oriundas da segunda fase do ativismo brasileiro (pós-1988 e, especialmente, a partir do seu momento mais agudo, pós-2003), a primeira e remota primeira fase do ativismo brasileiro – na República Velha – também produziu decisões consideradas ativistas e que se inserem no ideário liberal. De fato, os casos em que se ampliou o cabimento do *habeas corpus*, em favor de liberdades individuais – e muitas vezes despertando severas críticas do executivo federal à época – podem ser tranquilamente enquadradas no perfil liberal.

Portanto, independentemente da ótica de análise, o ativismo judicial, nos termos da doutrina nacional majoritária, configura algo unicamente liberal, não havendo acusações de ativismo em decisões de natureza conservadora.

Assim encarada a questão, calha lembrar que esta dissertação, por sinal, pretende fixar as concepções doutrinárias de ativismo e avaliá-las unicamente sob o ponto de vista dogmático. E, sob esta perspectiva, os estudos de casos apreciados nos Capítulos precedentes puderam elucidar o fato de que desvios na função judicial não pertencem unicamente a liberais, conservadores, direitistas ou esquerdistas[605].

É possível, no entanto, identificar o *perfil doutrinário* acerca do ativismo praticado no Brasil e nos Estados Unidos, sendo lícito dizer que, no contexto norte-americano, o ativismo é reputado como sendo indistintamente liberal e conservador, de modo que a pecha de ativista não é exclusividade de certo grupo político. No Brasil, ao revés, a prática judicial considerada ativista se reveste de um perfil predominantemente liberal, a teor da doutrina majoritária apreciada nesta dissertação.

2. Divergências entre as Doutrinas Brasileira e Norte-Americana sobre Ativismo

2.1 A Longevidade do Debate

A primeira divergência nos estudos estadunidenses e nacionais sobre o ativismo reside na longevidade do debate doutrinário em torno da matéria. É da tradição americana a longa e farta pesquisa acadêmica sobre o ativismo judicial – tanto sob o ponto de vista do direito constitucional quanto sob o enfoque da ciência política.

Em realidade, verificou-se que o estudo das decisões judiciais influi grandemente no direito constitucional norte-americano, ao concorrer em igual importância com o estudo do texto constitucional. Ademais, é preciso considerar também que o dificultoso processo de emenda à Constituição acaba por atribuir ao foro judicial o ambiente mais célere para alteração do direito constitucional (*constitutional law*)[606]. Estes elementos conferem maior interesse doutrinário no estudo da interpretação constitucional

---

[605] Cuida-se, a rigor, do mesmo foco de análise utilizado por Oscar Vilhena Vieira, em seu já citado artigo Supremocracia. Neste ensaio, o autor alertou que "O ponto aqui não é, portanto, avaliar se as decisões tem sido progressistas ou não, mas, sim, verificar a posição que vem ocupando o Supremo em nosso sistema político." (Supremocracia. *Revista Direito GV*, São Paulo, n. 8, p. 457, 2008).

[606] Sobre a maior flexibilidade da interpretação judicial em matéria constitucional, confira-se o item 2.2.2 do Capítulo I, supra.

dada pela Suprema Corte, de modo que considerações sobre o texto são costumeiramente tratadas a propósito das análises de julgados.

Edward White chega a afirmar que a tradição judicial americana não começou com a Constituição, mas com a interpretação dada por John Marshall a ela[607]. Por consequência, o ativismo judicial, como capítulo enciclopédico-constitucional autônomo, é tema sobre o qual estudiosos têm se debruçado há muito mais tempo[608].

O cenário brasileiro, como demonstrado, é bastante diferente. Não só porque comentários a decisões judiciais são bem mais escassos e superficiais, mas, sobretudo, porque o debate sobre o ativismo em si é reputado pela doutrina como algo muito recente.

Basta recordar que, após a primeira fase considerada ativista do Supremo Tribunal (na República Velha, com a teoria brasileira do *habeas corpus*), acusações de ativismo judicial somente vieram a lume após a Constituição de 1988, especialmente após a mudança na composição da Corte em 2003 e após a promulgação da Emenda Constitucional n. 45/2004.

De todo modo, ao tratar especificamente da expressão "ativismo judicial", a massiva maioria da doutrina que se propõe a estudar o assunto[609] cuida deste fenômeno como fruto do ordenamento pós-1988.

Esta análise, em suma, permite efetivamente diferenciar os estudos brasileiros dos norte-americanos em matéria de ativismo, indicando que estes últimos contemplam um debate muito mais antigo e denso sobre o conceito, concepções, limites e reflexos do ativismo judicial.

---

[607] WHITE, Edward. *The American Judicial Tradition: profiles on leading American judges*. 3ª ed. New York: Oxford University Press, 2007, p. 25-35. No mesmo sentido: SWYGERT, Luther M. In Defense of Judicial Activism. *Valparaiso University Law Review*, v. 16, n. 3 p. 442, 1982.

[608] Craig Green – vale lembrar – fala em *"activism before Schlesinger"*, para sustentar que, muito antes da criação desta expressão, o debate sobre a matéria a ela vinculada já se fazia presente (GREEN, Craig. An Intellectual History of Judicial Activism. *Emory Law Journal*, Atlanta, Vol. 58, No. 5, p. 1.209-1.216). No mesmo sentido: WHITE, John Valery. Brown v. Board Of Education and the Origins of the Activist Insecurity in Civil Rights Law. *Ohio Northern University Law Review*, vol. 28, p. 341, 2002.

[609] Vide Capítulo III, item 1.2.

2.2 O Culto e a Crítica ao Ativismo Judicial

Divergem as doutrinas dos dois países no que toca ao valor (positivo ou negativo) do ativismo judicial, isto é, se o ativismo representa sempre um vício ou se pode representar algum aperfeiçoamento institucional.

Observa-se, em primeiro lugar, que doutrinadores dos dois países inicialmente vinculam, de modo geral, o ativismo à falha que juízes e tribunais têm em atuar dentro das funções próprias (*proper role*) do Poder Judiciário.

Os precedentes mais robustamente criticados pelos analistas de cada um dos países permitem verificar algum tipo de ultrapassagem das fronteiras que limitam a atuação judicial. Deste modo, independentemente da concepção em jogo, as doutrinas brasileira e norte-americana se aproximam *em um primeiro momento*, ao afirmar que uma decisão ativista produz um resultado indesejado, por ferir o papel precípuo do Poder Judiciário.

Disso decorre ainda outra convergência *provisória*: a compreensão (inicial) de que juízes e tribunais não se apresentam como os órgãos mais adequados à tomada de decisões políticas[610], circunstância ratificada pelos resultados (*outputs*) negativos da ingerência judicial na esfera política

---

[610] Para mencionar os autores clássicos, é válida a lembrança a Montesquieu (*Do Espírito das Leis*. Tradução Gabriela de Andrada Dias Barbosa. Vol. 1. Rio de Janeiro: Nova Fronteira, 2012), bem como aos *Federalists Papers* (HAMILTON, Alexander; JAY, John; MADISON, James. *O Federalista*. Tradução de Ricardo Rodrigues Gama. 3ª ed. Campinas: Russell editores, 2010). Sobre o debate mais moderno do assunto, confira-se: Cf. POSNER, Richard A. The Rise and Fall of Judicial Self-Restraint. *California Law Review*, vol. 100, n. 3, p. 519-556, jun. 2012; ROOSEVELT III, Kermit. Forget the fundamentals: fixing substantive due process. University of Pennsylvania Journal of Constitutional Law, vol. 8, p. 983, 2006; KMIEC, Keenan D. The Origin and Current Meanings of Judicial Activism. *California Law Review*, n. 92, p. 1.472, 2004; LEAL, Roger Stiefelmann. *O Efeito Vinculante na Jurisdição Constitucional*. São Paulo: Saraiva, 2006; HIRSCHL, Ran. *Towards juristocracy; the origins and consequences of the new constitutionalism*. Cambridge: Harvard University Press, 2004; TATE, Chester Neal; VALLINDER, Torbjörn (editores). *The global expansion of judicial power*. New York: New York University Press, 1995; KOERNER, Andrei. Ativismo Judicial? Jurisprudência constitucional e política no STF pós-88. *Novos Estudos*, n. 96, p. 72, 2013; CARVALHO, Maria Carolina. Constitucionalização do direito, judicialização e ativismo judicial. *Revista da Procuradoria Geral do Estado de São Paulo*. São Paulo. n. 76, p. 188-189, jul./dez. 2012. Mark Tushnet, por seu turno, reconhece, em primeiro lugar, o argumento da inabilidade de cortes de justiça em responder satisfatoriamente a questões de direitos de bem-estar em meio a controvérsias individuais. O autor, no entanto, sustenta que a prevalência de uma forma fraca de jurisdição constitucional confere mecanismos institucionais ao Judiciário para dar respostas adequadas às demandas de implementação de direitos econômicos e sociais (*Weak Courts, Strong Rights:*

quando decorrentes de ativismo judicial. As incursões judiciais sobre temas como segregação racial, intervenção do Estado na economia, fidelidade partidária, verticalização das coligações, e outros, estudados nos Capítulos II e III, revelam as críticas feitas sobre os riscos ao processo democrático quando uma pendência eminentemente política é resolvida por decisões ativistas.

Tais *convergências*, contudo, são *meramente aparentes*, eis que o cotejo analítico das produções brasileira e estadunidense sobre o ativismo conduz a uma *divergência*, ainda que parcial, no que toca ao valor do ativismo no arranjo institucional.

Discutir ativismo judicial implica, em última análise, discutir a tensão entre democracia e constitucionalismo. E, por via reflexa, as convicções que alguém pode ter sobre o ativismo moldarão, certamente, a sua compreensão sobre o arranjo entre os poderes do Estado.

Se, por um lado, o arranjo clássico da separação de poderes formulado por Montesquieu já não se mostra o único possível, perdendo o ar de definitividade, não se tem, por outro lado, consenso sobre o(s) possível(is) novo(s) modelo(s).

É neste contexto de maior ou menor fidelidade à teoria original de Montesquieu que se pode identificar a presente divergência decorrente da comparação entre as produções sobre o ativismo no Brasil e nos Estados Unidos.

A doutrina americana analisada, por primeiro, é muito mais crítica à formulação de quaisquer outros novos arranjos da separação de poderes, atribuindo ao ativismo, quase que de forma unânime[611], um valor negativo, na medida em que relativiza o esquadro original da separação de poderes daquele país. Já os analistas brasileiros, de outra parte, admitem, com maior facilidade, novos contornos para a separação orgânica das funções

---

judicial review and social welfare rights in comparative constitutional law. Princeton: Princeton University Press, 2009, p. xi).

[611] Como raros exemplos de abordagens que expõem como um Poder Judiciário ativista e politizado pode promover importantes valores constitucionais e incrementar a qualidade da legislação, confira-se: ROGERS, James R.; VANBERG, George. Resurrecting Lochner: A Defense of Unprincipled Judicial Activism. *The Journal of Law, Economics, & Organization*, vol. 23, n. 2, p. 442-468, mai. 2007 e TEPKER JR., Harry F. "The defects of better motives": reflections on Mr. Meese's jurisprudence of original intention. *Oklahoma Law Review*, vol. 39, p. 23-38, 1986.

estatais e, neste ponto, admitem que o ativismo judicial possa propiciar aperfeiçoamentos institucionais[612].

No Brasil, aliás, defendem-se verdadeiramente contornos mais flexíveis entre as fronteiras dos três poderes, ao menos em parte da literatura especializada. Em realidade, parte da doutrina brasileira apreciada defende abertamente que o ativismo é mecanismo de legítima expansão do campo de alcance e atuação do Poder Judiciário[613].

---

[612] É o caso dos seguintes autores: NOBRE JUNIOR, Edilson Pereira. Ativismo Judicial: Possibilidade e limites Revista *Trimestral de Direito Público*, Belo Horizonte, ano 2011, n. 55, p. 1-24, jul./set. 2011; ARAÚJO, José Carlos Evangelista de. Jurisdição constitucional e vedação ao nepotismo no âmbito da Constituição Federal de 1988. *Revista de Informação Legislativa*, Brasília, ano 50, n. 200, p. 103-136, out./dez. 2013; RODRIGUES, João Gaspar. Nepotismo no serviço público brasileiro e a SV 13. Revista de Informação Legislativa, Brasília, ano 49, n. 196, p. 205-220, out./dez. 2012; VIEIRA, José Ribas; CAMARGO, Margarida Maria Lacombe; SILVA, Alexandre Garrido da. O Supremo Tribunal Federal como arquiteto institucional: a judicialização da política e o ativismo judicial. Versus: *Revista de Ciências Sociais Aplicadas do CCJE*, v. 2, p. 74-85, 2009; COELHO, Inocêncio Mártires. A criação judicial do direito em face do cânone hermenêutico da autonomia do objeto e do princípio constitucional da separação dos poderes. *Revista de Informação Legislativa*, Brasília, ano 34, n. 134, p. 99-106, abr./jun. 1997; VASCONCELOS, Marta Suzana Lopes. O Estado de Direito e o Poder Judiciário: Relato de uma migração conceitual. *Revista de Informação Legislativa*, Brasília, ano 50, n. 200, 153-164, out./dez. 2013;

[613] Cf. NEVES, Edson Alvisi. Jurisdição Ativa no Estado Democrático. In: COUTINHO, Jacinto Nelson de Miranda; FRAGALE FILHO, Roberto; LOBÃO, Ronaldo (orgs.). Constituição & Ativismo Judicial. Rio de Janeiro: Lumen Juris, 2011, p.: 72: "O que ocorre é o distanciamento do modelo teórico de separação de poderes no estado social de Direito, assumindo o Poder Judiciário a contenção das funções executiva e legislativa ao Direito e a proteção da supremacia da Constituição." Cf., ainda, SAMPAIO JUNIOR, José Herval. Ativismo judicial: autoritarismo ou cumprimento dos deveres constitucionais? In: FELLET, André Luiz Fernandes; DE PAULA, Daniel Giotti; NOVELINO, Marcelo (orgs.). *As Novas Faces do Ativismo Judicial*. Salvador: Editora Juspodivm, 2013, p. 403: "Infelizmente e talvez sem o conhecimento técnico da matéria, muitos criticam hodiernamente a atuação do Judiciário, impingindo ao mesmo uma condição de arbitrário sem analisar a missão imposta pela Carta Magna vigente e principalmente sem perceber que os conflitos atuais não mais podem ser resolvidos como outrora, sob pena de não se vê (sic) na prática os direitos constitucionais e até mesmo legais cumpridos, pois somente uma nova forma de interpretar e aplicar os textos normativos será capaz de atingir tal objetivo, imprescindível em um Estado que se diga constitucional e democrático de direito.". No mesmo sentido: OLIVEIRA, Emerson Ademir Borges de. Técnicas de Controle de Constitucionalidade e Ativismo Judicial na Efetivação da Democracia: Notas Introdutórias. DPU n. 44, p. 175-189, mar./abr. 2012; COELHO, Inocêncio Mártires. A criação judicial do direito em face do cânone hermenêutico da autonomia do objeto e do princípio

Uma importante consequência desta diferença – relacionada a novas formas de organização dos poderes – é particularmente observada no Brasil: aqui parece haver um campo maior para a aceitação de fenômenos como a judicialização da política e mesmo a politização da justiça[614]. A doutrina norte-americana, de outro vértice, é muito mais crítica a tais fenômenos, que não são vistos com a mesma naturalidade com que são tratados pela doutrina constitucional brasileira.

Em suma, a literatura norte-americana majoritária considera o ativismo um desvalor, eis que ele propicia novos arranjos da separação de poderes daquele país, algo mais severamente combatido. A doutrina brasileira, por sua vez, se divide sobre o assunto, havendo, no geral, uma maior condescendência a novas formatações da separação de poderes, identificando-se, portanto, que parte da produção acadêmcia pátria atribui ao ativismo um valor positivo na consecução de aperfeiçoamentos institucionais.

2.3 Seletividade Doutrinária na Escolha dos Precedentes Criticados

A maioria das obras brasileiras e americanas que se propõem a estudar o ativismo judicial formulam concepções desta categoria, que são aplicadas a casos judiciais com vistas a criticá-los, sob a ótica do julgamento orientado pelo resultado, da criação judicial do direito, da indevida superação de precedentes ou do uso de métodos heterodoxos de interpretação.

Esta abordagem crítica, na doutrina norte-americana, é desvinculada dos resultados bons, justos ou adequados das decisões judiciais analisadas[615]. De fato, a literatura americana não se furta a apontar vícios ativistas

---

constitucional da separação dos poderes. *Revista de Informação Legislativa*, Brasília, ano 34, n. 134, p. 99-106, abr./jun. 1997.

[614] Cf. MONTEBELLO, Marianna. Estudo sobre a teoria da revisão judicial no constitucionalismo norte-americano – a abordagem de Bruce Ackerman, John Hart Ely e Ronald Dworkin. In: VIEIRA, José Ribas (org.). Temas de Direito Constitucional Norte-Americano. Rio de Janeiro: Forense, 2002, p. 94.

[615] Para os autores americanos em geral, "O que faz um caso certo ou errado não é a sua aceitação social, mas a sua correição como uma questão jurídica. (...) Atrelar a correição jurídica de uma decisão à sua aprovação geral pela sociedade pode levar a bons e a maus resultados." (MARSHALL, William P. Progressive Constitutionalism, Originalism, and the Significance of Landmark Decisions in Evaluating Constitutional Theory. Ohio State Law Journal, vol. 72, p. 1.274, 2011. Tradução livre deste autor. No original: *"What makes cases right or wrong is not societal acceptance, but correctness as a matter of law. (...)Tying the legal correctness of a decision to*

em julgados consagrados quase que de forma unânime como soluções moralmente justas, tais como *Brown v. Board of Education*, *Miranda v. Arizona* e *Gideon v. Wainright*. Não se reserva, como se vê, a pecha de ativista unicamente àquelas decisões consideradas moralmente incorretas, como foi o caso de *Lochner* e *Dred Scott*.

Assim, verifica-se a fidelidade que a doutrina norte-americana empresta às concepções téoricas de ativismo por ela cunhadas, que são invocadas para criticar o ativismo manifestado em quaisquer decisões, estejam elas alinhadas ou não com a opinião dominante sobre o assunto. De fato, *Brown*, *Miranda* e *Gideon* são objetos de críticas pelos ativismos que manifestaram, mesmo que sejam precedentes universalmente celebrados[616] e de cujos imperativos morais poucos duvidariam.

A mesma isenção não se observa na doutrina brasileira objeto desta pesquisa, na medida em que as concepções construídas em tese não são isentamente aplicadas a casos que inequivocamente as retratariam.

Tome-se como exemplo a ampliação do alcance do mandado de injunção, por meio da adoção da tese concretista geral (mandados de injunção n. 670/ES[617], 708/DF[618] e 712/PA[619]). Nestes casos, a maioria do STF deu

---

universal societal approbation can lead to bad results as well as good."). Tratando especificamente de *Brown* e *Marbury*, Vincent Martin Bonventre aduz que "E ainda, assim como *Brown v. Board of Education*, existem poucos que argumentariam seriamente que, como um exercício de ativismo judicial, a República seria melhor sem a decisão de *Marbury*." (Judicial activism, judge's speech, and merit selection: conventional wisdom and nonsense. *Albany Law Review*, vol. 68, p. 565, 2005. Tradução livre deste autor. No original: *"And yet, as with Brown v. Board of Education, there are very few who would seriously argue that, as an exercise of judicial activism, the Republic would be better off without the Marbury decision."*).

[616] MARSHALL, William P., op. cit., p. 1.271.

[617] BRASIL. Supremo Tribunal Federal. *Mandado de Injunção nº 670/DF*. Pleno. Relator: Min. Maurício Corrêa, relator para acórdão Min. Gilmar Mendes. Brasília, 25 de outubro de 2007. DJ data: 30 de outubro de 2008, Disponível em: < http://stf.jus.br/portal/jurisprudencia/listarJurisprudencia.asp?s1=%28MI%24%2ESCLA%2E+E+670%2ENUME%2E%29+OU+%28MI%2EACMS%2E+ADJ2+670%2EACMS%2E%29&base=baseAcordaos&url=http://tinyurl.com/bo9yodl>. Acesso em 29 ago. 2015.

[618] BRASIL. Supremo Tribunal Federal. *Mandado de Injunção nº 708-0/DF*. Pleno. Relator: Min. Gilmar Mendes. Brasília, 25 de outubro de 2007. DJ data: 30 de outubro de 2008, Disponível em: < http://stf.jus.br/portal/jurisprudencia/listarJurisprudencia.asp?s1=%28MI%24%2ESCLA%2E+E+708%2ENUME%2E%29+OU+%28MI%2EACMS%2E+ADJ2+708%2EACMS%2E%29&base=baseAcordaos&url=http://tinyurl.com/aaubwsz>. Acesso em 29 ago. 2015.

[619] BRASIL. Supremo Tribunal Federal. *Mandado de Injunção nº 712-8/PA*. Pleno. Relator: Min. Eros Grau. Brasília, 25 de outubro de 2007. DJ data: 30 de outubro de 2008, Disponível em: <

eficácia *erga omnes* à decisão que resolveu, provisoriamente, a omissão do Congresso em regulamentar o direito de greve no setor público.

Considerando que o mandado de injunção se presta a regular, caso a caso, certo direito constitucional não disciplinado por lei, não faz parte do seu escopo a regulamentação em tese de certo fato social[620], o que lhe permitia ser enquadrado, sem maiores dificuldades, na concepção da criação judicial do direito.

O mesmo se passa com a arguição de descumprimento de preceito fundamental n. 54[621], em que se declarou a inconstitucionalidade da interpretação segundo a qual a interrupção da gravidez de feto anencéfalo é conduta tipificada nos artigos 124, 126 e 128, incisos I e II, do Código Penal. Aqui não seria desarrazoado cogitar-se, ainda que teoricamente, de criação de nova causa excludente da tipicidade, pela via da decisão da Corte, em descompasso com a vontade do legislador.

No entanto, nenhum destes casos é apontado de forma consistente como manifestações de ativismo judicial, em qualquer das concepções acolhidas pela doutrina pátria.

Sob este critério exsurge *divergência* relativa ao *critério da seleção dos casos* mais costumeiramente acusados de vícios ativistas: enquanto a doutrina americana não pauta tal escolha pelas considerações majoritárias sobre a correição moral-política dos casos, a literatura brasileira parece lançar o predicado "ativista" com certa seletividade, dele excluindo aquelas decisões que estejam em consonância com os valores morais e políticos prevalecentes, ainda que os julgados possam minimamente propiciar algum indício de ativismo judicial. É possível dizer, valendo-se da expressão de Manoel

---

http://stf.jus.br/portal/jurisprudencia/listarJurisprudencia.asp?s1=%28MI%24%2ESCLA%2E+E+712%2ENUME%2E%29+OU+%28MI%2EACMS%2E+ADJ2+712%2EACMS%2E%29&base=baseAcordaos&url=http://tinyurl.com/a7uxuyd>. Acesso em 29 ago. 2015.

[620] "Nesse passo, entendemos que o mandado de injunção é uma ação especial que provoca o controle incidental de constitucionalidade das omissões do poder público, por via da qual o Poder Judiciário é acionado para assegurar, no caso concreto, o exercício imediato dos direitos fundamentais violados pela omissão dos órgãos, entidades ou autoridades públicas em expedir a medida concretizadora" (CUNHA Jr. Dirley da, op. cit., p. 669).

[621] BRASIL. Supremo Tribunal Federal. *Arguição de Descumprimento de Preceito Fundamental nº 54/DF*. Pleno. Relator: Min. Marco Auréllio. Brasília, 12 de abril de 2012. DJ data: 30 de abril de 2013, Disponível em: <http://redir.stf.jus.br/paginadorpub/paginador.jsp?docTP=TP&docID=3707334>. Acesso em 04 dez. 2015.

Gonçalves Ferreira Filho, que existe alguma "politização" da doutrina brasileira ao desvincular certos casos da pecha do ativismo judicial[622].

Sob esta perspectiva, verifica-se que a doutrina brasileira é menos fiel às concepções de ativismo por ela vislumbradas, eis que não se encontra um debate que possa justificar o fato de não se reputar ativistas aquelas decisões que, não obstante justas ou adequadas, reflitam critérios definidores de alguma concepção de ativismo judicial.

2.4 Preferência Temática nos Debates Propiciados pelo Ativismo

2.4.1 Ativismo e *Judicial Review* nos Estados Unidos

A análise comparativa permite distinguir também as considerações doutrinárias brasileiras e norte-americanas no que se refere à *natureza dos debates propiciados pelo ativismo*. O foco, nesta oportunidade, reside nas matérias mais comumente atreladas às posturas judiciais ativistas, isto é, quais questões são colocadas quando se fala de ativismo judicial no Brasil e quais as indagações levantadas quando se discute *judicial activism* nos Estados Unidos.

Em primeiro lugar, a tônica do debate doutrinário estadunidense em torno do ativismo está centrada na sua prática no bojo da jurisdição constitucional. Os estudos americanos tendem a tratar do ativismo a propósito da legitimidade e limites do *judicial review*, independentemente da matéria subjacente regulada (federação, direitos civis, etc).

O exame detido das origens, das fases e dos critérios definidores do ativismo judicial nos Estados Unidos comprova que grande parte de seu estudo está intimamente ligado ao papel de juízes e tribunais na declaração de nulidade de leis inconstitucionais. Este parece ser mesmo o *habitat natural* dos debates sobre ativismo na doutrina norte-americana.

Tamanha é importância da ligação entre ativismo e *judicial review* que a própria história cronológica do controle de constitucionalidade norte-americano contém a evolução do ativismo[623]. Não é à toa, ademais, que se costuma apontar a intensidade do exercício da jurisdição constitucional como a principal métrica das posturas ativistas nos Estados Unidos da

---

[622] Vide Capítulo I, item 2.1.1.
[623] Vide Capítulo II, item 2, supra.

América[624]. É preciso considerar, ainda, que a íntima relação acadêmica feita entre ativismo e controle de constitucionalidade é mais facilmente explicada pelo fato de a Constituição Federal norte-americana não conter uma cláusula expressa que preveja o *judicial review*, ao menos em relação ao controle da legislação federal[625].

A estreita proximidade entre ativismo e controle de constitucionalidade decorre, ainda, da vagueza dos termos empregados pela Constituição norte-americana, que propiciou, inclusive, a disputa entre originalistas e não originalistas, mútua e reciprocamente acusados de ativistas.

Este contexto de abertura semântica das expressões da Constituição demonstra que o ativismo tem um *locus* importante nos métodos de interpretação constitucional, de modo que, por consequência, o debate em torno dele ocorre majoritariamente à luz do capítulo da jurisdição constitucional.

Tal percepção doutrinária encontra respaldo nos casos mais frequentemente citados como ativistas, em qualquer uma das fases do ativismo norte-americano, como atestou o Capítulo II desta dissertação. Há, pois, *aderência* entre a preferência temática do ativismo vislumbrada pela doutrina (ativismo e *judicial review*) e os precedentes mais significativos de cada uma das concepções propostas pela literatura especializada daquele país.

2.4.2 O Ativismo no Brasil está Ligado à Concretização de Direitos Sociais?

De outra parte, colhe-se das produções acadêmicas brasileiras que o ativismo judicial é elemento indissociável do grande debate sobre a efetivação de direitos fundamentais, especialmente, a concretização de direitos sociais[626].

---

[624] Vide Capítulo I, item 1.1 e, especialmente: BAUM, Lawrence. *A Suprema Corte Americana. Uma análise da mais notória e respeitada instituição judiciária do mundo contemporâneo.* Tradução de Élcio Cerqueira. Rio de Janeiro: Forense Universitária, 1987, p. 260; CROSS, Frank B.; LINDQUIST, Stefanie A., op. cit., e EASTERBROOK, Frank H, op. cit e SMITH, Stephen F. Taking Lessons from the Left?: Judicial Activism on the Right. *The Georgetown Journal of Law & Public Policy*, Volume 1 (inaugural), p. 80, 2002-2003.

[625] EASTERBROOK, Frank H. *Do Liberals and Conservatives...* cit., p. 1.401-1.403.

[626] Vide Capítulo III, item 1.2.

Como reflexo desta comum associação entre ativismo e direitos sociais, verifica-se uma argumentação mais tributária da formulação de novos arranjos – mais flexíveis – do princípio da separação de poderes, corroborando que, entre os autores pátrios, são mais facilmente sustentadas e admitidas novas (e mais dilatadas) fronteiras para a atuação judicial, em comparação com o cenário norte-americano (item 2.2 deste Capítulo).

No mesmo contexto, observa-se que a relação ativismo-concretização de direitos sociais abre margem para considerações positivas do ativismo, ou seja, posições que sustentam efeitos institucionais benéficos do ativismo judicial. Afirma-se, neste sentido, que "a perspectiva ativista é vista como uma atuação progressista dos magistrados e tribunais no tocante ao reconhecimento, garantia e promoção de direitos fundamentais"[627].

Esta proximidade *declarada*, porém, não é consistente, o que demonstra se tratar de *mito cultivado* pela doutrina brasileira.

Com efeito, esta dissertação por si mesma pretende demonstrar a ocorrência de decisões ativistas, em suas variadas concepções, detendo-se sobre os casos que a própria doutrina indica com maior frequência denunciar ativismo judicial. E, sob essa perspectiva, os precedentes examinados no Capítulo III não veicularam ativismo judicial unicamente em defesa de direitos fundamentais; ao contrário, foi possível identificar ativismo judicial em matéria de técnicas de interpretação e aplicação da Constituição e de organização do Estado (especialmente na organização político-eleitoral-administrativa).

Existem, pois, outros ambientes nos quais pode haver debates sobre o ativismo judicial no Brasil, que, à evidência, não se circunscreve ao campo da efetivação dos direitos fundamentais. Em realidade, aliás, os precedentes mais usualmente apontados como ativistas não tratam da efetivação de direitos sociais, conforme evidenciado no Capítulo III.

Observa-se, pois, um *descolamento* entre as cogitações doutrinárias pátrias sobre o ativismo e os precedentes mais citados como ativistas pela mesma literatura especializada.

Isto porque o ativismo é tratado como elemento inerente à tutela judicial de direitos fundamentais, o que de fato se verifica na prática diuturna do

---

[627] VIEIRA, José Ribas; CAMARGO, Margarida Maria Lacombe; SILVA, Alexandre Garrido da. O Supremo Tribunal Federal como arquiteto institucional: a judicialização da política e o ativismo judicial. *Revista de Ciências Sociais Aplicadas do CCJE*, v. 2, p. 04, 2009.

Judiciário brasileiro, em todos os graus. Esta, a propósito, parece ser a tendência quanto ao tratamento enciclopédico do ativismo dentro da doutrina constitucional. Contudo, como indicam os casos analisados no Capítulo III, este *não é o campo exclusivo ou prioritário* em que se operam decisões ativistas, que podem incidir sobre outros temas do direito constitucional brasileiro[628].

2.4.3 O Ativismo no Brasil está Ligado às Omissões Inconstitucionais do Legislador?

Além da frequente aproximação do ativismo com a concretização de direitos sociais, a doutrina brasileira também costuma atrelar o ativismo ao debate sobre a superação de omissões inconstitucionais do legislador[629].

Mais uma vez, este *senso comum* que encontra eco na doutrina pátria não conta com lastro na análise dos precedentes judiciais mais frequentemente considerados ativistas.

Importa observar, em primeiro lugar, que a hipótese que talvez melhor represente este senso comum – a adoção da tese concretista geral no mandado de injunção (mandados de injunção n. 670/ES, 708/DF e 712/PA) – não é relacionada dentre os casos representativos do ativismo judicial brasileiro, como já salientado no item 2.2 deste Capítulo. Tais mandados de injunção, à evidência, comportariam alguma análise de ativismo, especialmente sob a concepção da criação judicial do direito. Contudo, estranhamente, não figuram entre os precedentes mais significativos do ativismo do STF segundo a doutrina majoritária.

Para além de aparente seletividade na escolha dos casos a serem submetidos à crítica ativista (item 2.2 deste Capítulo), o fato de este não ser um

---

[628] Nos Estados Unidos, ao revés, não é lícito dizer que a tendência do ativismo é estar associado ao problema da realização dos direitos fundamentais e sociais, até porque o texto constitucional daquele país não contempla a previsão de direitos sociais. Ademais, lá se fomenta um debate muito mais profícuo voltado à identificação de qual é o órgão mais apropriado para tratar de justiça social, o que inclui a problematização das competências institucionais de cada Poder para fazer valer a *social justice* e os possíveis *outcomes* dados quando a resposta a tais questões é demandada do Judiciário ao invés dos corpos democraticamente compostos (cf. HIRSCHL, Ran. *Towards juristocracy...* cit., p. 3). Mark Tushnet, neste contexto, propõe que somente uma vertente fraca do *judicial review* permite a consecução de direitos econômicos e sociais sob a égide da Constituição dos EUA (*Weak Courts, Strong Rights: judicial review and social welfare rights in comparative constitutional law*. Princeton: Princeton University Press, 2009).
[629] Vide Capítulo II, item 1.2.

caso de ativismo para a doutrina majoritária demonstra que a omissão do legislador não guarda tanta proximidade com o ativismo brasileiro como aparentemente se supõe.

Este outro *mito* – também fruto da inconsistência da doutrina brasileira – se revela, outrossim, pelo exame das decisões que compõem o Capítulo III desta dissertação.

Recordando-se que tais precedentes foram selecionados por serem aqueles mais mencionados e mais densamente examinados pelos estudos pátrios sobre ativismo, cabe registrar que, em nenhum deles, se observa omissão inconstitucional do Poder Legislativo.

Em realidade, a edição da súmula vinculante disciplinando o nepotismo decorreu da aplicação direta de princípios constitucionais, que se prestaram para regular o nepotismo nos três poderes de todas as esferas federativas. Não havia propriamente norma constitucional pendente de regulamentação.

No caso da verticalização das coligações, a incongruência é ainda maior, pois o tema encontrava-se totalmente disciplinado pela legislação eleitoral, motivo pelo qual não se cogita de omissão ilegítima do Congresso Nacional, sobre o qual não pendia nenhum ônus de atuar.

O mesmo se passa no caso da tentativa de abstrativização do controle difuso (Reclamação n. 4.335) e no caso da criação do dever de fidelidade partidária (Consulta TSE n. 1.398, mandados de segurança n. 26.602, 26.603 e 26.604 e Resolução TSE n. 26.610/2007). Em ambas as situações, a ponderação já havia sido dada pelo constituinte e pelo legislador, sendo que a pecha de ativista sobre tais casos recai justamente sobre a tentativa dos Tribunais em inovar na ordem jurídica já posta. Nestes casos, do mesmo modo, não havia norma constitucional pendente de regulamentação.

Em suma, os casos mais robustamente examinados e mais frequentemente tachados de ativistas não corroboram a afirmação corrente de que o ativismo judicial no Brasil é categoria que guarda proximidade com as omissões inconstitucionais do legislador. Ao contrário, verifica-se que o julgamento orientado pelo resultado e a criação judicial do direito ocorrem *apesar* da atuação do Legislativo, o que em realidade *aproxima* o ativismo brasileiro do norte-americano.

Cuida-se, pois, de mais um *mito* que se pode descortinar pela incongruência haurida da análise aprofundada da doutrina nacional pesquisada.

2.5 As Causas do Ativismo

2.5.1 Ativismo e Desprestígio dos Poderes Políticos

Os estudos sobre ativismo no Brasil costumam atrelar a causa do ativismo ao desprestígio social dos poderes políticos[630]. Os autores norte-americanos, de outra parte, não vislumbram relação causal direta entre os avanços da Suprema Corte em ações ativistas e o maior ou menor prestígio social desfrutado pelos outros ramos de governo.

Tal divergência pode ser sublinhada pela atenção dada a cada uma das literaturas especializadas aos dois principais paradigmas da interpretação constitucional: a deferência ao Legislativo e a supremacia judicial[631].

Estas duas formas de explicar a atuação e os limites da jurisdição ensejam um caloroso debate que permeia o constitucionalismo norte-americano desde a sua origem. E aqui reside a divergência a ser ressaltada nesta seção.

Com efeito, há um debate franco e aberto entre os defensores e os críticos do paradigma da supremacia judicial nos EUA. A própria formação da federação norte-americana, em cujas origens já era questionada a conveniência da adoção do *judicial review*, propicia um longo histórico de embate com o paradigma da deferência aos órgãos políticos[632].

Sob esse ângulo, a boa reputação do Poder Judiciário como órgão que deva ter supremacia sobre os demais em certas questões é bastante questionada pelos autores americanos. Apontam-se, dentre estas críticas, o déficit de legitimidade deste Poder para tomar decisões políticas. Por este mesmo motivo, como já consignado, a legitimidade da própria jurisdição constitucional (ao menos em relação a estatutos federais) não conta com unanimidade[633].

Assim, esse contexto de deferência aos demais poderes políticos denota que os órgãos democraticamente compostos gozam de confiança social suficiente para, ao menos, controverter a tomada de decisões políticas fundamentais na arena judicial.

---

[630] Vide Capítulo II, item 1.2.
[631] Cf. ELY, John Hart. *Democracia e Desconfiança: uma teoria do controle judicial de constitucionalidade*. Tradução de Juliana Lemos. São Paulo: Martins Fontes, 2010.
[632] Vide Capítulo II item 2.
[633] Confira-se Capítulo II, item 2 e WALDRON, Jeremy. The core of the case against judicial review. *The Yale Law Journal*, vol. 115, n. 6, p. 1.346-1.406, abr./2006.

Em decorrência, não se pode estabelecer qualquer relação causal entre o (des)prestígio social do Poder Executivo ou Legislativo e o ativismo da Suprema Corte. Desta forma, se a Suprema Corte incide em ativismo judicial, isto não ocorre em função do grau mais ou menos elevado de confiança social nas instituições majoritárias.

A realidade político-social brasileira é bastante diversa, eis que os poderes políticos, especialmente o Congresso Nacional, carecem cada vez mais da confiança da sociedade, gerando um verdadeiro *culto ao Judiciário*, o que confirma a percepção da doutrina brasileira majoritária: o ativismo é propiciado no Brasil em razão das crises pelas quais passam os demais poderes[634].

Com efeito, pesquisas que medem o grau de confiança da população em instituições públicas e privadas brasileiras tendem a apontar o baixo nível de confiança institucional que a população credita aos órgãos legislativos do país. O Poder Judiciário, por sua vez, é costumeiramente bem visto pela comunidade, gozando de elevado grau de confiança.

Interessante, neste particular, notar que o Índice de Confiança Social 2015, medido pelo IBOPE[635], registrou o índice 46 de confiança (do total de 100) para o Poder Judiciário, grau sensivelmente mais elevado que o anotado para o Governo Federal (30), Presidente da República (22), Congresso Nacional (22) e Partidos Políticos (17).

Ademais, é possível perceber que, apesar de todas estas instituições terem os seus índices de confiança reduzidos, anualmente, desde a pesquisa realizada em 2009, é certo que a margem de diminuição da confiança do Poder Judiciário foi menor (52 em 2009 para 46 em 2015) se comparada com a redução observada em relação ao Governo Federal (53 em 2009 para 30 em 2015), ao Presidente da República (66 em 2009 para 22 em 2015), ao Congresso Nacional (35 em 2009 para 22 em 2015) e aos Partidos Políticos (31 em 2009 para 17 em 2015).

---

[634] Vide Capítulo III, item 1.2. Carlos Eduardo Dieder Reverbel assevera que "O ativismo judicial centra-se neste ponto. O juiz transpassa o campo do direito e ingressa na seara da política. Assim "resolve" problemas políticos por critérios jurídicos. Isto se dá dentre outras razões, pelo desprestígio da lei, ineficiência da política, dificuldade da própria administração, malversação dos recursos públicos..." (Ativismo judicial e Estado de Direito. *Revista Eletrônica do Curso de Direito da Universidade Federal de Santa Maria*, Santa Maria, v. 9, n. 2, p. 8, 2014).
[635] Disponível em < http://www.ibope.com.br/pt-br/noticias/Documents/ics_brasil.pdf>. Acesso em: 12 out. 2015.

Portanto, tendo como premissa o fato de que "confiar em instituições supõe conhecer a idéia básica ou a função permanente atribuída a elas pela sociedade"[636], tem-se que magistrados brasileiros contam com um ambiente menos crítico, sendo vistos como os principais garantes da efetivação de direitos, sobretudo por estarem afastados das críticas que se lançam aos poderes políticos.

Por tais razões, é sensivelmente menos discutida a alternativa à "supremacia judicial" aqui observada, isto é, há menos espaço para discutir a maior deferência aos corpos políticos. Por consequência, havendo controles doutrinários menos rígidos – dado o prestígio da função jurisdicional – eventuais casos de ativismo tendem a passar ao largo de críticas por parte da população em geral. As poucas vozes da doutrina que se preocupam em estudar o ativismo, especialmente o do STF, se deparam com um cenário social que continua clamando pela confiança depositada nas autoridades judiciais.

Neste contexto, é lícito apontar a divergência entre as doutrinas dos dois países analisados no que toca à relação causal entre ativismo e desprestígio dos poderes políticos.

2.5.2 A Inércia na Efetivação de Direitos é Causa do Ativismo?

Além da relação de causa e efeito que se pode traçar entre ativismo judicial a decrescente confiança social no Executivo e no Legislativo, os estudos sobre ativismo no Brasil costumam também atrelar a causa do ativismo à inércia[637] do Poder Público na efetivação de políticas públicas[638].

---

[636] MOISÉS, José Álvaro Cidadania, Confiança e instituições democráticas. *Lua Nova*, São Paulo, n. 65, p. 87, 2005. O autor anota que esta relação de confiança "se explicita através das regras constitutivas das instituições que remetem a conteúdos éticos e normativos resultantes da disputa dos atores pelo sentido da política; por isso essas regras são referências tanto da ação dos responsáveis pelas instituições como das pessoas comuns que se orientam, a partir de sua experiência, por aquilo que aprendem sobre o funcionamento das instituições. (...) A confiança política dos cidadãos não é, portanto, cega ou automática, mas depende das instituições estarem estruturadas para permitir que eles conheçam, recorram ou interpelem os seus fins últimos – fins aceitos e desejados pelos cidadãos." (ibidem, p. 87).

[637] O vocábulo inércia, neste contexto, não se confunde com a omissão inconstitucional do legislador em regulamentar dispositivos da Constituição, já apreciada no item 2.4.3 deste Capítulo. No presente momento, a inércia de que trata a doutrina majoritária se refere à inação do Executivo e do Legislativo em atender suas missões institucionais no cumprimento de políticas públicas já disciplinadas.

[638] Vide Capítulo III, item 1.2.

Como examinado acima, as novas modelagens da separação de poderes admitida pela doutrina brasileira comportam, por via oblíqua, uma concepção mais elástica das funções judiciais aplicadas em problemas que envolvem a inércia do Poder Público[639].

Assim, a inércia do Poder Legislativo e do Executivo em efetivar políticas públicas afetas a direitos sociais tem motivado incontáveis decisões que autorizam incursões judicias cada vez mais profundas em seara tipicamente afeta aos poderes políticos. Daí a afirmação registrada pela doutrina majoritária no sentido de que tal inércia configura causa que deflagra o ativismo judicial no Poder Judiciário brasileiro.

Este debate não existe na doutrina norte-americana. Seja porque a Constituição americana não prevê um complexo sistema de mecanismos judiciais de controle judicial das políticas públicas, ao contrário da Constituição brasileira de 1988[640], seja porque o texto supremo estadunidense não cuida de direitos sociais.

Aí haveria, portanto, uma *divergência*, eis que a inércia dos poderes públicos poderia ser elevada à causa do ativismo para a literatura especializada brasileira, sendo que, para os analistas norte-americanos, não se observaria tal relação.

No entanto, trata-se de *falsa divergência*, uma vez que, também neste particular, o discurso corrente da doutrina nacional examianda não guarda consonância com os casos costumeiramente apontados como indiciários das concepções brasileiras do ativismo judicial.

Anote-se, a propósito, que os precedentes relacionados no Capítulo III desta dissertação, a despeito de revelarem corretamente os critérios definidores das concepções doutrinárias do ativismo, *não veiculam a inércia do Poder Público*. A crítica doutrinária que pesa sobre os casos do nepotismo, da verticalização das coligações, da fidelidade partidária e da teoria da transcendência dos motivos determinantes *prescidem* da inércia dos demais poderes para a sua configuração. Em todos estes casos não se pode atribuir

---

[639] "Além disso, também será considerado ativista o magistrado ou tribunal que procura suprir omissões (reais ou aparentes) dos demais poderes com suas decisões." (VIEIRA, José Ribas; CAMARGO, Margarida Maria Lacombe; SILVA, Alexandre Garrido da. *O Supremo Tribunal Federal como arquiteto institucional...* cit., p. 5).

[640] FERREIRA FILHO, Manoel Gonçalves. O Poder Judiciário na Constituição de 1988 – Judicialização da política e politização da Justiça. *Revista de Direito Administrativo*, n. 198 (out.-dez. 1994). Rio de Janeiro: Renovar, p. 1-17.

exclusivamente à deficiência dos outros ramos de governo a causa da postura judicial ativista.

Tais casos cuidam de políticas em alguma medida já postas pelo legislador e pelo constituinte e, ainda assim, os tribunais superiores atuaram de forma ativista.

As observações feitas pelos estudiosos brasileiros em relação, especialmente, às decisões envolvendo fidelidade partidária, efeitos do controle difuso e verticalização das coligações, dão conta, em realidade, do julgamento orientado pelo resultado e da criação judicial do direito com vistas a alterar políticas normativas já definidas para estas situações.

Não se nega, é certo, que a inércia dos demais poderes possa agir como uma *agravante* para a incursão do Judiciário em decisões ativistas, o que se extrai, principalmente, das análises doutrinárias sobre o caso da súmula vinculante sobre o nepotismo. Todavia, percebe-se que o julgamento orientado pelo resultado e a criação judicial no direito, no Brasil, podem se manifestar *ainda que* o Executivo e o Legislativo estejam atuando corretamente.

Portanto, mais uma vez aqui, ao contrário do que se pode concluir em um primeiro momento, o ativismo judicial brasileiro é *próximo* do congênere norte-americano, posto que em nenhum deles a inércia dos demais poderes constitui efetiva causa para a sua deflagração.

2.6 Coerência Doutrinária e Concepções Veladas

As obras dedicadas ao exame do ativismo revelam concepções mais consistentes doutrinariamente e outras mais isoladas, sem repercussão majoritária, consoante o levantamento bibliográfico constante do Capítulo I desta pesquisa.

No entanto, as doutrinas brasileira e norte-americana distanciam-se quanto à coerência metodológica na sustentação das concepções que cada uma vislumbra expressamente.

O cenário americano revela que aquelas concepções mais amplamente sufragadas doutrinariamente são aplicadas a inúmeros precedentes da Suprema Corte, havendo, por certo, alguns casos que se enquadram em mais de uma concepção, conforme o enfoque dado pelos autores.

Destaca-se com isso que os precedentes considerados ativistas são abertamente alocados em uma (ou, por vezes, mais de uma) concepção de ativismo, mediante análises que primam pela coerência entre as concepções e os critérios definidores de cada uma delas, extraídos dos julgados comentados. Em última análise, o ativismo judicial, enquanto crítica, é aderente aos casos examinados pela doutrina americana, à vista dos critérios que definem cada concepção.

A literatura brasileira, por sua vez, a despeito de categorizar duas concepções de ativismo (*result-oriented judging* e criação judicial do direito), nem sempre se vale expressamente do rótulo "*ativista*" para criticar decisões que considera *incorretas* sob outros aspectos.

Percebe-se que as críticas que se fazem a certos casos, especialmente emanados do Supremo Tribunal Federal, poderiam deflagrar *outras* concepções de ativismo judicial, porém a doutrina majoritária não vincula claramente tais inconformismos à categoria do ativismo judicial.

É o que se verifica nas críticas à decisão proferida nos mandados de injunção n. 670, 708 e 712, que não costumam ser tachadas de ativismo, apesar do inconformismo quanto à mudança de orientação jurisprudencial consolidada. Extrai-se de parcela das críticas acadêmicas que a insurgência está na *superação da jurisprudência* antiga do STF quanto ao alcance e limites deste instrumento, fixados no mandado de injunção n. 107/DF[641], julgado em novembro de 1989, e que chancelou a *posição não concretista* desta ação.

A partir de então, houve uma evolução da jurisprudência da Corte que, passando pela adoção da *tese concretista individual intermediária* (mandado de injunção n. 232/RJ[642]) e da *teoria concretista individual direta* (mandado de injunção n. 721/DF[643]), culminou com a completa inversão do

---

[641] BRASIL. Supremo Tribunal Federal. *Mandado de Injunção nº 107-3/DF*. Pleno. Relator: Min. Moreira Alves. Brasília, 23 de novembro de 1989. DJ data: 21 de setembro de 1990, Disponível em: < http://stf.jus.br/portal/jurisprudencia/listarJurisprudencia.asp?s1=%28MI%24%2ESCLA%2E+E+107%2ENUME%2E%29+OU+%28MI%2EACMS%2E+ADJ2+107%2EACMS%2E%29&base=baseAcordaos&url=http://tinyurl.com/buanduz>. Acesso em 29 ago. 2015.

[642] BRASIL. Supremo Tribunal Federal. *Mandado de Injunção nº 232-1/RJ*. Pleno. Relator: Min. Moreira Alves. Brasília, 02 de agosto de 1991. DJ data: 27 de março de 1992, Disponível em: < http://stf.jus.br/portal/jurisprudencia/listarJurisprudencia.asp?s1=%28MI%24%2ESCLA%2E+E+107%2ENUME%2E%29+OU+%28MI%2EACMS%2E+ADJ2+107%2EACMS%2E%29&base=baseAcordaos&url=http://tinyurl.com/buanduz>. Acesso em 29 ago. 2015.

[643] BRASIL. Supremo Tribunal Federal. *Mandado de Injunção nº 721-7/DF*. Pleno. Relator: Min. Marco Aurélio. Brasília, 30 de agosto de 2007. DJ data: 30 de novembro de 2007, Disponível em: < http://stf.jus.br/portal/jurisprudencia/listarJurisprudencia.asp?s1=%28MI%24%2ESCLA%2E+E+721%2ENUME%2E%29+OU+%28MI%2EACMS%2E+ADJ2+721%2EACMS%2E%29&base=baseAcordaos&url=http://tinyurl.com/adjs3ld>. Acesso em 29 ago. 2015.

entendimento inicial, ao acolher a postura concretista geral (mandados de injunção n. 670, 708 e 712).

Pendem sobre esta inversão de entendimento juízos censórios que, *substancialmente*, refletem a concepção da indevida superação do precedente[644], não acolhida *expressamente* pela doutrina pátria majoritária. Não se declara, pois, haver ativismo judicial nesta hipótese, a despeito de se extrair, materialmente, os mesmos critérios definidores do ativismo na vertente da indevida superação dos precedentes.

O mesmo ocorre, em menor extensão, com as hipóteses da fidelidade partidária e da abstrativização do controle difuso. Tais precedentes são reputados como ativismo judicial pela doutrina brasileira majoritária por veicularem criação judicial do direito. Porém, há outro bloco de críticas (minoritário, diga-se) que estão assentadas muito mais na mudança de entendimento judicial sobre tais matérias[645]. Tem-se que estes casos, para além da criação judicial do direito, geram, *implicitamente*, desconforto em função do rompimento dos entendimentos pretéritos.

---

[644] Cf. FERNANDES, Bernardo Gonçalves. Mandado de Injunção: do Formalismo ao Axiologismo? O que mudou? Uma Análise Crítica e Reflexiva da Jurisprudência do STF. In: MACHADO, Felipe; CATTONI, Marcelo (coords.). *Constituição e Processo: entre o direito e a política*. Belo Horizonte, Editora Fórum, 2011, p. 13-30; PEREZ, Carlos Alberto Navarro, op. cit; CAMPOS, Carlos Alexandre de Azevedo, op. cit. Aduz o último autor que o STF vem "deixando claro que a mudança de perspectiva institucional veio para ficar, deixando para trás todo o rigor da autorrestrição metodológica proposta por Moreira Alves no controle judicial da omissão legislativa e que prevalecia há quase vinte anos na Corte, desde o julgamento da QO-MI 107." (p. 580). E, ainda: "A nova configuração do mandado de injunção é (...) um exemplo destacado da superação de doutrinas de autocontenção institucional preconizadas por Moreira Alves, e de aproximação a um modelo institucionalmente amplificado da Suprema Corte. Sem prejuízo de merecidas críticas à 'teoria concretista geral' aplicada às decisões no mandado de injunção, que ao final prevaleceu nesta virada de orientação, mais uma vez restou configurada o quanto as posições extremadas defendidas por nossos personagens é reveladora e nos ajuda a entender e evolução do ativismo judicial da Corte." (ibidem, p. 590).

[645] Cf. CAMPOS, Carlos Alexandre de Azevedo, op. cit., p. 133-136; SOUZA, Marcos Antônio Cardoso de. Fidelidade partidária: julgamento de caso histórico com base nos parâmetros atuais. *Revista Jurídica da Presidência da República*, Brasília, vol. 9, n. 89, p. 1-44, fev./mar, 2008; SANTIAGO, Marcus Firmino. Jurisdição constitucional pela via difusa: uma análise do quadro constitucional brasileiro. *RIDB*, ano 2, n. 12, p. 14.319-14.329, 2013; OLIVEIRA, Matheus Farinhas de. (Re)discutindo a teoria dos precedentes na jurisdição constitucional. Muda-se o texto, mas mantém-se o contexto? *Revista Paradigma*, Ribeirão Preto-SP, ano XIX, n. 23, p. 235-256, jan./dez. 2014.

No entanto, também nestes casos, a avaliação negativa sobre a superação dos entendimentos anteriores não é tratada como sendo uma concepção de ativismo, mascarando, portanto, uma concepção velada que permeia parte da doutrina nacional.

Nestes termos, a doutrina brasileira carece de maior coerência entre os critérios que definem as críticas doutrinárias e as concepções de ativismo por ela expressamente vislumbradas, o que a distingue da produção norte-americana, cujas análises casuísticas são mais *fiéis aos modelos teóricos propostos sobre o ativismo* (ou, em outras palavras, são mais fiéis às concepções delineadas pela doutrina).

Todavia, a percepção acerca da existência de uma concepção *velada* de ativismo judicial na doutrina nacional (indevida superação de precedentes) a *aproxima* dos critérios esposados pela doutrina norte-americana, ainda que a indevida superação de precedentes não seja *abertamente* contemplada na produção nacional sobre ativismo judicial.

Conclusão

1. O ativismo judicial é comumente associado ou mesmo confundido com expressões que retratam fenômenos próximos, mas que não guardam qualquer identidade conceitual com posturas judiciais ativistas.

2. Ativismo judicial não é sinônimo de controle de constitucionalidade, na medida em que o poder de anular atos normativos incompatíveis com a Constituição é legítimo, desde que corretamente exercido, não ostentando, por si só, nenhum vício caracterizador de ativismo.

3. Do mesmo modo, o conceito de judicialização da política não se confunde com a noção de ativismo judicial. A judicialização da política ostenta dois significados principais, igualmente amparados pela doutrina majoritária no Brasil e nos Estados Unidos: (i) a formulação de políticas públicas por magistrados (visão tradicional do instituto) ou (ii) a submissão de foros não judiciais de negociação (eminentemente político-administrativos) a procedimentos judicialiformes (visão mais sutil do instituto).

4. Não há consenso, porém, quanto à relação entre a judicialização da política e ativismo. Enquanto alguns entendem que a judicialização da política é *causa* do ativismo, outros sustentam que a judicialização é *efeito* do ativismo.

5. O ativismo judicial é categoria doutrinária que abrange várias concepções, que variam conforme o tratamento dado à matéria pelos analistas norte-americanos e brasileiros.

6. A produção acadêmica americana concebe quatro concepções majoritárias de ativismo judicial: o uso de métodos não ortodoxos de interpretação, o julgamento orientado pelo resultado (*result-oriented judging*), a indevida superação de precedentes e a criação judicial do direito (*judicial legislation*).

7. Já a literatura especializada brasileira declara reconhecer ativismo apenas no julgamento orientado pelo resultado e na criação judicial do direito.

8. A despeito da origem relativamente recente da expressão *judicial activism*, cunhada por Arthur Schlesinger Jr. em artigo publicado em janeiro de 1947 na Revista Fortune, há um antigo e aprofundado debate na doutrina norte-americana sobre ativismo judicial, contemplando as fases mais ou menos ativistas da Suprema Corte desde a formação da federação americana.

9. No Brasil, de outro lado, a discussão sobre o ativismo é muito mais recente, tendo despertado o interesse doutrinário somente após a promulgação da Constituição de 1988. Em decorrência, aponta-se o perfil mais ativista verificado no Supremo Tribunal Federal a partir da Constituição vigente, potencializado pela mudança na composição da Corte a partir de 2003 e pela edição da Emenda Constitucional n. 45/2004. Isto, porém, não exclui a percepção acerca da existência de uma primeira fase ativista do STF, ocorrida na República Velha, à época da formulação e aplicação da teoria brasileira do *habeas corpus*.

10. O exame da doutrina brasileira e norte-americana permite identificar os precedentes mais significativos de cada concepção de ativismo, considerando-se a frequência com que são mencionados e a densidade com que são tratados pela literatura especializada destes dois países.

11. O exame destes casos mais representativos ratifica a correição dos critérios teoricamente eleitos para a definição de cada concepção de ativismo judicial, seja no Brasil, seja nos Estados Unidos.

12. Analisadas as concepções de ativismo judicial nos Estados Unidos e no Brasil, é viável proceder-se ao exame comparado deste instituto nos dois ordenamentos estudados, sob a ótica dos respectivos perfis, aproximações e distanciamentos.

13. Quanto ao perfil doutrinário sobre os ativismos, conclui-se que as práticas ativistas nos Estados Unidos não guardam uma relação causal com alinhamentos mais liberais ou mais conservadores. Os estudos de casos apreciados revelaram que o ativismo, por quaisquer de suas concepções – nos Estados Unidos – não é característica exclusiva de liberais ou conservadores. Não merece acolhida, pois, a visão mais antiga (e talvez mais corrente no senso comum) de que um juiz norte-americano ativista é um juiz liberal.

14. O ativismo judicial praticado pelo Supremo Tribunal Federal e pelo Tribunal Superior Eleitoral, por outro lado, ostenta um perfil marcadamente liberal. Ressalvado o escopo dogmático desta pesquisa – que não se destina a testar ou medir resultados moral e socialmente justos ou adequados do ativismo – tem-se que decisões classificadas como ativistas pelos analistas brasileiros apresentam conclusões que poderiam ser enquadradas como liberais.

15. De outro vértice, a análise comparada permite identificar divergências entre o debate doutrinário norte-americano e brasileiro sobre o ativismo judicial. Algumas destas divergências são reais e outras são aparentes, estas últimas encerrando *discursos declarados*, mas que não prosperam ao teste de congruência com os critérios teóricos eleitos pelos próprios autores brasileiros.

16. Dentre as divergências reais, identifica-se que o ativismo é visto por parte da doutrina brasileira como mecanismo legítimo ao aperfeiçoamento institucional, ao passo que, nos Estados Unidos, tal categoria implica quase que unanimemente um juízo negativo à divisão orgânica do poder. Sob esta perspectiva, percebe-se que a literatura estadunidense é mais refratária à admissão de papéis mais amplos do Poder Judiciário, enquanto que a doutrina nacional é mais maleável a novos arranjos da separação de poderes.

17. Percebe-se, ainda, que a doutrina norte-americana não hesita em rotular como ativistas os precedentes da Suprema Corte que veiculam os elementos definidores de cada uma das concepções, ainda que se trate de soluções mundialmente elogiadas por consagrar os valores mais justos ou adequados.

18. No cenário brasileiro, todavia, verifica-se que decisões alinhadas com os valores político-sociais predominantes, mesmo que possam conter indícios de ativismo, não são assim qualificadas, apartando-se o rótulo de ativista dos julgados elogiados pela maioria.

19. E, ao reverso, verifica-se que certos desconfortos que algumas decisões do STF causam na doutrina nacional manifestam, substancialmente, críticas de ter havido indevida superação de precedentes, em que pese tal circunstância não ser apontada expressamente como uma concepção de ativismo pela literatura brasileira majoritária. Percebe-se, pois, a existência de uma concepção velada nas análises nacionais, prejudicando a coerência entre as concepções expressamente admitidas e os comentários efetivamente lançados sobre determinados casos.

20. Outra efetiva divergência reside no prestígio dos poderes políticos como causa do ativismo. Ao passo em que a falta de confiança social nos corpos políticos é relacionada como causa do ativismo no Brasil, não há qualquer consideração doutrinária a respeito desta relação nos Estados Unidos. Ao contrário: os estudos norte-americanos contam com um debate franco e aberto a respeito do paradigma da deferência aos órgãos majoritários, enquanto que o cenário brasileiro acentua o paradigma da supremacia judicial, tendendo a vincular o ativismo ao desprestígio dos poderes políticos.

21. No mais, outros *aparentes* pontos de *distanciamento*, quando testados à luz dos casos rotineiramente acusados de ativismo em ambos os países, revelam-se, em realidade, serem verdadeiros pontos de *aproximação*.

22. Com efeito, o discurso acadêmico *declarado* sobre o ativismo no Brasil contém alguns *mitos*, que expõem algumas incongruências doutrinárias.

23. O ativismo, no Brasil, não está primordialmente ligado à concretização dos direitos sociais e nem às omissões inconstitucionais do legislador. Ademais, as concepções de ativismo admitidas pela literatura nacional (julgamento orientado pelo resultado e criação judicial do direito) ocorrem *ainda que* o Legislativo e o Executivo atuem regularmente, tornando sem efeito o senso comum de que a inércia na efetivação dos direitos é causa necessária do ativismo judicial brasileiro.

24. Em suma, os mitos e as incoerências observadas na doutrina brasileira sobre o ativismo demonstram que ela é muito mais *próxima* da doutrina norte-americana do que se poderia, em princípio, supor.

25. *Estudos ulteriores*. Dada a pesquisa realizada, esta dissertação propicia três focos distintos de estudos ulteriores.

26. Em primeiro lugar, é possível desdobrar o estudo comparado do ativismo judicial sob o viés da ciência política, eis que a presente dissertação se propôs a realizar a comparação sob a ótica da dogmática constitucional. Com efeito, o papel do ativismo no acirramento dos conflitos entre poderes em um Estado Constitucional de Direito comporta análise para além do direito constitucional que, neste particular, pode mesmo ser insuficiente para explicar as tensões institucionais decorrentes do ativismo[646].

---

[646] Relevante destacar, a este propósito, a importância da ciência política na solução do conflito entre políticas majoritárias e minorias, assunto que claramente guarda relação com o ativismo

CONCLUSÃO

27. Ademais, é possível recortar e aprofundar o estudo do ativismo judicial em matéria eleitoral. De fato, os casos estudados no Capítulo III desta dissertação denotam a importância do ativismo na aplicação das normas eleitorais, abrindo espaço para futuros estudos que tratem especificamente do ativismo praticado no direito eleitoral[647].

28. Por fim, mostra-se relevante, também, o estudo do ativismo no controle da aplicação de princípios jurídicos pelo método da ponderação e por meio da regra da proporcionalidade[648]. Com efeito, a profusão dos princípios na doutrina[649] e jurisprudência brasileiras, com destaque para os princípios constitucionais, é, em certa medida, incompatível com a feição analítica da Constituição de 1988, cujo grau de detalhamento não autoriza, a priori, a mesma relevância que princípios possam ter em Constituições abertas e com termos vagos, tal qual a Constituição dos Estados Unidos da América[650]. Há, em realidade, amplo campo para estudos complementares

judicial. Confira-se, a este respeito: COVER, Robert M. The Origins of Judicial Activism in the Protection of Minorities. *The Yale Law Journal*, Volume 91, n. 7, p. 1.287-1.316, jun. 1982.

[647] A propósito da reforma política operada por atuação judicial mais elástica e os reflexos na politização da justiça, confira-se: CAGGIANO, Monica Herman Salem. A emergência do Poder Judiciário como contraponto ao bloco monocolor Legislativo/Executivo. In: In: MORAES, Alexandre de (coord.). *Os 20 Anos da Constituição da República Federativa do Brasil*. São Paulo: Atlas, 2009, p. 99-123.

[648] Para uma análise robusta acerca da regra da proporcionalidade na colisão de direitos fundamentais, confira-se: CONCI, Luiz Guilherme Arcaro. Colisões de direitos fundamentais nas relações jurídicas travadas entre particulares e a regra da proporcionalidade: potencialidades e limites da sua utilização a partir da análise de dois casos. In: ROCHA, Maria Elizabeth Guimarães Teixeira; MEYER-PFLUG, Samantha Ribeiro. *Lições de Direito Constitucional em homenagem ao Professor Jorge Miranda*. Rio de Janeiro: Forense, 2008, p. 17-55.

[649] Cf. SILVA, Virgílio Afonso da. Princípios e regras: mitos e equívocos acerca de uma distinção. *Revista Latino-Americana de Estudos Constitucionais*. Del Rey, nº 1, p. 607-630, jan-jul/2003; ÁVILA, Humberto Bergamann. A distinção entre princípios e regras e a redefinição do dever de proporcionalidade. *Revista de Direito Administrativo*. Renovar, p. 151-179, jan-mar/1999; ALEXY, Robert. Direitos fundamentais, ponderação e racionalidade. *Revista de Direito Privado*, São Paulo, vol. 24, p. 334 e segs., out./dez. 2005; BARROSO, Luís Roberto; BARCELLOS, Ana Paula de. O começo da história: a nova interpretação constitucional e o papel dos princípios no direito brasileiro. *Revista Latino-Americana de Estudos Constitucionais*. Belo Horizonte, Del Rey, n. 2, jul./dez. 2003; ÁVILA, Humberto Bergmann. "Neoconstitucionalismo": entre a "ciência do direito" e o "direito da ciência". *Revista Brasileira de Direito Público – RBDP*, Belo Horizonte, Ed. Forum, ano 6, n. 23, out./dez. 2008.

[650] O processo de criação do conceito de devido processo legal substantivo expõe a relevância e a influência do caráter marcadamente aberto do texto constitucional norte-americano, ao contrário do que se pode verificar no constitucionalismo brasileiro atual. Cf. TUSHNET, Mark.

que considerem a função do legislador e do juiz em desdobrar princípios constitucionais, à luz do pluralismo que inspira os textos constitucionais dos Estados Unidos e do Brasil[651].

Weak Courts, Strong Rights: judicial review and social welfare rights in comparative constitutional law. Princeton: Princeton University Press, 2009.
[651] Sobre o pluralismo e o seus impactos no arranjo institucional brasileiro, confira-se: LEAL, Roger Stiefelmann. Pluralismo, políticas públicas e a Constituição de 1988: considerações sobre a práxis constitucional brasileira 20 anos depois. In: MORAES, Alexandre de (coord.). *Os 20 Anos da Constituição da República Federativa do Brasil.* São Paulo: Atlas, 2009, p. 73-97.

REFERÊNCIAS

ABBOUD, Georges; LUNELLI, Guilherme. Ativismo judicial e instrumentalidade do processo: diálogos entre discricionariedade e democracia. **Revista de Processo**. São Paulo. v. 40, n. 242, p. 19-45, abr. 2015.

ACKERMAN, Bruce A. **The failure of the founding fathers: Jefferrson, Marshall, and the rise of presidential democracy**. Cambridge: First Harvard University Press, 2007.

_____, Bruce A. **Social Justice in the Liberal State**. New Haven: Yale University Press, 1980.

AGRA, Walber de Moura. **Curso de Direito Constitucional**. 8ª ed. Rio de Janeiro: Forense, 2014.

AHUALLI, Tânia Mara; SENA, Jaqueline. Ativismo judicial e as cláusulas gerais processuais no direito brasileiro. In: DIDIER JR., Fredie; NALINI, José Renato; RAMOS, Glauco Gumerato; LEVY, Wilson (orgs.). **Ativismo Judicial e Garantismo Processual**. Salvador: Juspodivm, 2013, p. 329-350.

ALEXY, Robert. Direitos fundamentais, ponderação e racionalidade. **Revista de Direito Privado**, São Paulo, vol. 24, p. 334 e segs., out./dez. 2005.

ALLEN, Francis A. The judicial quest for penal justice: the Warren Court and the criminal cases. **University of Illinois Law Forum**, vol. 1975, p. 518-541, 1975.

ALTERMAN, Eric; MATTSON, Kevin. **The Cause: the fight for American liberalism from Franklin Roosevelt to Barack Obama**. New York: Penguim Books, 2013.

AMAR, Akhil Reed. Intratextualism. **Harvard Law Review**, n. 112, p. 747-827, 1998-1999.

AMARAL JÚNIOR, José Levi Mello do. Processo constitucional no Brasil: nova composição do STF e mutação constitucional. **Revista de Direito Constitucional e Internacional**, São Paulo, ano 14, vol. 57, p. 100-108, out./dez. 2006.

ARAÚJO, José Carlos Evangelista de. Jurisdição constitucional e vedação ao nepotismo no âmbito da Constituição Federal de 1988. **Revista de Informação Legislativa**, Brasília, ano 50, n. 200, p. 103-136, out./dez. 2013.

ARMSTRONG, Scott; WOODWARD, Bob. **Por Detrás da Suprema Corte**. Tradução de Torrieri Guimarães. São Paulo: Saraiva S.A. Livreiros Editores, 1985.

ASENSI, Felipe Dutra. Algo está mudando no horizonte do Direito? Pós-positivismo e judicialização da política e das relações sociais. In: FELLET, André Luiz Fernandes; DE PAULA, Daniel Giotti; NOVELINO, Marcelo (orgs.). **As Novas Faces do Ativismo Judicial**. Salvador: Editora Juspodivm, 2013, p. 205-223.

ATRIA, Fernando. Existem direitos sociais? **Revista do Ministério Público do Rio Grande do Sul**, Porto Alegre, Livraria do Advogado, n. 56, p. 9-46, set-dez/2005.

ÁVILA, Humberto Bergamann. A distinção entre princípios e regras e a redefinição do dever de proporcionalidade. **Revista de Direito Administrativo**. Renovar, p. 151-179, jan-mar/1999.

_____, Humberto Bergmann. "Neoconstitucionalismo": entre a "ciência do direito" e o "direito da ciência". **Revista Brasileira de Direito Público – RBDP**, Belo Horizonte, Ed. Forum, ano 6, n. 23, out./dez. 2008.

BAIO, Lucas Seixas. Ativismo e legitimidade: província democrática para a criação judicial do direito. **RIDB**, Ano 1, n. 10, p. 5.881-5.923, 2012.

BALEEIRO, Aliomar. **O Supremo Tribunal Federal, Êsse Outro Desconhecido**. Rio de Janeiro: Forense, 1968.

BALESTERO, Gabriela Soares. A fidelidade partidária no atual contexto brasileiro: um estudo sobre o ativismo judiciário. **Revista da Faculdade de Direito do Sul de Minas**, Pouso Alegre, v. 25, n. 2, p. 23-42, jul./dez. 2009.

BARBOSA, Daniella Dutra de Almeida; TEIXEIRA, João Paulo Allain. O Supremo Tribunal Federal e o novo desenho jurisdicional brasileiro. **Revista de Informação Legislativa**, Brasília, ano 47, n. 186, p. 129-139, abr./jun. 2010.

BARBOZA, Estefânia Maria de Queiroz. Judicialização da política: um fenômeno jurídico ou político? **Revista de Direito Administrativo e Constitucional**. Belo Horizonte, ano 10, n. 39, p. 1-14, jan./mar. 2010.

BARNETT, Randy E. Constitutional Clichés. **Capital University Law Review**, vol. 36, p. 493-510, 2007.

BARROSO, Luís Roberto. Constituição, democracia e supremacia judicial: direito e política no Brasil contemporâneo. **Revista da Faculdade de Direito – UERJ**, v. 2, n. 21, p. 1-50, jan./jun. 2012.

_____, Luís Roberto. **Curso de Direito Constitucional Contemporâneo: os conceitos fundamentais e a construção do novo modelo**. São Paulo, Saraiva, 2009.

_____, Luís Roberto. Da falta de efetividade à judicialização excessiva: direito à saúde, fornecimento gratuito de medicamentos e parâmetros para a atuação judicial. In: MOREIRA, Eduardo Ribeiro; PUGLIESI, Marcio. **20 Anos da Constituição brasileira**. São Paulo: Saraiva, 2009, p. 163-193.

_____, Luís Roberto. Judicialização, Ativismo Judicial e Legitimidade Democrática. In: COUTINHO, Jacinto Nelson de Miranda; FRAGALE FILHO, Roberto; LOBÃO, Ronaldo (orgs.). **Constituição & Ativismo Judicial**. Rio de Janeiro: Lumen Juris, 2011, p. 275-290.

BARROSO, Luís Roberto; BARCELLOS, Ana Paula de. O começo da história: a nova interpretação constitucional e o papel dos princípios no direito brasileiro. **Revista Latino-Americana de Estudos Constitucionais**. Belo Horizonte, Del Rey, n. 2, jul./dez. 2003.

BAUM, Lawrence. **A Suprema Corte Americana. Uma análise da mais notória e respeitada instituição judiciária do mundo contemporâneo**. Tradução de Élcio Cerqueira. Rio de Janeiro: Forense Universitária, 1987.

BEARD, Charles A. **A Suprema Côrte e a Constituição**. Tradução de Paulo Moreira da Silva. Rio de Janeiro: Editora Forense, 1965.

BERNSTEIN; David E. From progressivism to modern liberalism: Louis D. Brandeis as a transitional figure in constitutional law. **Notre Dame Law Review**, vol. 89, n. 5, p. 2029-2050, 2014.

_____, David E. *Lochner* Era Revisionism, Revised: *Lochner* and the Origins of Fundamental Rights Constitutionalism. **The Georgetown Law Journal**, vol. 92, p. 1-60, 2004.

_____, David E. Lochner's Legacy's Legacy. **Texas Law Review**. Vol. 82, n. 1, p. 1-64, nov. 2003.

BERNSTEIN, David E.; SOMIN, Ilya. The Mainstreaming of Libertarian Constitutionalism. **Law and Contemporary Problems**, vol. 77, n. 4, p. 43-70, 2014.

BICKEL, Alexander M. **The Least Dangerous Branch: the Supreme Court at the bar of politics**. New Haven: Yale University Press, 1986.

_____, Alexander M. The Original Understanding and the Segregation Decision. **Harvard Law Review**, vol, 69, n 1, p. 1-65, nov. 1955.

BINENBOJM, Gustavo. **A Nova Jurisdição Constitucional brasileira: legitimidade democrática e instrumentos de realização**. Rio de Janeiro: Renovar, 2014.

BITTKER, Boris I. Interpreting the Constitution: is the intent of the framers controlling? If not, what is? **Harvard Journal of Law & Public Policy**, vol. 19, p. 09-54, 1996-1997.

BLACKMAR, Charles B. Judicial activism. **Saint Louis University Law Journal**, Saint Louis, Vol. 42. p. 753-787, 1997-1998.

BLASI, Vince. A requiem for the Warren Court. **Texas Law Review**, vol. 48, p. 608-623, 1970.

BLUMM, Michael C. Property myths, judicial activism, and the *Lucas* case. **Environmental Law**, vol. 23, p. 907-917, 1993.

BONAVIDES, Paulo. **Ciência Política**. 22ª ed. São Paulo: Malheiros, 2015.

BONVENTRE, Vincent Martin. Judicial activism, judge's speech, and merit selection: conventional wisdom and nonsense. **Albany Law Review**, vol. 68, p. 557-576, 2005.

BRADFORD, C. Steven. Following dead precedent: the Supreme Court's ill-advised rejection of anticipatory overruling. **Fordham Law Review**, vol. 59, p. 39-90, 1991.

BRANCO, Paulo Gustavo Gonet. Em busca de um conceito fugidio – o ativismo judicial. In: FELLET, André Luiz Fernandes; DE PAULA, Daniel Giotti; NOVELINO, Marcelo (orgs.). **As Novas Faces do Ativismo Judicial**. Salvador: Editora Juspodivm, 2013, p. 387-401.

BROWN, Rebecca L. Activism is not a four-letter word. **University of Colorado Law Review**, vol. 73, p. 1.257-1.274, 2002.

BURTON, Steven J. The conflict between *stare decisis* and overruling in constitutional adjudication. **Cardozo Law Review**, vol. 35, p. 1.687-1.714, 2014.

CAGGIANO, Monica Herman Salem. A emergência do Poder Judiciário como contraponto ao bloco monocolor Legislativo/Executivo. In: In: MORAES, Alexandre de (coord.). **Os 20 Anos da Constituição da República Federativa do Brasil**. São Paulo: Atlas, 2009, p. 99-123.

_____, Monica Herman Salem. Coligações partidárias: verticalizar ou não-verticalizar?. **Revista da Faculdade de Direito da Universidade de São Paulo**, São Paulo, v. 100, p. 201-207, jan./dez. 2005.

CAMARGO, Margarida Maria Lacombe. O Ativismo Judicial em Rui Barbosa. **Revista da Faculdade de Direito da Universidade Católica de Petrópolis**, vol. 1, p. 59-75, 1999.

CAMPOS, Carlos Alexandre de Azevedo. Moreira Alves v. Gilmar Mendes: e evolução das dimensões metodológica e processual do ativismo judicial do Supremo Tribunal Federal. In: FELLET, André Luiz Fernandes; DE PAULA, Daniel Giotti; NOVELINO, Marcelo (orgs.). **As Novas Faces do Ativismo Judicial**. Salvador: Editora Juspodivm, 2013, p. 541-595.

CANON, Bradley C. Defining the dimensions of judicial activism. **Judicature**, Volume 66, n. 6, p. 237-247, 1982-1983.

CANOTILHO, José Joaquim Gomes. **Direito Constitucional e Teoria da Constituição**. 7ª. ed. Coimbra: Almedina, 2003.

CARDOSO, Oscar Valente. Ativismo judicial: conceitos e preconceitos. **Revista Dialética de Direito Processual**, São Paulo n. 129. p. 76-82. dez. 2013.

CARVALHO, Ernani Rodrigues de. Em busca da judicialização da política no Brasil: apontamentos para uma nova abordagem. **Revista de Sociologia e Política**, Curitiba, n. 23, p. 115-126, nov. 2004.

CARVALHO, Maria Carolina. Constitucionalização do direito, judicialização e ativismo judicial. **Revista da Procuradoria Geral do Estado de São Paulo**. São Paulo, n. 76. p. 167-194, jul./dez. 2012.

CHACRA, Gustavo. Veja a diferença entre ser liberal nos EUA e ser liberal no Brasil. **Estadão Blogs**. Nova York, 18 fev. 2014. Disponível em <http://internacional.estadao.com.br/blogs/gustavo-chacra/se-voce-e-liberal-no-brasil-voce-seria-liberal-nos-eua-nao-voce-seria-conservador/>. Acesso em: 27 set. 2015.

CHAYES, Abram. The role of the judge in public law litigation. **Harvard Law Review**, vol. 89, n. 7, p. 1.281-1.316, mai. 1976.

CHEMERINSKY, Erwin. Federalism Not as Limits, But as Empowerment. **Kansas Law Review**, p. 1.219, 1997.

CHEN, Paul. The Institutional Sources of State Success in Federalism Litigation before the Supreme Court. **Law & Policy**, vol. 25, p. 455-472, out. 2003.

CHING, Bruce. Mirandizing terrorism suspects? The public safety exception, the rescue doctrine, and implicit analogies to self-defense, defense of others, and battered woman syndrome. **Michigan State University College of Law**, p. 1-44, ago. 2014.

CHOUDHRY, Sujit. The *Lochner era* and comparative constitutionalism. **Int'l J. Const. L.**, vol. 2., n. 1, p. 1-55, 2004.

CHRISTIANSEN, Matthew R.; ESKRIDGE JR, William N. Congressional Overrides of Supreme Court Statutory Interpretation Decisions, 1967–2011. **Texas Law Review**, vol. 92, p. 1.317-1.541 2014.

CITTADINO, Gisele. Poder Judiciário, ativismo judiciário e democracia. **Revista Alceu** – v.5 – n.9 – p. 105 a 113 – jul./dez. 2004.

CLAYTON, Cornell W. Review of Making Our Democracy Work: A Judge's View. **The Forum**, vol. 9, issue n. 1, p. 1-9, 2011.

CLEGG, Roger. Introduction: A Brief Legislative History of the Civil Rights Act of 1991. **Lousiana Law Review**, vol. 54, p. 1.459-1.471, 1994.

COELHO, Inocêncio Mártires. Ativismo Judicial ou Criação Judicial do Direito? In: FELLET, André Luiz Fernandes; DE PAULA, Daniel Giotti; NOVELINO, Marcelo (orgs.). **As Novas Faces do Ativismo Judicial**. Salvador: Editora Juspodivm, 2013, p. 475-198.

_____, Inocêncio Mártires. A criação judicial do direito em face do cânone hermenêutico da autonomia do objeto e do princípio constitucional da separação dos poderes. **Revista de Informação Legislativa**, Brasília, ano 34, n. 134, p. 99-106, abr./jun. 1997;

COMELLA, Victor Ferreres. **Las consecuencias de centralizar el control de constitucionalidad de la ley en un tribunal especial: algunas reflexiones acerca del activismo judicial**. Yale Law School. SELA (Seminario en Latinoamérica de Teoría Constitucional y Política) Papers. Paper 40.

CONCI, Luiz Guilherme Arcaro. Colisões de direitos fundamentais nas relações jurídicas travadas entre particulares e a regra da proporcionalidade: potencialidades e limites da sua utilização a partir da análise de dois casos. In: ROCHA, Maria Elizabeth Guimarães Teixeira; MEYER-PFLUG, Samantha Ribeiro. **Lições de Direito Constitucional em homenagem ao Professor Jorge Miranda**. Rio de Janeiro: Forense, 2008, p. 17-55.

CONSOVOY, William S. The Rehnquist Court and the End of Constitutional Stare Decisis: Casey, Dickerson and the Consequences of Pragmatic Adjudication. **Utah Law Review**, p. 53-106, 2002.

CONTINENTINO, Marcelo Casseb. Ativismo judicial: considerações críticas em torno do conceito no contexto brasileiro. **Interesse Público**, Belo Horizonte, ano 14, n. 72, p. 1-25, mar./abr. 2012.

_____, Marcelo Casseb. Ativismo judicial: Proposta para uma discussão conceitual. **Revista de Informação Legislativa**, Brasília, ano 49, n. 193, jan./mar. 2012.

COPLAN, Karl S. Legal Realism, Innate Morality, and the Structural Role of the Supreme Court in the U.S. Constitutional Democracy. **Tulane Law Review**, vol. 86, p. 212, 2012.

COVER, Robert M. The Origins of Judicial Activism in the Protection of Minorities. **The Yale Law Journal**, Volume 91, n. 7, p. 1.287-1.316, jun. 1982.

COX, Archibald. The independence of the judiciary: history and purposes. **University of Dayton Law Review**, vol. 21, p. 565-584, 1996.

_____, Archibald. The role of the Supreme Court: Judicial Activism or Self-Restraint? **Maryland Law Review**, vol. 47, p. 1118-138, 1987-1988.

CRAIG, Walter Early. The U. S. Supreme Court – A Look At Its Critics. **Brief**, vol. 59, p. 241-252, 1964.

CRAVEN JR., J. Braxton. Paean to pragmatism. **North Carolina Law Review**, vol. 50, p. 977-1.015, 1972.

CROSS, Frank B.; LINDQUIST, Stefanie A. The Scientific Study of Judicial Activism. **Minnesota Law Review**, n. 91, p. 1.752-1.784, 2006.

CUNHA JR. Dirley da. **Curso de Direito Constitucional**. 8ª ed. Salvador: Editora Juspodivm, 2014.

DAVID, René. **O direito inglês**. Tradução de Eduardo Brandão. São Paulo: Martins Fontes, 1997.

_____, René. **Os Grandes Sistemas do Direito Contemporâneo**. Tradução de Hermínio A. Carvalho. São Paulo: Martins Fontes, 2014.

DE PAULA, Daniel Giotti. Ainda existe separação de poderes? A invasão da política pelo direito no contexto do ativismo judicial e da judicialização da política. In: FELLET, André Luiz Fernandes; DE PAULA, Daniel Giotti; NOVELINO, Marcelo (orgs.). **As Novas Faces do Ativismo Judicial**. Salvador: Editora Juspodivm, 2013, p. 271-312.

DECOMAIN, Pedro Roberto. **Eleições (comentários à Lei n. 9.504/1997)**. 2ª ed. São Paulo: Dialética, 2004.

DIMOULIS, Dimitri; LUNARDI, Soraya Gasparetto. Ativismo e autocontenção judicial no controle de constitucionalidade. In: FELLET, André Luiz Fernandes; DE PAULA, Daniel Giotti; NOVELINO, Marcelo (orgs.). **As Novas Faces do Ativismo Judicial**. Salvador: Editora Juspodivm, 2013, p. 459-473.

DORF, Michael C. No Federalists Here: Anti-Federalism and Nationalism on the Rehnquist Court. **Rutgers Law Journal**, vol. 31, p. 741-751, 2000.

DWORKIN, Ronald. **O Império do Direito**. Tradução de Jeferson Luiz Camargo. São Paulo: Martins Fontes, 2014.

EASTERBROOK, Frank H. Do Liberals and Conservatives differ in Judicial Activism?. **Colorado Law Review**, n. 73, p. 1.401-1.416, 2002.

ELY, John Hart. **Democracia e Desconfiança: uma teoria do controle judicial de constitucionalidade**. Tradução de Juliana Lemos. São Paulo: Martins Fontes, 2010.

ENSIGN, Drew C. The impact of liberty on *stare decisis*: the Rehnquist Court from *Casey* to *Lawrence*. **New York University Law Review**, vol. 81, p. 1.137-1.165, 2006.

EPSTEIN, Lee; LANDES, William M. Was There Ever Such a Thing as Judicial Self-Restraint? **California Law Review**, vol. 100, p. 557-578, 2012.

ERLER, Edward J. Sowing the wind: judicial oligarchy and the legacy of *Brown v. Board of Education*. **Harvard Journal of Law and Public Policy**, vol. 8, p. 399-426, 1985.

ESKRIDGE JR., William N. Overruling Statutory Precedents. **The Georgetown Law Journal**, vol. 76, p. 1.361-1.439, 1988.

ESKRIDGE JR., William N.; FRICKEY, Phillip P. Quasi-Constitutional Law: Clear Statement Rules as Constitutional Lawmaking. **Vanderbilt Law Review**, vol. 45, p. 593-646, 1992.

FAVOREU, Louis. **As Cortes Constitucionais**. Tradução de Dunia Marinho Silva. Landy Editora, 2004.

FERREIRA FILHO, Manoel Gonçalves. **Curso de Direito Constitucional**. 38ª. ed. São Paulo: Saraiva, 2012.

_____, Manoel Gonçalves. **Do Processo Legislativo**. 7ª ed. São Paulo: Saraiva, 2012.

_____, Manoel Gonçalves. O Poder Judiciário na Constituição de 1988 – Judicialização da política e politização da Justiça. **Revista de Direito Administrativo**, n. 198 (out.-dez. 1994). Rio de Janeiro: Renovar, p. 1-17.

FARNSWORTH, E. Allan. **Introdução ao Sistema Jurídico dos Estados Unidos**. Tradução de Antonio Carlos Diniz de Andrada. Rio de Janeiro: Editora Forense, 1963.

FERNANDES, Bernardo Gonçalves. Mandado de Injunção: do Formalismo ao Axiologismo? O que mudou? Uma Análise Crítica e Reflexiva da Jurisprudência do STF. In: MACHADO, Felipe; CATTONI, Marcelo (coords.). **Constituição e Processo: entre o direito e a política**. Belo Horizonte, Editora Fórum, 2011, p. 13-30.

FORSYTHE, Clarke D. The tradition of interpretativism in constitutional interpretation. **Valparaiso University Law Review**, vol. 22, n. 1, p. 217-232, 1987.

FRAGALE FILHO, Roberto. Ativismo Judicial e Sujeitos Coletivos: A Ação das Associações de Magistrados. In: COUTINHO, Jacinto Nelson de Miranda; FRAGALE FILHO, Roberto e LOBÃO, Ronlado (orgs.). **Constituição & Ativismo Judicial**. Rio de Janeiro: Lumen Juris, 2011, p. 359-378.

FRENCH, Robert. Judicial activists – mythical monsters? **Southern Cross University Law Review**, vol. 12, p. 59-74, 2008.

GARAU, Marilha Gabriela Reverendo; MULATINHO, Juliana Pessoa Mulatinho; REIS, Ana Beatriz Oliveira. Ativismo judicial e democracia: a atuação do STF e o exercício da cidadania no Brasil. **Revista Brasileira de Políticas Públicas**, vol. 5, p. 192-206, 2015.

GARCIA, Maria. O Direito Constitucional Norte-Americano: uma concepção circular do direito constitucional e o juspositivismo contemporâneo. In: GARCIA, Maria e AMORIM, José Roberto Neves (coords.). **Estudos de Direito Constitucional Comparado**. Rio de Janeiro: Elsevier, 2007.

GEORGE, Robert P. Introduction. In: GEORGE, Robert P. (editor). **Great Cases in Constitutional Law**. New Jersey: Princeton University Press, 2000.

GARNETT, Richard. Debate: Judicial Activism and its critics. **University of Pennsylvania Law Review**, Vol. 155, p. 112-127, 2006.

GARROW, David. J. Bad behavior makes big law: southern malfeasance and the expansion of federal judicial power, 1954-1968. **St. John's Law Review**, vol. 82, p. 1-38, 2007.

GIBSON, James L. Challenges to the Impartiality of State Supreme Courts: Legitimacy Theory and "New-Style" Judicial Campaigns. **American Political Science Review**, vol. 102, n. 1, p. 59-75, fev. 2008.

GILMORE, Grant. **As Eras do Direito Americano**. Tradução de A. B. Pinheiro Lemos. Rio de Janeiro: Forense Universitária, 1978.

GINSBURG, Ruth Bader. Inviting judicial activism: "liberal" or "conservative" technique? **Georgia Law Review**, vol. 15, n. 3, p. 539-558, 1981.

GOMES, Gustavo Gonçalves. Juiz ativista x juiz ativo: uma diferenciação necessária no âmbito do processo constitucional moderno. In: DIDIER JR., Fredie; NALINI, José Renato; RAMOS, Glauco Gumerato; LEVY, Wilson (orgs.). **Ativismo Judicial e Garantismo Processual**. Salvador: Juspodivm, 2013, p. 273-302.

GOMES, Luiz Flávio. **Nepotismo: o STF pode legislar?** Teresina: Jus Navigandi, ano 12, n. 1902, 15 set. 2008. Disponível em: <http://egov.ufsc.br/portal/sites/default/files/anexos/20168-20169-1-PB.pdf> . Acesso em: 1º set. 2015.

GRAGLIA, Lino A. It's not constitutionalism, it's judicial activism. 19 **Harv. J. L. & Pub. Pol'y**, n. 293, 1995-1996.

GREEN, Craig. An Intellectual History of Judicial Activism. **Emory Law Journal**, Atlanta, Vol. 58, No. 5, 2009.

GRIFFIN, Stephen M. Rebooting originalism. **University of Illinois Law Review**, vol. 2008, n. 4, p. 1.185-1.224, 2008.

HAMILTON, Alexander; JAY, John; MADISON, James. **O Federalista**. Tradução de Ricardo Rodrigues Gama. 3ª ed. Campinas: Russell editores, 2010.

HART, Melissa. From *Wards Cove* to *Ricci*: Struggling Against the "Built-in Headwinds" of a Skeptical Court. **Wake Forest Law Review**, vol. 46, p. 101-119, 2011.

HAWLEY, Joshua D. The Intellectual Origins of (Modem) Substantive Due Process. **Texas Law Review**, vol. 93, p. 284, 2015.

HENGERER, Geoffrey G. A return to state sovereignty: how individuals with disabilities in Maryland may still seek relief against state employers after Board of Trustees of the University of Alabama v. Garrett. **Baltimore Law Review**, vol. 31, p. 67-102, 2002.

HERANI, Renato Gugliano. O poder judicial de constitucionalidade – Entre o ativismo e a contenção Renato Gugliano. **Revista Brasileira de Estudos Constitucionais**, Belo Horizonte, ano 7, n. 27, p. 631-648, set./dez. 2013.

HIRSCHL, Ran. The new constitutionalism and the judicialization of pure politics worldwide. **Fordham Law Review**, Vol. 75, No. 2, p. 721-754, 2006.

_____, Ran. **Towards juristocracy: the origins and consequences of the new constitutionalism**. Cambridge: Harvard University Press, 2004.

HOWARD, A. E. Dick. The Changing Face of the Supreme Court. **Virginia Law Review**, vol. 101, n. 2, p. 233-235, abr. 2015.

IRONS, Peter. Making Law: the case for judicial activism. **Valparaiso University Law Review**, Volume 24, p. 35-52, 1990.

JACKSON, Vicki C. Seductions of coherence, state sovereign immunity, and the denationalization of federal law. **Rutgers Law Journal**, vol. 31, p. 691-739, 2000.

JOHNSON, Frank M. In Defense of Judicial Activism. **Emory Law Journal**, vol. 28, p. 901-912, 1979.

JÓSET, Jennelle London. May it please the Constitution: judicial activism and its effect on criminal procedure. **Marquette Law Review**, vol. 79, p. 1.021-1.040, 1996.

KADISH, Sanford H. A Note on Judicial Activism. **Utah Law Review**, vol. 6, p. 467-471, 1959.

KATYAL, Neal K. Rethinking Legal Conservatism. **Harvard Journal of Law & Public Policy**, vol. 36, p. 949-953, 2013.

KECK, Thomas M. Activism and Restraint on the Rehnquist Court: Timing, Sequence, and Conjuncture in Constitutional Development. **Polity**, vol. XXXV, n. 1, p. 121-152, 2002.

KELLEY, William K. Avoiding constitutional questions as a three-branch problem. **Cornell Law Review**, n. 86, p. 831-898, 2000-2001.

KLARMAN, Michael J. Response: Brown, Originalism, and Constitutional Theory: A Response to Professor Mcconnell. **Virginia Law Review**, vol. 81, n. 7, p. 1881-1936, out. 1995.

KMIEC, Keenan D. The Origin and Current Meanings of Judicial Activism. **California Law Review**, n. 92, p. 1.441-1.477, 2004.

KOERNER, Andrei. Ativismo Judicial? Jurisprudência constitucional e política no STF pós-88. **Novos Estudos**, n. 96, p. 69-85, 2013.

KRAMER, Larry D. **The people themselves: popular constitutionalism and judicial review**. New York: Oxford University Press, 2004.

_____, Larry D. The Supreme Court 2000 Term Foreword: We The Court. **Harvard Law Review**, vol.115, p. 05-169; 2002.

KROTOSZYNSKI JR., Ronald J. A Rememberance of Things Past? Reflections on the Warren Court and the Struggle for Civil Rights, **Washington and Lee Law Review**, vol. 59, p. 1.055-1.074, 2002.

KUTLER, Stanley I. Raoul Berger's Fourteenth Amendment: A History or Ahistorical? **Hastings Constitutional Law Quarterly**, vol. 06, p. 511-526, 1979.

LASH, Kurt T. The cost of judicial error: stare decisis and the role of normative theory. **Notre Dame Law Review**, vol. 89, p. 2.193, 2014.

LEAL, Roger Stiefelmann. **O Efeito Vinculante na Jurisdição Constitucional**. São Paulo: Saraiva, 2006.

_____, Roger Stiefelmann. A convergência dos sistemas de controle de constitucionalidade: aspectos processuais e institucionais. **Revista de Direito Constitucional e Internacional**, São Paulo, ano 14, vol. 57, p. 62-81, out./dez. 2006.

_____, Roger Stiefelmann. A incorporação das súmulas vinculantes à jurisdição constitucional brasileira: alcance e efetividade em face do regime legal da repercussão geral e da proposta de revisão jurisprudencial sobre a interpretação do art. 52, X, da Constituição. **Revista de Direito Administrativo**, Rio de Janeiro, v. 261, p. 179-201, set./dez. 2012.

_____, Roger Stiefelmann. A Judicialização da Política. **Cadernos de Direito Constitucional e Ciência Política**, São Paulo, ano 7, n. 29, p. 230-237, out./dez. 1999.

_____, Roger Stiefelmann. Pluralismo, políticas públicas e a Constituição de 1988: considerações sobre a práxis constitucional brasileira 20 anos depois. In: MORAES, Alexandre de (coord.). **Os 20 Anos da Constituição da República Federativa do Brasil**. São Paulo: Atlas, 2009, p. 73-97.

LEAL, Rogério Gesta. As responsabilidades políticas do ativismo judicial: aspectos teórico-práticos da experiência norte-americana e brasileira. In: LEAL, Mônica Clarissa Hennig; LEAL, Rogério Gesta (orgs.). **Ativismo judicial e déficits democráticos: algumas experiências latino-americanas e europeias**. Rio de Janeiro: Lumen Juris, 2011.

LEAL, Saul Tourinho. **Ativismo ou Altivez? O outro lado do Supremo Tribunal Federal**. Brasília: Instituto Brasiliense de Direito Público, 2008.

LEE, Thomas T. Stare decisis in economic perspective: an economic analysis of the Supreme Court's doctrine of precedent. **North Carolina Law Review**, vol. 78, p. 643-706 2000.

LEITE, Glauco Salomão. Súmulas Vinculantes, os Assentos do Direito português e a doutrina do Stare Decisis: os limtes de uma comparação. In: GARCIA, Maria e AMORIM, José Roberto Neves (coords.). **Estudos de Direito Constitucional Comparado**. Rio de Janeiro: Elsevier, 2007.

LESSA, Pedro. **Do Poder Judiciário**. Rio de Janeiro: Livraria Francisco Alves, 1915.

LEVINSON, Sanford. The Limited Relevance of Originalism in the Actual Performance of Legal Roles. **Harvard Journal of Law & Public Policy**, vol. 19, p. 495-508, 1995.

LEVINSON, Sanford; BALKIN, Jack M. What are the facts of Marbury v. Madison? **Constitutional Commentary**, vol. 20, p. 255-281, 2004.

LEWIS, Anthony. **A Trombeta de Gedeão**. Tradução de Beatriz Moreira Pinto Beraldo. Rio de Janeiro: Forense, 1966.

LIMA, Flávia Santiago; LEITE, Glauco Salomão. Ativismo judicial ou autocontenção? A decisão vinculante no controle difuso de constitucionalidade e suas repercussões institucionais. **Revista do Instituto de Hermenêutica Jurídica – RIHJ**, Belo Horizonte, ano 12, n. 16, p. 93-113, jul./dez. 2014.

LIPKIN, Robert Justin. We Are All Judicial Activists Now. **University of Cincinnati Law Review**, vol. 77, p. 182-232, 2008.

LITTLEFIELD, Neil O. Stare decisis, prospective overruling, and judicial legislation in the context of sovereign immunity. **Saint Louis University Law Journal**, vol. 9, p 71-72, 1965.

LOEWENSTEIN, Karl. **Teoría de la Constitución**. 2ª ed. Tradução de Alfredo Gallego Anabitarte. Barcelona: Editorial Ariel, 1975.

MACHADO, Joana de Souza. **Ativismo judicial no Supremo Tribunal Federal**. Dissertação (mestrado) – Pontifíca Universidade Católica do Rio de Janeiro – PUC/RJ, Programa de Pós-Graduação em Teoria do Estado e Direito Constitucional, 2008.

MACHADO, Felipe; CATTONI, Marcelo (coords.). **Constituição e Processo: entre o direito e a política**. Belo Horizonte, Editora Fórum, 2011.

MACIEL, Débora Alves; KOERNER, Andrei. Sentidos da Judicialização da política: duas análises. **Lua Nova**, São Paulo, n. 57, p. 113-133, 2002.

MAGLIOCCA, Gerard N. Preemptive Opinions: the secret history of *Worcester v. Georgia* and *Dred Scott*. **University of Pittsburgh Law Review**, vol. 63, 487-587, 2002.

MAIA NETO, Helvécio de Brito. Hermenêutica constitucional ou ativismo judicial? Breves considerações sobre as recentes decisões proferidas pelo Supremo Tribunal Federal. **Revista da ESMAPE**, Recife, v.18. n. 37, t.2. p. 159-93. jan./jun. 2013.

MARSHALL, William P. Conservatives and the sevens sins of judicial activism. **University of Colorado Law Review**, vol. 73, p. 101-140, 2002.

_____, William P. Progressive Constitutionalism, Originalism, and the Significance of Landmark Decisions in Evaluating Constitutional Theory. **Ohio State Law Journal**, vol. 72, p. 1.251-1.276, 2011.

MARTINS, Ives Gandra da Silva. O ativismo judicial e a ordem constitucional. **Revista Brasileira de Direito Constitucional – RBDC**, n. 18, p. 23-38, jul./dez. 2011.

MALTZ, Earl M. Brown v. Board of Education and "Originalism". In: GEORGE, Robert P. (editor). **Great Cases in Constitutional Law**. New Jersey: Princeton University Press, 2000.

_____, Earl M. False Prophet-Justice Brennan and the Theory of State Constitutional Law. **Hastings Constitutional Law Quarterly**, p. 445, 1988.

_____, Earl M. Originalism and the Desegregation Decisions – A Response to Professors McConnell. **Constitutional Commentary**, vol. 13, p. 223-232, 1996.

McCONNELL, Michael W. Originalism and the Desegregation Decisions. **Virginia Law Review**, vol. 81, n. 4, p. 947-1.140, mai. 1995.

MEDEIROS, Orione Dantas de. A influência do realismo judicial no julgamento da reclamação constitucional 4335-5/AC: rejeição da mutação constitucional prevista no art. 52, X da CF/88. **Revista Data Venia – Universidade Estadual da Paraíba**, vol. 6, n. 8, p. 30-63, 2012.

MEESE III, Edwin. A return to constitutional interpretation from judicial law-making. **New York University Law Review**, vol. 40, p. 925-933, 1996.

MELLO, Patrícia Perrone Campos. Interferências extrajurídicas sobre o processo decisório do Supremo Tribunal Federal. In: FELLET, André Luiz Fernandes; DE PAULA, Daniel Giotti; NOVELINO, Marcelo (orgs.). **As Novas Faces do Ativismo Judicial**. Salvador: Editora Juspodivm, 2013.

MELVIN, Edward J. Judicial activism – the violation of an oath; **Catholic Lawyer**, vol. 27, p. 283-300, 1983.

MENDES, Gilmar Ferreira. **Controle abstrato de constitucionalidade: ADI, ADC e ADO: comentários à Lei n. 9.868/99**. São Paulo: Saraiva, 2012.

_____, Gilmar Ferreira. Fidelidade partidária na jurisprudência do Supremo Tribunal Federal. In: MENDES, Gilmar Ferreira; BRANCO, Paulo Gustavo Gonet; VALE, André Rufino do (orgs.). **A jurisprudência do STF nos 20 anos da Constituição**. São Paulo: Saraiva, 2010, p. 121-124.

_____, Gilmar Ferreira. O papel do Senado Federal no controle de constitucionalidade: um caso clássico de mutação constitucional. **Revista de Informa-**

ção Legislativa, Brasília, ano 41, n. 162, p. 149-168, abr./jun. 2004.

_____, Gilmar Ferreira. TSE está apto a julgar cassação, diz Gilmar Mendes. **Folha de São Paulo**, São Paulo, 08 nov. 2015. Disponível em: http://www1.folha.uol.com.br/poder/2015/11/1703500-tse-esta-apto-a-julgar-cassacao-diz-gilmar-mendes.shtml. Acesso em 08 nov. 2015.

MIKVA, Abner J. Judges on Judging Statutory Interpretation: Getting the Law to Be Less Common. **Ohio State Law Journal**, vol. 50, p. 979-982, 1989.

MILLER, Arthur Selwyn. An Inquiry into the Relevance of the Intentions of the Founding Fathers, With Special Emphasis Upon the Doctrine of Separation of Powers. **Arkansas Law Review**, vol. 27, n. 4, p. 583-602, 1973.

_____, Arthur Selwyn. The Elusive Search for Values in Constitutional Interpretation. **Hastings Constitutional Law Quarterly**, vol. 06, p. 487-509, 1979.

MIRANDA, Jorge. **Teoria do Estado e da Constituição**. Coimbra: Coimbra Editora, 2002.

MOISÉS, José Álvaro Cidadania, Confiança e instituições democráticas. **Lua Nova**, São Paulo, n. 65, p. 71-94, 2005.

MONTEBELLO, Marianna. Estudo sobre a teoria da revisão judicial no constitucionalismo norte-americano – a abordagem de Bruce Ackerman, John Hart Ely e Ronald Dworkin. In: VIEIRA, José Ribas (org.). **Temas de Direito Constitucional Norte-Americano**. Rio de Janeiro: Forense, 2002.

MONTESQUIEU. **Do Espírito das Leis**. Tradução Gabriela de Andrada Dias Barbosa. Vol. 1. Rio de Janeiro: Nova Fronteira, 2012, p. 190-203.

MORAES, Alexandre de. As súmulas vinculantes no Brasil e a necessidade de limites ao ativismo judicial. **Revista da Faculdade de Direito da Universidade de São Paulo**, vol. 106/107, p. 267 – 285, jan./dez. 2011/2012.

MORAIS, Fausto Santos de; TRINDADE, André Karam. Ativismo judicial: as experiências norte-americana, alemã e brasileira. **Revista da Faculdade de Direito da UFPR**, Curitiba, n. 53, p. 57-84, 2011.

MURPHY, Walter F. Originalism – The Deceptive Evil: *Brown v. Board of Education*. In: GEORGE, Robert P. (editor). **Great Cases in Constitutional Law**. New Jersey: Princeton University Press, 2000.

NALINI, José Renato. Ativismo judicial, garantismo ou produtividade adequada? In: DIDIER JR., Fredie; NALINI, José Renato; Ramos, Glauco Gumerato; Levy, Wilson (orgs.). **Ativismo Judicial e Garantismo Processual**. Salvador: Juspodivm, 2013, p. 383-394.

NERY JUNIOR, Nelson; ABBOUD, Georges. Ativismo judicial como conceito natimorto para consolidação do Estado Democrático de Direito: as razões pelas quais a justiça não pode ser medida pela vontade de alguém. In: DIDIER JR., Fredie; NALINI, José Renato; RAMOS, Glauco Gumerato; LEVY, Wilson (orgs.). **Ativismo Judicial e Garantismo Processual**. Salvador: Juspodivm, 2013, p. 525-546.

NEUBORNE, Burt. The binding quality of Supreme Court precedent. **Tulane Law Review**, vol. 61, p. 991-1.002, 1987.

NEVES, Edson Alvisi. Jurisdição Ativa no Estado Democrático. In: COUTINHO, Jacinto Nelson de Miranda; FRAGALE FILHO, Roberto; LOBÃO, Ronaldo (orgs.). **Constituição & Ativismo Judicial**. Rio de Janeiro: Lumen Juris, 2011, p. 71-87.

NOBRE JUNIOR, Edilson Pereira. Ativismo Judicial: Possibilidade e limites **Re-**

vista Trimestral de Direito Público. Belo Horizonte, ano 2011, n. 55, p. 1-24, jul./set. 2011.

NOWAK, John E. Realism, Nihilism, and the Supreme Court: Do the Emperors Have Nothing but Robes? **Washburn Law Journal**, vol. 22, p. 246-267, 1983.

NUNES, José de Castro. **Do Mandado de Segurança e outros meios de defesa do direito contra actos do Poder Publico**. São Paulo: Livraria Academica, 1937.

_____, José de Castro. **Teoria e Prática do Poder Judiciário**. Rio de Janeiro: Editora Forense, 1943.

NUNES, Luiz Roberto. Ativismo judicial. **Revista do Tribunal Regional do Trabalho da 15ª Região**, n. 38, p. 57-74, 2011.

NUNES JUNIOR, Amandino Teixeira. Ativismo Judicial no Brasil: o caso da fidelidade partidária. **Revista de Informação Legislativa**, ano 51, n. 201, p. 97-128, jan./mar. 2014.

OAKES, James L. The Role of Courts in Government Today. **Akron Law Review**, vol. 14, p. 175-186, 1981.

OLIVEIRA, Emerson Ademir Borges de. Técnicas de Controle de Constitucionalidade e Ativismo Judicial na Efetivação da Democracia: Notas Introdutórias. DPU n. 44, p. 175-189, mar./abr. 2012.

OLIVEIRA, Fabiana Luci de. **Supremo Tribunal Federal: do autoritarismo à democracia**. Rio de Janeiro: Elsevier: FGV. 2012.

OLIVEIRA, Matheus Farinhas de. (Re) discutindo a teoria dos precedentes na jurisdição constitucional. Muda-se o texto, mas mantém-se o contexto? **Revista Paradigma**, Ribeirão Preto-SP, ano XIX, n. 23, p. 235-256, jan./dez. 2014.

OLIVEIRA, Vanessa Elias de. Judiciário e Privatizações no Brasil: Existe uma Judicialização da Política? **Revista de Ciências Sociais**, Rio de Janeiro, vol.48, n.3, p. 559-587, 2005.

OLSEN, Johan P. Maybe It Is Time to Rediscover Bureaucracy. **Journal of Public Administration Research and Theory**, n. 16, p. 1-24, mar. 2005.

O'SCANNLAIN, Diarmuid F. Is a Written Constitution Necessary? **Pepperdine Law Review**, vol. 793-800, p. 799, 2005.

_____, Diarmuid F. Judging and Democracy. **Kentucky Law Journal**, vol. 89, n. 3, p. 563-577, 2001.

PATASHNIK, Eric M.; ZELIZER, Julian E. The Struggle to Remake Politics: Liberal Reform and the Limits of Policy Feedback in the Contemporary American State. **American Political Science Association**, vol. 11, n. 4 p. 1.071-1.087, dez. 2013.

PEIXOTO, Leonardo Scofano Damasceno. **Supremo Tribunal Federal: Composição e indicação de seus ministros**. São Paulo: Editora Método, 2012.

PEREZ, Carlos Alberto Navarro. Relação entre o ativismo judicial e a atuação deficiente do Poder Legislativo: altruísmo a desserviço da democracia. **Revista de Direito Constitucional e Internacional**, ano 20, vol. 78, p. 115-149, jan./mar. 2012.

PERRY, Michael J. The Fourteenth Amendment, Same-Sex Unions, and the Supreme Court. **Loyola University Chicago Law Journal**, n. 38, p. 215-246, 2006-2007.

PHILLIPS, Michael J. How many times was *Lochner*-Era substantive due process effective? **Mercer Law Review**, vol. 48, p. 1.049-1.090, 1996-1997.

_____, Michael J. The progressiveness of the Lochner Court. **Denver University Law Review**, vol. 75, p. 453-505, 1998.

_____, Michael J. The slow return of economic substantive due process. **Syracuse Law Review, vol. 49, p. 917-969, 1999.

PIRES, Thiago Magalhães. Pós-positivismo sem trauma: o possível e o indesejável no reencontro do direito com a moral. In: FELLET, André Luiz Fernandes; DE PAULA, Daniel Giotti; NOVELINO, Marcelo (orgs.). **As Novas Faces do Ativismo Judicial**. Salvador: Editora Juspodivm, 2013, p. 29-72.

POGREBINSCHI, Thamy. Ativismo judicial e direito: considerações sobre o debate contemporâneo. **Direito, Estado e Sociedade**, Rio de Janeiro, n. 17. p. 121-143, ago./dez. 2000.

POSNER, Richard A. Legal formalism, legal realism, and the interpretation of statutes and the Constitution. **Case Western Reserve Law Review**, vol. 37, n. 2, p. 179-217, 1987.

_____, Richard. A. The Meaning of Judicial Self-Restraint. **Indiana Law Journal**, vol. 59, n. 1, p. 1-24, 1983.

_____, Richard A. The Rise and Fall of Judicial Self-Restraint. **California Law Review**, vol. 100, n. 3, p. 519-556, jun. 2012.

POUND, Roscoe. Common Law and Legislation. **Harvard Law Review**, vol. XXI, n. 6, p. 383-407, 1908.

POWELL JR., Lewis F. Stare decisis and judicial restraint. **Washington and Lee Law Review**, vol. 47, n. 2, p. 281-290, 1990.

PRATES, Marília Zanella. **A coisa julgada no direito comparado: Brasil e Estados Unidos**. Salvador: Juspodivm, 2013.

PRITCHETT, C. Herman. The Supreme Court Today: Constitutional Interpretation and Judicial Self-Restraint. **South Dakota Law Review**, vol. 3, p. 51-79, 1958.

RAMOS, Adriana Monteiro. Da falta de normatividade constitucional à judicialização e ao ativismo judicial. **Revista de Direitos Fundamentais & Democracia**, vol. 7, n. 7, p. 232-246, jan./jun. 2010.

RAMOS, Elival da Silva. **Ativismo Judicial: parâmetros dogmáticos**. São Paulo: Saraiva, 2010.

_____, Elival da Silva. **Controle de Constitucionalidade no Brasil: perspectivas de evolução**. São Paulo: Saraiva, 2010.

RAMOS, Paulo Roberto Barbosa; OLIVEIRA JUNIOR, Jorge Ferraz de. Características do ativismo judicial nos Estados Unidos e no Brasil: Um breve histórico do ativismo judicial na Suprema Corte Norte-Americana e um paralelo com o recente ativismo judicial da Suprema Corte brasileira. **Revista de Informação Legislativa**, ano 51, n. 204, p. 25-41, out./dez. 2014.

RANIERI, Nina. **Teoria do Estado: do Estado de Direito ao Estado Democrático de Direito**. Barueri: Manole, 2013.

REALE, Miguel. **Lições Preliminares de Direito**. 27ª ed. São Paulo: Saraiva, 2002.

_____, Miguel. **Teoria do Direito e do Estado**. 5ª ed. São Paulo: Saraiva, 2000.

RECK, Janriê Rodrigues; VICENTE, Jacson Bacin. Ativismo judicial: uma forma de controle social? **Revista Brasileira de Direito – IMED**, vol. 8, n. 1, p. 125-140, jan./jun. 2012.

REHNQUIST, James C. The power that shall be vested in a precedent: stare decisis, the Constitution and the Supreme Court. **Boston University Law Review**, vol. 66, p. 345-376, 1986.

REHNQUIST, William H. Dedicatory Address: Act Well Your Part: Therein All Honor Lies. **Pepperdine Law Review**, vol. 7, p. 227-239, 1980.

_____, William H. **The Supreme Court: revised and updated**. New York: Vintage Books, 2002.

RESSUREIÇÃO, Lucas Marques Luz da. **A Defensoria Pública na concretização dos direitos sociais pela via do ativismo judicial. 2ª ed. São Paulo: Editora Baraúna, 2015.

REVERBEL, Carlos Eduardo Dieder. Ativismo judicial e Estado de Direito. **Revista Eletrônica do Curso de Direito da Universidade Federal de Santa Maria**, Santa Maria, v. 9, n. 2, 2014.

REYNOLDS, William Bradford. Another View: Our Magnificent Constitution. **Vanderbilt Law Review**, vol. 40, p. 1.343-1.351, 1987.

_____, William Bradford. Symposium: Renewing the American Constitutional Heritage. **Harvard Journal of Law and Public Polic**, vol. 8, p. 225-237, 1985.

RINGHAND, Lori A. Judicial Activism: an empirical examination of voting behaviour on the Rehnquist Natural Court. **Constittutional Commentary**, vol. 24, p. 43-102, 2007.

ROBERTS, Caprice L. In search of judicial activism: dangers in quantifying the qualitative. **Tennessee Law Review**, vol. 74 p. 567-621, 2006-2007.

RODRIGUES, João Gaspar. Nepotismo no serviço público brasileiro e a SV 13. **Revista de Informação Legislativa**, Brasília, ano 49, n. 196, p. 205-220, out./dez. 2012

RODRIGUES, Lêda Boechat. **A Côrte Suprema e o Direito Constitucional Americano**. Rio de Janeiro: Revista Forense, 1958.

_____, Lêda Boechat. **História do Supremo Tribunal Federal. Tomo I (1891-1898 – Defesa das Liberdades Civis)**. Rio de Janeiro: Editora Civilização Brasileira S.A., 1991.

_____, Lêda Boechat. **História do Supremo Tribunal Federal. Tomo II (1899-1910 – Defesa do Federalismo)**. Rio de Janeiro: Editora Civilização Brasileira S.A., 1991.

_____, Lêda Boechat. **História do Supremo Tribunal Federal. Tomo III (1910-1926 – Doutrina brasileira do habeas-corpus)**. Rio de Janeiro: Editora Civilização Brasileira S.A, 1991.

ROESCH, Benjamin J. Crowd Control: The Majoritarian Court and the Reflection of Public Opinion in Doctrine. **Suffolk University Law Review**, vol. XXXIX, p. 398, 2006.

ROGERS, James R.; VANBERG, George. Resurrecting Lochner: A Defense of Unprincipled Judicial Activism. **The Journal of Law, Economics, & Organization**, vol. 23, n. 2, p. 442-468, mai. 2007.

ROGERS, Kevin A. Meaningful Judicial Review: A Protection of Civil Rights – *Board of Trustees of the University of Alabama v. Garrett*. **Mississippi College Law Review**, vol. 22, p. 101-134, 2003.

ROOSEVELT III, Kermit. Debate: Judicial Activism and its critics. **University of Pennsylvania Law Review**, Vol. 155, p. 112-127, 2006.

_____, Kermit. Forget the fundamentals: fixing substantive due process. **University of Pennsylvania Journal of Constitutional Law**, vol. 8, p. 983-1.004, 2006.

ROTUNDA, Ronald D. Original Intent, the View of the Framers, and the Role of the Ratifiers. **Vanderbilt Law Review**, vol. 41, p. 507-516, 1988.

SÁ, Mariana Oliveira de; Vinícius Silva BONFIM, Vinícius Silva. A atuação do Supremo Tribunal Federal frente aos fenômenos da judicialização da política e do ativismo judicial. **Revista Brasileira de Políticas Públicas**, vol. 5, p. 170-190, 2015.

SAMPAIO JUNIOR, José Herval. Ativismo judicial: autoritarismo ou cumprimento dos deveres constitucionais? In: FEL-

LET, André Luiz Fernandes; DE PAULA, Daniel Giotti; NOVELINO, Marcelo (orgs.). **As Novas Faces do Ativismo Judicial**. Salvador: Editora Juspodivm, 2013, p.403-429.

SANDALOW, Terrance. Constitutional Interpretation. **Michigan Law Review**, n. 79, p. 1.033-1.072, 1981.

SANTIAGO, Marcus Firmino. Jurisdição constitucional pela via difusa: uma análise do quadro constitucional brasileiro. **RIDB**, ano 2, n. 12, p. 14.319-14.329, 2013.

SANTOS, Boaventura de Sousa. **Para uma revolução democrática da justiça**. 2ª ed. São Paulo: Cortez Editora, 2008.

SANTOS, Tiago Neiva. Ativismo judicial: Uma visão democrática sobre o aspecto político da jurisdição constitucional. **Revista de Informação Legislativa**, Brasília a. 44 n. 173, p. 271-284, jan./mar. 2007.

SCALIA, Antonin. **A matter of interpretation: federal courts and the law**. Princeton: Princeton University Press, 1997.

SCANLAN, Alfred L. The passing of justice Murphy – the conscience of a Court. **Notre Dame Lawyer**, vol. 25, p. 07-39, 1950.

SCHAUER, Frederick. Has precedent ever really mattered in the Supreme Court? **Georgia State University Law Review**, vol. 24, p. 381-401, 2008.

SCHLESINGER JR., Arthur M. The Supreme Court: 1947. **Fortune Magazine**, vol. XXXV, n. 1, p. 73-79 e 201-208 e 211-212, jan. 1947.

SCHMITT, Carl. **La Defensa de la Constitución**. Tradução de Manuel Sánchez Sarto. Barcelona: Editorial Labor S.A., 1931.

SCHWARTZ, Bernard. **A History of the Supreme Court**. New York: Oxford University Press, 1995, p. 30.

_____, Bernard. **Direito Constitucional Americano**. Tradução de Carlos Nayfeld. Rio de Janeiro: Editora Forense, 1966.

SCHWARTZ, Gary T. The Beginning and the Possible End of the Rise of Modern American Tort Law. **Georgia Law Review**, vol. 26, n. 3, p. 539-599, 1992.

SEGALL, Eric J. A century lost: the end of the originalism debate. **Constitutional Commentary**, vol. 15, p. 411-439, 1998.

_____, Eric J. Reconceptualizing Judicial Activism as Judicial Responsibility: A Tale of Two Justice Kennedys. **Arizona State Law Journal**, vol. 41, p. 1-45, 2009.

SHERRY, Suzanna. Why We Need More Judicial Activism. **Vanderbilt University Law School Public Law and Legal Theory**, Working Paper n. 13-3, p. 1-20, 2013.

SILVA, Alexandre Garrido da. Minimalismo, democracia e *expertise*: o Supremo Tribunal Federal diante de questões políticas e científicas complexas. **Revista de Direito do Estado**, n. 12, 2008.

SILVA, Diogo Bacha e. Os contornos do ativismo judicial no Brasil: O fetiche do Judiciário brasileiro pelo controle dos demais poderes. **Revista de Informação Legislativa**, ano 50, n, 199, p. 163-178, jul./set. 2013.

SILVA, José Afonso da. **Curso de Direito Constitucional Positivo**, 33ª ed. São Paulo: Malheiros, 2010.

SILVA, Virgílio Afonso da. Princípios e regras: mitos e equívocos acerca de uma distinção. **Revista Latino-Americana de Estudos Constitucionais**. Del Rey, nº 1, p. 607-630, jan-jul/2003.

SLAIBI FILHO, Nagib. Breve histórico do controle de constitucionalidade. In: MOREIRA, Eduardo Ribeiro; PUGLIESI, Marcio. **20 anos da Constituição** brasileira. São Paulo: Saraiva, 2009, p. 292-323.

_____, Nagib. Notas às Súmulas Vinculantes Administrativas. **Revista da EMERJ**. Rio de Janeiro, n. 47, v. 12, 2009.

SMITH, Christopher E.; HENSLEY, Thomas R. Unfulfilled aspirations: the court-packing efforts of presidents Reagan and Bush. **Albany Law Review**, vol. 57, p. 1.111-1.131, 1994.

SMITH, Stephen F. Taking Lessons from the Left?: Judicial Activism on the Right. *The Georgetown Journal of Law & Public Policy*, Volume 1 (inaugural), p. 57-80, 2002-2003.

SOARES, Guido Fernando Silva Soares. **Common Law**. 2ª. ed. São Paulo: RT, 2000.

SODRÉ, Habacuque Wellington. A politização do Poder Judiciário como fator de ativismo judicial: conceituação e casos. **Fórum Administrativo**, Belo Horizonte, ano 11, n. 128, p. 1-20, out. 2011.

SOLOVE, Daniel J. The Darkest Domain: Deference, Judicial Review, and the Bill of Rights. **Iowa Law Review**, vol. 84, p. 941-1.023, 1999.

SOUTO, João Carlos. **Suprema Corte dos Estados Unidos: principais decisões**. 2ª ed. São Paulo: Atlas, 2015.

SOUZA, Marcos Antônio Cardoso de. Fidelidade partidária: julgamento de caso histórico com base nos parâmetros atuais. **Revista Jurídica da Presidência da República**, Brasília, vol. 9, n. 89, p. 1-44, fev./mar, 2008

STONE, Geoffrey R. *Citizens United* and Conservative Judicial Activism. **University of Illinois Law Review**, vol 2012, p. 485-500, 2012.

STRECK, Lenio Luis; SALDANHA, Jânia Maria Lopes. Ativismo e garantismo na Corte Interamericana de Direitos Humanos. In: DIDIER JR., Fredie; NALINI, José Renato; RAMOS, Glauco Gumerato; Levy, Wilson (orgs.). **Ativismo Judicial e Garantismo Processual**. Salvador: Juspodivm, 2013, p. 395-427.

STRECK, Lenio Luiz; LIMA, Martonio Mont'Alverne Barreto e OLIVEIRA, Marcelo Andrade Cattoni de. A nova perspectiva do Supremo Tribunal Federal sobre o controle difuso: mutação constitucional e limites da legitimidade da jurisdição constitucional. **Revista do Programa de Mestrado em Ciência Jurídica da Fundinopi**, Jacarezinho, n. 19, p. 46-68, 2008.

SUNSTEIN, Cass R. *Dred Scott v. Sandford* and Its Legacy. In: GEORGE, Robert P. (editor). **Great Cases in Constitutional Law**. New Jersey: Princeton University Press, 2000.

_____, Cass. R. Lochnering. **Texas Law Review**, Volume 82, p. 65, 2003-2004.

_____, Cass. **Radicals in robes: why extreme right-wing Courts are wrong for America**. New York: Basic Books, 2005.

SWEET, Alec Stone. Judicialization and the construction of governance. **Comparative Political Studies**, vol. 32, n. 2, p. 147-184, Abr. 1999.

SWISHER, Carl Brent. **Decisões Históricas da Côrte Suprema**. Tradução de Arlette Pastor Centurion. Rio de Janeiro: Forense, 1964.

SWYGERT, Luther M. In Defense of Judicial Activism. **Valparaiso University Law Review**, v. 16, n. 3 p. 439-458, 1982.

TABAK, Ronald. J.; LANE, J. Mark. Judicial activism and legislative "reform" of federal habeas corpus: a critical analysis of recent developments and current proposals. **Albany Law Review**, vol. 55, n. 1, p. 1-95, 1991.

TASSINARI, Clarissa. **Ativismo judicial: uma análise da atuação Judiciário nas** experiências brasileira e norte-americana. Dissertação (mestrado) – Universidade do Vale do Rio dos Sinos – Unisinos. Programa de Pós-Graduação, 2012.

TATE, Chester Neal; VALLINDER, Torbjörn (editores). **The global expansion of judicial power**. New York: New York University Press, 1995.

TATE, Chester Neal. Why the Expansion of Judicial Power? In: TATE, Chester Neal; VALLINDER, Torbjörn (editores). **The global expansion of judicial power**. New York: New York University Press, 1995.

TAVARES, André Ramos. **Curso de Direito Constitucional**. 11ª ed. São Paulo: Saraiva, 2013.

_____, André Ramos. **Paradigmas do Judicialismo Constitucional**. São Paulo: Saraiva, 2012.

TEIXEIRA, Anderson Vichinkeski. Ativismo judicial: nos limites entre racionalidade jurídica e decisão política. **Revista Direito GV**, São Paulo, n. 8(1), p. 37-58, jan-jun 2012.

TELLES JUNIOR, Goffredo. **A Constituição, a Assembleia Nacional Constituinte e o Congresso Nacional**. São Paulo: Saraiva, 2014.

TEPKER JR., Harry F. "The defects of better motives": reflections on Mr. Meese's jurisprudence of original intention. **Oklahoma Law Review**, vol. 39, p. 23-38, 1986.

TIBBEN, Jana L. Family leave policies trump states' rights: Nevada Department of Human Resources v. Hibbs and its impact on sovereign immunity jurisprudence. **The John Marshall Law Review**, vol. 37, p. 599-627, 2004.

TUSHNET, Mark. **Weak Courts, Strong Rights: Judicial Review and Social Welfare Rights in Comparative Constitutional Law**. Princeton: Princeton University Press, 2009.

URSIN, Edmund. Clarifying the Normative Dimension of Legal Realism: The Example of Holmes's The Path of the Law. **San Diego Law Review**, vol 49, p. 487-499, 2012.

VALE, Osvaldo Trigueiro do. **O Supremo Tribunal Federal e a instabilidade político-institucional**. Rio de Janeiro: Editora Civilização Brasileira, 1976.

VALLE, Vanice Regina Lírio do (org.). **Ativismo jurisdicional e o Supremo Tribunal Federal: laboratório de análise jurisprudencial do STF**. Curitiba: Juruá, 2012.

VALLINDER, Torbjörn. When the Courts Go Marching In: TATE, Chester Neal; VALLINDER, Torbjörn (editores). **The global expansion of judicial power**. New York: New York University Press, 1995.

VASCONCELOS, Marta Suzana Lopes. O Estado de Direito e o Poder Judiciário: Relato de uma migração conceitual. **Revista de Informação Legislativa**, Brasília, ano 50, n. 200, 153-164, out./dez. 2013.

VELLOSO, Carlos Mário da Silva; AGRA, Walber de Moura. **Elementos de Direito Eleitoral**. 4ª ed. São Paulo: Saraiva, 2014.

VERÍSSIMO, Marcos Paulo. A Constituição de 1988, vinte anos depois: Suprema Corte e ativismo judicial "à brasileira". **Revista Direito GV**, São Paulo, n. 8, p. 407-440, 2008.

VERONESE, Alexandre. A Judicialização da Política na América Latina: Panorama do Debate Teórico Contemporâneo. In: COUTINHO, Jacinto Nelson de Miranda; FRAGALE FILHO, Roberto; LOBÃO, Ronaldo (orgs.). **Constituição & Ativismo Judicial**. Rio de Janeiro: Lumen Juris, 2011, p. 379-406.

VIEIRA, José Ribas; CAMARGO, Margarida Maria Lacombe; SILVA, Alexandre

Garrido da. O Supremo Tribunal Federal como arquiteto institucional: a judicialização da política e o ativismo judicial. **Revista de Ciências Sociais Aplicadas do CCJE**, v. 2, p. 74-85, 2009.

VIEIRA, José Ribas. Verso e reverso: a judicialização da política e o ativismo judicial no Brasil. **Revista Estação Científica**, Juiz de Fora, Volume 1, n.04, p. 44-57, out./ nov. 2009.

VIEIRA, Oscar Vilhena. Supremocracia. **Revista Direito GV**, São Paulo, n. 8, p. 441-463, 2008.

VOJVODIC, Adriana de Moraes. **Precedentes e argumentação no Supremo Tribunal Federal: entre a vinculação ao passado e a sinalização para o futuro**. Tese (doutorado) – Universidade de São Paulo – USP. Programa de Pós-Graduação, 2012.

WACHTLER, Sol. Dred Scott: A Nightmare for the Originalists. **Touro Law Review**, vol. 22, p. 575-611, 2007.

WALDRON, Jeremy. **A dignidade da legislação**. Tradução de Luís Carlos Borges. São Paulo: Martins Fontes, 2003.

_____, Jeremy. The core of the case against judicial review. **The Yale Law Journal**, vol. 115, n. 6, p. 1.346-1.406, abr./2006.

WALPIN, Gerald. Take Obstructionism Out of the Judicial Nominations Confirmation Process. **Texas Review of Law & Politics**, vol. 8, p. 89-112, 2003.

WANT, William L. Economic Substantive Due Process: Considered Dead Is Being Revived by a Series of Supreme Court Land-use Cases. **University of Hawai'i Law Review**, vol. 36, p. 455-485, 2014.

WAYNE, William. The Two Faces of Judicial Activism. **The George Washington Law Review**, vol. 61, p. 1-13, 1993.

WHITE, Edward. Constitutional Change and the New Deal: The Internalist/Externalist Debate. **American Historical Review**, vol. 110, p. 1.094-1.115, out. 2005.

_____, Edward. **The American Judicial Tradition: profiles on leading American judges**. 3ª ed. New York: Oxford University Press, 2007.

_____, Edward. The anti-judge: William O. Douglas and the ambiguities of individuality. **Virginia Law Review**, n. 74, p. 11-86, 1988.

WHITE, John Valery. Brown v. Board Of Education and the Origins of the Activist Insecurity in Civil Rights Law. **Ohio Northern University Law Review**, vol. 28, p. 303-380, 2002.

WHITEHOUSE, Sheldon. Conservative Judicial Activism: The Politicization of the Supreme Court Under Chief Justice Roberts. **Harvard Law & Policy Review**, n. 9, p. 195-210, 2015.

WILSON, James G. The Eleventh Amendment cases: going "too far" with judicial neofederalism. **Loyola of Los Angeles Law Review**, vol. 33, p. 1.687-1.718, 2000.

WINTERS, Glenn R. The national movement toward legal and judicial reform. **Saint Louis University Law Journal**, vol. 13, p. 33-55, 1969.

WOLFE, Christopher. **The Rise of Modern Judicial Review: from constitutional interpretation to judge-made law**. Revised edition. Lanham: Rowman & Littlefield Publishers, Inc, 1994.

WOOD, Gordon S. The origins of judicial review revisited. **Wash. & Lee Law Review**, n. 56, p. 787-809, 1999.

WRIGHT, J. Skelly. The role of the Supreme Court in a democratic society-judicial activism or restraint? **Cornell Law Review**, vol. 54, n. 1, 3, p. 1-28, 1969.

YARSHELL, Flávio Luiz. Breves reflexões sobre a legitimação ativa nas demandas cujo objeto é perda de mandato por infidelidade partidária. In: MORAES, Alexandre de (coord.). **Os 20 Anos da Constituição da República Federativa do Brasil**. São Paulo: Atlas, 2009, p. 591-605.

YOUNG, Ernest A. Judicial Activism and Conservative Politics, **University of Colorado Law Review,** Volume 73, N. 4, p. 1.139-1.216, 2002.

YUNG, Corey Rayburn. Flexing Judicial Muscle: An Empirical Study of Judicial Activism in the Federal Courts, **North Western University Law Review**, vol. 105, p. 1-60, 2011.

ZAMARIAN, Lívia Pitelli; NUNES JR., Vidal Serrano. Súmulas vinculantes: solução para a adequada abstrativização do controle difuso de constitucionalidade? **Scientia Iuris**, Londrina, vol. 16, n. 1, p.113-136, jul.2012.

ZIETLOW, Rebecca E. The Judicial Restraint of the Warren Court (and Why it Matters). **Ohio State Law Journal**, vol. 69, p. 255-301, 2008.